Nikkei Test of Economic Sense and Thinking

日経TEST
公式テキスト
― 経済知力を磨く ―

NIKKEI TEST
日本経済新聞社編

日本経済新聞出版社

まえがき

　日本経済は20年以上も低成長を続けています。国内総生産（GDP）は2010年に中国に抜かれて世界3位に転落、世界第2位の経済大国の座を明け渡しました。BRICs（ブラジル、ロシア、インド、中国）を中心とする新興国の台頭を受けて、日本経済の世界における存在感は小さくなるばかりです。世界のトップを走る少子高齢化も、社会保障負担の増加や財政悪化、労働力確保の難しさなど社会にさまざまな問題を投げかけています。

　日本経済新聞社と日本経済研究センターが共同で、「日経経済知力テスト」（略称：日経TEST）を展開しているのは、経済知力の向上が閉塞した日本経済を突き破る大きな力になると期待するからです。11年3月の東日本大震災・原発事故から世界は変わりました。原発安全神話の崩壊で、昨日までの常識が通用しないことが明確になりました。先行きが不透明で、明日さえ見えない時代にビジネスパーソンに求められるのは「自ら道を切り拓く力」です。経済知力は自ら問題意識を持って学び、考え、ビジネスの付加価値を生み出す能力です。日本のビジネスパーソン一人ひとりが情報武装をしたうえで生産性を高め、経済知力を備えた自律的な人材に生まれ変われば、「失われた20年」を撥ね返し、日本経済を再び成長軌道に乗せることができるでしょう。

　本書は日経TESTを受験する人のための公式参考書として企画し、取材経験が豊富な編集委員やベテラン記者が執筆した『論点解説 日経TEST』を改題し、全面的に改訂したものです。日経TESTが想定する出題領域の中で、「今、何が起きているのか」「何が焦点になっているのか」「将来にどういう影響をもたらすのか」といったことを「論点」として抽出し、わかりやすく解説しています。日本と世界の経済・ビジネスの現状を理解し、考える力を鍛えるうえで最適の教材です。多くのビジネスパーソンに、経済知力を向上させるため、本書を活用してほしいと思います。

　2013年2月

日本経済新聞社

目次

I 日本の企業経営を読む

【1】企業経営の課題
1. G7型からG20型企業の時代 …………………… 2
2. 偏った産業構造と縮む企業規模 …………………… 3
3. 収益面での落ち込みと六重苦 …………………… 5
4. 円高による国際競争力の劣化 …………………… 7
5. 質の高い雇用を支える製造業 …………………… 9
6. 競争ルールの変化と"1億台の法則" …………………… 10
7. カリスマ亡き後の混乱 …………………… 12
8. 創業者経営のダイナミズム …………………… 13
9. 日本経済の転機となった1995年 …………………… 14
10. 向かい風を追い風に──外部的成長 …………………… 15
11. 規模の優位を求めて──再編・統合 …………………… 17
12. 独自技術に活路──ドミナント戦略 …………………… 19
13. 突破口を開く──アジアへの展開 …………………… 20
14. 王道はイノベーション …………………… 21
15. 人の心に根ざすブランド力を磨く …………………… 22
16. 企業統治の功罪 …………………… 24
17. 致命的となりうる経営陣のコンプライアンス違反 …………………… 25
18. 弱体化した従来の監視機能 …………………… 26
19. 強まる株主によるチェック機能 …………………… 28
20. 強まる政府の関与に危機感も …………………… 29
21. 経営者の選び方、育て方 …………………… 30

【2】進化するITビジネス
1. 軍事利用からビジネスモデルへの転換 …………………… 33
2. パソコンの登場とワールド・ワイド・ウェブ（WWW） …………………… 34

  3　ベンチャー企業の台頭とネットバブルの崩壊 ………………… 35
  4　ネットビジネス発展の第2フェーズ ……………………………… 37
  5　日本におけるインターネット革命 ………………………………… 38
  6　デジタル化による「通信と放送の融合」 ………………………… 40
  7　日本が先鞭つけた次世代ネットワーク（NGN） ……………… 42
  8　ガラパゴス化が進んだ日本のIT業界 …………………………… 44
  9　デジタル家電で出遅れた日本の家電業界 ……………………… 45
  10　知的財産権をめぐる世界の攻防 ………………………………… 46
  11　クラウドが開く新しいネットビジネス ………………………… 49
  12　Web3.0が促すビッグデータの利用 …………………………… 51

II　消費・流通の動きをとらえる

【1】消費のトレンドを読み解く
  1　強まる「テイスト」重視 …………………………………………… 56
  2　家庭の価値観で消費に違い ……………………………………… 58
  3　重視される投資効果 ……………………………………………… 59
  4　「社会的責任」が購買動機に ……………………………………… 60

【2】転換期のマーケティング
  1　従来のマーケティングの考え方 ………………………………… 63
  2　送り手の事情、受け手の心理 …………………………………… 64
  3　人とのつながりを強調する市場戦略 …………………………… 65
  4　つながりの場を提供する企業戦略 ……………………………… 67
  5　口コミ──消費者の情報発信が広がる ………………………… 68
  6　ブログが広げた商品展開の輪 …………………………………… 70
  7　ケータイ小説は当たるべくしてヒットした …………………… 72
  8　マーケティングの新しい形を示す「逆転の発想」 …………… 74
  9　低価格志向に応える発想──システム化とデザイン戦略 … 75

【3】流通再編の動き
  1　原因は需要減少、供給過剰 ……………………………………… 78
  2　ジリ貧の百貨店市場 ……………………………………………… 79
  3　相次ぐ百貨店の大型統合 ………………………………………… 81

4　スーパーの再編 …… 83
　5　コンビニの未来 …… 85
　6　家電量販店の上位集中 …… 86
　7　ホームセンターとドラッグストアでも合従連衡 …… 88
　8　グローバル化が促す寡占化 …… 89

Ⅲ　日本経済の論点

【1】マクロ経済はこう読み解く
　1　経済の動きをどうつかむか …… 92
　2　バブル崩壊と「失われた20年」 …… 94
　3　リーマン・ショックの爪痕 …… 95
　4　東日本大震災からの復旧・復興 …… 97
　5　デフレ脱却の出口見えず …… 99
　6　超円高と国内産業の空洞化 …… 101
　7　少子高齢化がもたらす問題 …… 102
　8　放置できない財政の悪化 …… 105
　9　日本国債の消化に不安も …… 107
　10　所得格差と世代間格差の拡大 …… 108
　11　17年ぶりの消費増税へ …… 110
　12　一長一短の低所得者対策 …… 112
　13　社会保障の抜本改革が急務 …… 113
　14　成長戦略と金融緩和の連携 …… 115
　15　待ったなしのTPP参加 …… 116
　16　急がれる法人課税の軽減 …… 118

【2】年金・社会保障制度のポイント
　1　社会保障制度とは何か …… 120
　2　社会保険とは何か …… 121
　3　公的年金の仕組み …… 121
　4　公的年金の概要 …… 122
　5　少子高齢化にどう対応するか …… 124
　6　給付と負担のバランスをどうとるか …… 125
　7　民主党の新年金制度案 …… 127
　8　賦課方式か積み立て方式か …… 128

  9 大局的、複眼的な視点で考える ……………………… 129
  10 企業年金にも課題 …………………………………… 130
  11 医療・介護も巨大化 ………………………………… 131
  12 混合診療って何？ …………………………………… 134
  13 生活保護も急増中 …………………………………… 135
  14 米国型をとるか、欧州型をとるか …………………… 136

 【3】地域経済に何が起きているか
  1 地域間格差──政府の是正策にも限界 ……………… 138
  2 地方財政──自治体の健全度を判定 ………………… 140
  3 地方分権──民主党政権でも難航 …………………… 143
  4 「まちづくり」──コンパクトシティーの実現 ……… 145

Ⅳ 金融の課題

 【1】金融機関の経営を考える
  1 不良債権問題後の日本の金融 ………………………… 150
  2 欧米金融危機で周回遅れはやや挽回 ………………… 151
  3 安全志向の銀行経営──リスク回避 ………………… 152
  4 国債運用に活路 ………………………………………… 154
  5 収益は海外で …………………………………………… 156
  6 資本の弱さ、なお課題──バーゼル3の世界 ……… 157
  7 厳しさ増す地方金融 …………………………………… 158

 【2】金融政策と監督の動向
  1 不良債権問題後の金融政策 …………………………… 160
  2 資産買い入れ …………………………………………… 161
  3 インフレ目標政策 ……………………………………… 163
  4 国際的な金融規制強化とその影響 …………………… 165
  5 消えない金融不祥事──AIJ、インサイダー、LIBOR … 167

 【3】マネーの流れを読む
  1 個人金融資産の証券への流れ、停滞 ………………… 170
  2 変わる円の相対的地位 ………………………………… 172
  3 揺らぐ安全神話、ソブリン …………………………… 173
  4 嫌われたヘッジファンド ……………………………… 174
  5 お金の規制強まる ……………………………………… 176

6　うつろうマネー ……………………………………… 177

V　株式・商品市場を読み解く

【1】株式市場の動向
　1　昭和から平成へ──株式市場の劇的進化 ……………… 180
　2　株式の所有構造の変化 …………………………………… 181
　3　バブルの崩壊と外国人株主増加の関係 ………………… 182
　4　国際会計基準への適応で透明化される資本市場 ……… 183
　5　外国人投資家の参入に怯える企業経営者 ……………… 184
　6　種類も量も多い投資ファンドへの対応 ………………… 184
　7　投資の主役になりきれない個人投資家 ………………… 185
　8　復活するか株式の持ち合い …………………………… 187
　9　日本の常識は世界の非常識だった時代 ………………… 188
　10　財務戦略のメニューを取り上げた規制 ………………… 190
　11　ROEに頼りすぎる日本企業の経営 …………………… 191
　12　必要となる本業と市場戦略の併用 …………………… 191
　13　証券業務を取り込んだ銀行 …………………………… 193
　14　インターネット証券の今後 …………………………… 194
　15　金融商品取引法の登場──まとめ …………………… 195

【2】商品市況の見方
　1　経済の活力を測る体温計 ……………………………… 197
　2　国際商品をどう読むか ………………………………… 198
　3　さまざまな国際商品 …………………………………… 199

VI　現代の科学技術をどうとらえるか

　1　科学技術と正しくつきあうには ……………………… 204
　2　社会や生活を支える科学技術 ………………………… 205

3　日本の科学技術政策 ……………………… 208
　　4　世界の科学技術動向 ……………………… 215
　　5　日本の活動と国際比較 …………………… 218
　　6　これからの科学技術 ……………………… 224

VII 危機に瀕するグローバル経済

【1】変化の潮流を理解する
　　1　リーマン・ショックと世界同時不況 …………… 228
　　2　克服できないユーロ危機 ………………… 230
　　3　世界の国々を3つに分類 ………………… 232
　　4　衰え目立つ先進国の牽引力 ……………… 233
　　5　目覚ましい新興国パワーだが …………… 234
　　6　ソブリンウェルス・ファンドは救世主か …… 236
　　7　市場の透明性を守る先進国の立場 ……… 237
　　8　プーチン氏によるロシアの復活 ………… 238
　　9　国家資本主義が世界を動かす …………… 240
　10　東アジアで経済連携 ……………………… 241
　11　FTAが広げる世界経済の連携 …………… 242
　12　FTA競争の中核にASEAN ……………… 244
　13　TPPで迷う日本 …………………………… 245
　14　21世紀型の貿易自由化でアジアに切り込む米国 …… 246

【2】主要国の経済状況を見る
　　1　格差問題に悩む米国経済 ………………… 248
　　2　不透明な中国「国家資本主義」の行方 …… 249
　　3　グローバル経済との接合を探るインド経済 …… 252

【3】世界が直面する課題
　　1　東アジアに世界が注目 …………………… 254
　　2　先進国対途上国、そして新興経済大国 …… 255
　　3　環境問題は成長のための重大な要素 …… 256

VIII 変わる働き方と教育改革

【1】ワーク・ライフ・バランスはなぜ必要か
 1 バランスのとれた生き方への提言 ……………………… 260
 2 ワーク・ライフ・バランス憲章と行動指針 …………… 261
 3 少子化問題が活動の背景 ………………………………… 261
 4 子どもを産み育てることを阻む要因 …………………… 263
 5 成功指標となるヨーロッパの先進事例 ………………… 264
 6 女性と高齢者が救う労働力不足 ………………………… 265
 7 「仕事と生活を両立させたい」男性にも意識の変化 … 265
 8 子どもと夕食をともにできない父親たち ……………… 267
 9 男性の家事参加 …………………………………………… 269
 10 豊かな発想力を生むワーク・ライフ・バランス ……… 270
 11 女性の活用とセクハラ・パワハラ ……………………… 271

【2】教育改革は何を目指しているのか
 1 日本の近代教育の歴史 …………………………………… 273
 2 管理色を強める現在の教育 ……………………………… 274
 3 時代の要請に応える教育改革の流れ …………………… 274
 4 公教育の信頼をなくした「ゆとり教育」 ……………… 275
 5 教師の質と教育委員会と学習指導要領 ………………… 276
 6 大学経営をめぐる諸問題 ………………………………… 277
 7 進むか大学の整理再編 …………………………………… 278
 8 教育再生会議と改正教育3法 …………………………… 279
 9 教育再生会議の成果と限界 ……………………………… 281
 10 教育再生会議以降の改革の動き ………………………… 282
 11 学力の向上と国際競争力 ………………………………… 283
 12 教育再生のカギは現場の裁量に任せること …………… 284
 13 入試が変われば大学が変わる …………………………… 285

巻末ガイド 日経TESTとは ……………………………………… 287
      日経TEST例題 …………………………………… 290
      解答と解説 ………………………………………… 293

I
日本の企業経営を読む

1. 企業経営の課題

　今、日本企業の多くが、業績の不振にあえいでいます。先の総選挙でもデフレからの脱却、経済再生が争点になったように、日本経済を再活性化することが何よりもまず最重要課題となっています。では、実際には何が日本の経済を停滞させているのか、どうすれば再生の突破口を見いだすことができるのか、見ていきましょう。

1　G7型からG20型企業の時代

　スイスにIMDというビジネススクールがあります。そこの学長で知日派のドミニク・テュルパン氏が最近来日したときに、「日本にはまだG7型の企業が多くてG20型の企業は少ない」と語っていました。
　G7とは、ご存じのようにかつて先進国と呼ばれた国々で、日本を含めて米国とカナダ、ヨーロッパの英国、ドイツ、フランス、イタリアの7ヵ国を指します。こういった先進国市場において日本企業は、かつて非常に大きな成功を収めてきました。特に米国市場においては、トヨタ自動車やホンダなどの自動車メーカー、あるいはソニーをはじめとする電機メーカーも大きな存在感を示してきたのです。
　しかし世界経済は、冷戦の終了から約20年を経て、大きな構造転換を遂げてしまいました。かつて先進主要国が牛耳った経済秩序は、G20といわれる中国や韓国、あるいはブラジルやロシア、さらには南アフリカといった新興国が非常に大きな比重を占める場へと切り替わってきています。
　ところが日本企業の経営パラダイムは依然として古く、そういう新しい世界の経済秩序に対応できていない。もちろんいろいろ難しい問題もあるのですが、いい換えれば、中国などの新興国市場にまだ十分に根を下ろす

ことができていないということです。

これに対してサムスン電子などの韓国勢は、新興国にいち早くシフトして、日本企業に競争力で差をつけるようになったという指摘を、ドミニク・テュルパン氏がしていたのです。この指摘は、長い間日本企業を見続けてきた人の言として、非常に正鵠を射たものではないかと思います。

2 偏った産業構造と縮む企業規模

もう1つ、日本企業の特徴でもあり、限界を映しているともいえる事例を紹介します。

米国にインターブランドというブランド・コンサルティング会社があります。この会社は毎年、世界の100大ブランド、世界中の企業の上位100のブランドを発表しています。2012年の秋の発表では、トップが米国のコカ・コーラ社、2位がアップルと続き、日本企業は100社中に7社がランクインしています。これはまずまずの順位といえると考えます。中国や韓国に比べても多く、アジア勢としては最多で世界に浸透しているブランドを有しているともいえます。しかし、ランクインしたブランドの内訳を見ると、10位のトヨタをはじめ、ホンダ、日産、パナソニック、ソニー、任天堂、キヤノンと、7社すべてが機械・機器のメーカー、つまり製造業です。これは、日本は世界で通用する産業の幅が非常に狭い分野に集中していることを意味するのではないでしょうか。

これに対して米国は、IBMやグーグル、あるいはマイクロソフトといったいわゆるIT産業をはじめ、GEのような製造業もある一方で、1位になったコカ・コーラなどの生活密着型企業もあれば、シティバンクのような金融機関もあります。またディズニーランドなどのエンターテインメント産業や、マクドナルドやケンタッキーフライドチキンといった外食産業もあるというように、競争力を発揮している企業が非常に幅広い分野で存在しています。

日本企業の売上高の推移

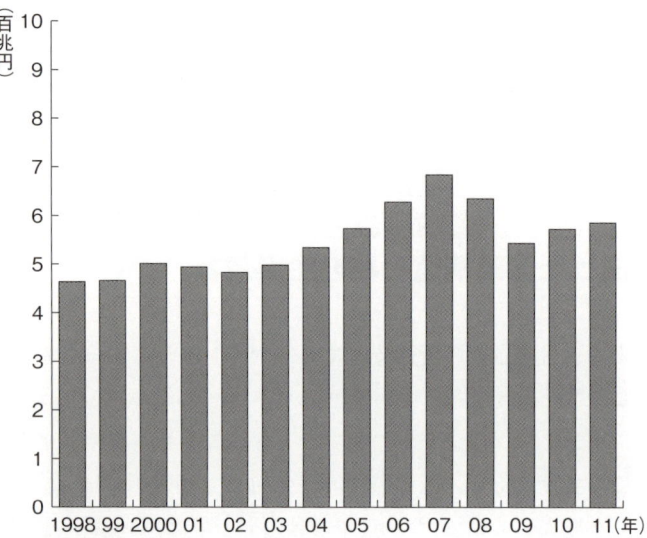

注：全上場企業。
出所：東京証券取引所

　こうして比較すると、日本という国は、一部の産業だけが突出して強く、全体的な広がりには欠けていることが特徴の1つといえないでしょうか。
　また、近年の世界経済の構造を映すような話ですが、企業の規模の面からも日本企業の現状が見て取れます。
　かつて日本企業は、非常に強大だといわれていました。経済規模、つまり売り上げの規模がとても大きかったのです。米国のフォーチュン誌が毎年「世界の大企業番付」を発表していますが、1990年代の『フォーチュン500』を見ると、500社中100社以上、日本企業の名前が並んでいます。世界の大企業500社の中の5分の1以上を占めていたことになりますが、これが近年どんどん減り続けて、2005年には81社になり、11年には68社まで減少しています。一方、中国企業は、05年の16社から11年には61社に増えています。これに台湾企業を加えれば、広い意味での中華系企業は69社となり、11年には大企業番付の面でも日中は逆転したという状況にあります。
　これを見ても、世界が大きくなる中で日本企業はなかなかそのペースに

ついて成長することができず、相対的な身の丈を縮めてしまったというのが過去20年ほどの歴史ではないでしょうか。もちろん、必ずしもサイズさえ大きければいいというものではありませんが、やはり規模の力というものもあります。サイズも1つの指標なのです。

3 収益面での落ち込みと六重苦

では、収益面はどうでしょうか。日本企業の利益額の推移を見てみましょう。東証全上場企業の合算純損益、つまり東証に上場している企業の純利益、純損失を単純に足し合わせたものですが、直近でこの数字のピーク

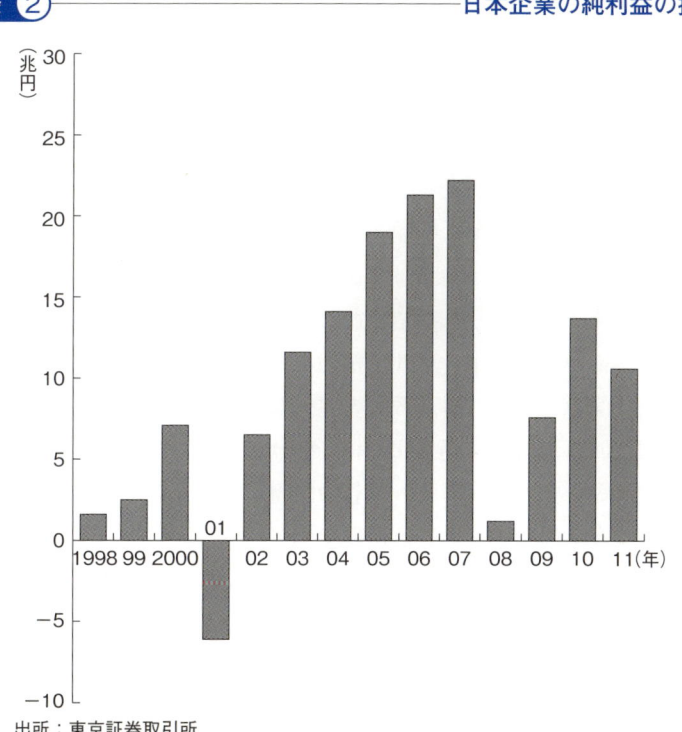

図表 ② ─────────────日本企業の純利益の推移

出所：東京証券取引所

を計上したのが2007年度の22兆円台です。07年はリーマン・ショックが起こる前で、為替もそこそこ円安に推移し、日本企業にとっては非常に心地よい風が吹いていた時期です。

　ところがこの後に起こったリーマン・ショックにより、一気に利益水準は1兆2000億円とほぼ20分の1に落ち込み、しかも製造業セクターだけに限ると、製造業総体として赤字に転落してしまったのです。米国で車が売れなくなり、大幅な在庫調整を余儀なくされたことによるものですが、日本企業は非常に厳しい景気の谷のどん底に突き落とされた状態が08年度にやってきます。

　その後は徐々に回復してきたものの、11年度の合算純利益は震災などによるサプライチェーンショックなどもあって10兆6754億と依然ピーク時の半分にも届かない状態でいます。おそらく12年度も、前年比で横ばいか世界経済の情勢次第ではやや減少してしまうのではないかと見られ、やはり07年のピークに比べて利益面で半分ほどに落ち込んだままというのが、今の日本企業の現状です。一言でいえば、なかなか競争力を持つという意味で厳しい状況にあるといえます。

　では、なぜこんな状況を招いてしまったのでしょうか。今、六重苦という言葉が語られています。六重苦とは、経済再生の足を引っ張っている6つの課題、日本企業に吹きつける競争上の逆風をいいます。すなわち、円高、高い公租公課、自由貿易協定への対応の遅れ、製造業への派遣禁止などの労働規制、環境規制の強化、電力不足のことです。昨今はこれに11年の東日本大震災とそれに伴う政策の遅延など、いろいろなアクシデントも加わりました。以下、六重苦について簡単に見ていきましょう。

　まず何といっても、第1に、為替の問題があります。円高によって輸出競争力が失われてしまうという問題です。

　第2に、3.11の大震災以降、原子力発電が止まって電力の安定供給の問題が持ち上がりました。それに伴う電力価格の上昇もあって、安価な電力の安定供給に不安が持たれるようになったことが挙げられます。

　3番目が、高い公租公課です。具体的には法人税の問題です。日本は米

国と世界一を争うほどに法人税の高い国です。そのため、いくら稼いでもみな税金にととられてしまうと、企業の活力に水を差しているといわれています。

4つ目が、労働規制の強化。これは民主党政権が打ち出したものですが、派遣労働を活用できる業種を絞るということです。これによって、企業の自由な人材活用に制約がかかることになります。

5つ目に、CO_2の排出の環境規制に関する問題があります。最近は下火になりましたが、これも民主党の鳩山由起夫元首相が国際公約をぶち上げたために、CO_2をたくさん出す鉄やセメントなどの素材系産業は国際社会からの圧力により将来立ち行かなくなるのではないかと懸念されました。

6つ目が、自由貿易協定（FTA）への対応の遅れです。

4 円高による国際競争力の劣化

まず、円高が企業に及ぼす影響について見てみましょう。2012年初めにエルピーダメモリという会社が会社更生法を申請しました。社長の坂本幸雄氏は非常に有能な経営者だったのですが、やはり日本の円高が、特にライバルの韓国企業サムスン電子との競争に対して非常な不利益に働いたようです。半導体は、丸いウェハーと呼ばれる円盤の上に回路を焼きつけて切り出すのですが、微細加工技術が進むと同じ面積の円盤からたくさんの半導体がとれるようになります。すなわち、1個当たりのコストがどんどん下がっていくことになるのです。エルピーダメモリは、このプロセスの微細化競争ではかなり先端を走っている会社でした。

つまり、実力でいえばサムスンに負けないほどの価格競争力を持っていたのですが、為替が円に不利に働いたことによって、こうした技術的なアドバンテージなどまったく焼け石に水のような状況となり、結局はサムスンに価格競争力で圧倒されてしまった、と坂本氏はいっていました。

このように技術の優位が多少あっても、為替市場の動向次第ではそれが

情け容赦なく無効になってしまうというような厳しい現実に、日本企業は過去5年間くらいさらされています。結果として、エルピーダメモリの場合は法的整備、平たくいえば倒産という事態に帰結してしまったのだろうと思います。12年の暮れに発足した安倍晋三内閣がこうした円高の是正に力を入れているのは周知の通りです。

　さて、円高の帰結として今盛んにいわれていることに、いわゆる空洞化の懸念があります。従来の海外進出企業は、比較的元気がよくて、進出した海外でも生産活動を盛んに行える会社でした。こうした企業が日本から海外に先端的な部品や製造機械などをいろいろ持っていくことで、結果として日本の雇用も増やしてきたという側面がこれまではあったのです。

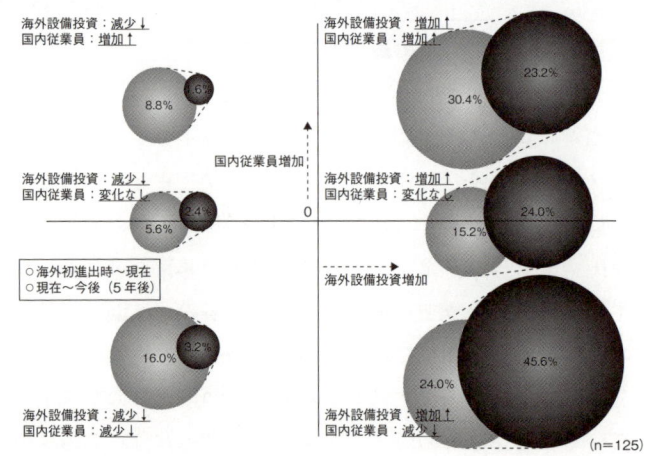

図表③　海外設備投資が国内従業員に与える影響

出所：経済産業省調べ（2012年2月）
注：「初めての海外生産拠点設立時」「現在」「5年後」の3時点における、現在の国内の従業員数、設備投資を100とした場合の、国内従業員数、・海外設備投資の値を調査。
　各サンプルについて、『「初めての海外生産拠点設立時」〜「現在」』『「現在」〜「5年後」』の2期間の変化を計算。
　海外設備投資が増加したときに①国内従業員数が増加、②国内従業員数が変化なし、③国内従業員数が減少、海外設備投資が減少したときに④国内従業員数が増加、⑤国内従業員数が変化なし、⑥国内従業員数が減少、という6グループに分類し、それぞれのサンプル数を集計、割合を算出した（なお、海外設備投資に変化がないサンプルは集計から除外）。

しかし、12年に経済産業省が出した「製造業白書」を見ますと、過去においてはそうだったけれども、今後は、海外の設備を拡大する際に国内従業員も増加すると予測する企業は23％しかありませんでした。これに対して45％の企業が、逆に海外投資が増える分だけ国内における雇用が減ると予測しています。このままでは、従来からのパラダイムが崩れていわゆる空洞化が起きる、つまり日本の拠点を閉じてそこから雇用がなくなった分は海外に人材を求めるようになってしまうというシナリオが実現するのではないかと、「白書」は警鐘を鳴らしています。

5　質の高い雇用を支える製造業

　製造業が国内から消えてしまうと、質の高い雇用が失われます。その理由は、製造業の１人当たりの報酬額が高いことにあります。この報酬額とは、給料に加えて将来受け取ると想定される退職金なども含めた金額ですが、2009年度の製造業の１人当たりの平均報酬額は466万円でした。しかし、これがサービス業ですと309万円しかありません。すなわち製造業はサービス業より1.5倍高いのです。したがって国内でサービス産業化が進み主要産業が製造業からサービス業に移れば、おそらく給料の高い、質の高い雇用が日本から姿を消していってしまうのではないか、と危惧されているのです。

　日産自動車のCOOである志賀俊之氏は、次のようなエピソードを語っています。日産自動車は英国に工場を持って自動車を生産していますが、ある時期英国のポンドが非常に高くなってしまったことがありました。それでも日産はがんばって英国工場を維持していましたが、部品については価格の高い英国製品を諦めて欧州大陸からの調達に切り換えていったのです。そうしたら今度はポンドが下がったので、それではということで英国製の部品を使おうかと思ったところが、現実にはもう英国に自動車部品産業は存在しなくなっていて、切り換えるにも切り換えられなかったという

図表 ④ 製造業、建設業、サービス業の就業者数、および1人当たりの雇用者報酬額

	就業者数 （万人）	2000年 からの 増減 （万人）	1人当たり 雇用者報酬額 （万円）
製造業	1,032	▲217	466
（うち自動車等）	120	14	581
建設業	510	131	421
サービス業	2,256	373	309

出所：内閣府「国民経済計算（2009年度）」

ことです。つまり、一度外に出て行った産業は為替がもとに戻ったからと言って、そう簡単にその国に帰ってくることはありません。それと同じことが日本で起こる事態になれば、これは非常に由々しきことだと思います。

6　競争ルールの変化と"1億台の法則"

　日本企業停滞の理由の1つは、今述べました六重苦、中でも為替の問題をはじめとする外からの逆風にあると考えます。
　第2には、特にパナソニック、シャープなど、日本のエレクトロニクス産業の不況がいわれていますが、この市場には特に近隣諸国から非常に強力なライバルが登場して、どんどん日本企業の牙城をおびやかしているという現実があります。

2012年秋に、千葉県の幕張メッセで、シーテックという大きなエレクトロニクス産業の展示会がありました。ここで最も目立っていたのが中国のファーウェイ（華為技術）という通信機器メーカーでした。日本でもNTTドコモを通じてスマートフォンを出したりしている会社です。

　このファーウェイは、会場も非常に大きなスペースをとって派手な展示で目立っていたうえに、幕張の駅の立て看板も全部ファーウェイのものにし、あるいは駅の改札を出たところでスタッフの女性がファーウェイの袋を渡してみんながそれを持ち歩くような格好が見られるようにするなど、非常に派手なキャンペーンを展開していました。その様子は、今の日本のエレクトロニクス産業を象徴している感がありました。

　なぜこういうことが起こったのでしょうか。1990年代までは強かった日本のエレクトロニクス産業は、どこに行ってしまったのでしょうか。理由の1つは、よくいわれるように、モジュール化という現象が進んできたためです。すなわちスマートフォンにしてもあるいは液晶テレビのような薄型テレビにしても、出来合いの部品を買ってきて組み立てればそれで一丁上がりという世界になってしまって、日本企業の得意なすり合わせや匠の技といったものを発揮できる分野がどんどん少なくなっているのです。特に、いわゆるコンシューマーのボリュームゾーンのマーケットはそういう分野が少なくなってしまったということだろうと思います。

　こういう具合に競争のルールが変わると、最も必要とされるのはスピード感です。ルールの変わった市場では、その風向きをとらえて、この市場に打って出るか、どんな商品を投入するかなどを、矢継ぎ早にスピード感をもって走りながら考え、大胆に意思決定しなければならないのです。

　こうした市場で生き残るには、日本企業はあまりにも図体が大きくなってしまったようです。意思決定に手間どる、あるいは官僚的になって、大胆な、過去を否定するような決断がなかなか下せないといった、組織としての一種のハンディキャップを抱えてしまっています。これに対して韓国のサムスン、あるいはシャープとの提携が注目される台湾のホンハイ精密工業などは、創業者や創業家出身のカリスマ的リーダーが健在ということ

もあって、トップが右を向けといえば組織もすぐに右を向くというほどの意思決定の速さがあります。こうしたスピード感の大きな差が課題だと思います。

また、電機業界のトップアナリストとして有名になり、今は投資会社のCIOである若林秀樹氏にいわせると、"1億台の法則"というのがあるそうです。およそ日本企業は、世界市場が数千万台の規模のうちは非常に健闘する。たとえばかつての携帯電話もそうですし、ブラウン管テレビなどもそうです。これが1億台の大台を突破するところまで市場が膨らむと、価格が大幅に低下するという現象も同時並行的に進み、そうすると日本企業はあっという間に失速してしまうということです。

かつて、携帯電話やパソコンでも、世界市場が小さかった80年代、90年代には、世界で日本ブランドは一定の存在感がありました。しかし今は、大変厳しい状況にあります。薄型テレビも同様の道筋をたどりました。なぜかというと、1億台を超えるとまずは自社生産だけでは間に合わなくなって、外部の生産委託会社を使うなど、いわゆる自前主義からの脱却が必要になります。しかし日本企業は、なかなかこの自前主義へのこだわりから抜け出せず、新しいパラダイムへの対応に後れをとるということのようです。これをうまく使いこなして、逆に主導権を握ったのがアップルです。台湾のホンハイ精密工業などの受託製造企業をうまく使いこなして、大きな市場を勝ち取ったといえます。

7 カリスマ亡き後の混乱

経営の話に戻ります。今の日本の企業にも、たとえばユニクロを運営するファーストリテイリングの柳井正氏やソフトバンクの孫正義氏、京セラの創業者の稲盛和夫氏など、非常に輝いている経営者はいます。かつての日本にも素晴らしい経営者がもちろんいて、そういう人たちが日本企業の躍進を支えてきました。現パナソニックの松下幸之助氏、ソニーの盛田昭

夫氏や井深大氏などのように、戦後すぐ、あるいは戦前から出てきた人たちですが、彼らは物理的に1990年代前後にリタイアを始めています。

　どんな偉大な人でも、人間ですからいつまでも一線で活躍することはできないわけで、いつかは引退する日が来ます。しかし、企業としてはその瞬間に何が起きるかというと、やはり組織として混乱をきたします。これまでは偉大なリーダーシップにつきしたがって非常に会社がうまくいっていたものが、内部の権力闘争みたいなことが起きたてしまったりと、いろいろ変調をきたして、種々の乱れが生じます。そうなると企業の目的も、イノベーションなど本来の目標がおざなりになって、むしろ内部の勢力争いが前面に出てきて企業としての勢いが衰えてしまう、ということが実はあったのではないかと思います。

　昔、ソニーのCEOであった出井伸之氏の部下から話を聞いたことがあります。彼によると、出井氏が95年に社長になったとき、「出井氏はソニーの正当な経営者として認め難い」という雰囲気がエンジニアを中心としてソニー社内の一部にあったそうです。そもそもソニーというのはエンジニア優位の会社であって、盛田氏や井深氏の指示であれば忠実にしたがってきた人たちも事務職出身の出井氏に対してはそっぽを向くということが実際にあったそうです。面従腹背といいますか、大きなリーダーシップを出井さん自身が発揮できる環境ではなかったといいます。こうした経営の混乱が創業社長から代を重ねるうちに大きくなったことが、日本企業が足を引っ張られた要因の1つでしょう。

8　創業者経営のダイナミズム

　しかしこれは日本企業に限った話ではありません。どこの国の会社でも起こりうることです。今は絶好調のアップルもスティーブ・ジョブズという大きなカリスマが消えてしまったわけですから、もしかするとソニー的な混乱が起こるかもしれません。サムスンもそうです。したがってこれは、

万国共通の課題、創業者が偉大すぎるがゆえの問題ですが、日本企業の場合は特に戦後成長してきた企業が多く、1990年代にその大部分で創業者がリタイアする時期を迎えたということもまた、勢いも削いでしまった原因かもしれません。

では、逆に創業者であれば何ができるのでしょうか。1つは、リスクをとれるという点が経営の大きなアドバンテージとなります。

ユニクロを展開するファーストリテイリングの柳井正会長は、形としては家業を継いだ人ではあるのですが、実質的には創業者といってもいい存在です。柳井氏は90年代のバブル崩壊後の最悪の時期に、全国に100店舗を出して上場するという計画を発表しました。取引銀行の猛烈な反対にあいますが、その取引銀行以外からの融資を受けてまたさらに取引銀行の怒りを買うというような、ある意味で型破りな行動で成功してきました。9つ負けても1つは成功させる、1勝9敗を信条としています。

撤退の判断も実に迅速です。スポーツウェアのスポクロやファミリーウェアのファミクロというブランドをつくったのですが、見込みがないと見るや出店から1年も経たずにやめてしまいました。野菜ビジネスにも手を出しますが、すぐに手を引いています。こういうことは創業経営者だからこそできる非常にダイナミックな経営で、このダイナミズムが日本全体からやや欠けてきているという気がします。

9　日本経済の転機となった1995年

歴史を振り返ると、1995年ごろが日本企業にとっては経営の転機だったのではないかと思います。偶然ではありますが、この年に日米自動車摩擦がクリントン政権との間で起こっています。レクサスというトヨタの高級ブランド車に100％の関税をかけるかという問題で、日米の貿易摩擦が最高潮に高まった年だったわけです。すなわち、強い日本企業、強い日本経済に対して諸外国、中でもアメリカの警戒感が強かった最後の時期だとい

えます。この年くらいまでは、そういう意味で日本の経済的な台頭を脅威とするとらえ方が世界で一般的だったのだろうと思います。

　実はこの95年は、2つの統計から見て大きな転機を成しました。1つは人口の問題です。生産年齢人口がこの95年にピークとなり、それ以降は減少に転じています。明治以来続いた人口ボーナスの時代が、人口オーナス（負荷）に反転してしまった歴史的な年であるわけです。

　さらに法人企業統計を見ると、企業の行動原理に大きな変化が起こっています。これまでずっと赤字基調だった企業のキャッシュフローが、この年を境に黒字に転換しているのです。これは、黒字といってもよい黒字とはいえません。要するに、企業は金は稼ぐのですがそれを投資せずに自分の金庫の中に貯め込んでいくということです。投資をする機会がほとんどなくなってしまったということかもしれませんが、企業が投資もせずに金を貯め込むだけでは経済は活性化しません。稼いだ金を有効に使えないようでは逆に値打ちがないのですが、しかしそういう行動に入り込んでしまった年です。

　これ以降、一貫して日本企業の手持ちの現金は増え続けます。現金がたっぷりあると、リーマン・ショックのような資金枯渇の状況になったときには救いとはなるのですが、総体としてはダイナミズムが失わることになってしまいます。

10　向かい風を追い風に──外部的成長

　そうはいってもこれを打開して前に進んでいかなければなりません。前向きに取り組んでいる企業も、一方ではたくさんあります。ここからはそういう例を紹介していきます。

　まず、成長を確保する方法から検討しましょう。近年、目立って増えてきているのは、M＆A（企業の買収・合併）を多用して自らの成長戦略につなげていくという戦略です。

かつて日本企業は、オーガニックグロース（有機的成長）といいまして、自分の力で事業にコツコツ再投資して大きくすることが中心でした。これはこれで立派なことなのですが、一方で世界に展開していかなければならないというときに一からビジネスを立ち上げるのは、時間もかかるし失敗のリスクも大きいものになります。そこで他の企業を買って自分の事業体の一部にすることで成長する、エクスターナルグロース（外部的成長）ということも経営の有力な手段となります。これをうまく使いこなせる企業がどんどん増えてくれば、日本も活性化してくるのではないでしょうか。

　この外部的成長をうまく取り入れた例として、「日本たばこ産業」があります。この会社はかつては日本専売公社、つまりお国のものだった会社です。ところが、民営化して以降、非常に経営革新を進め、いわゆるM＆A巧者といえるほど合併・買収をうまく使いこなして成長を続けています。総額3兆円もの大型買収を実行し（この中には英国の会社も米国の企業もあります）、大きく成長しました。同社の商品であるたばこの販売本数ベースで見ると、国別では日本よりも今はロシアでのほうが売れているというほど、国際化、グローバル化を進めています。

　また、キャメルのような世界に通用するブランドも手に入れ、2011年の夏にはスーダンのたばこ会社を買収しています。混乱の続いているスーダンですが、資源が豊富で潜在需用が大きいと見ているようです。同じころに、ベルギーの手巻きたばこ会社の買収も成功させています。手巻きたばこは日本ではあまりなじみがないかもしれませんが、紙巻きたばこより値段が安く、比較的収入の低い階層の人々向けに需要が見込める商品です。このように、大小さまざまな買収を積み重ねることによって自らの事業基盤を強化していくというお手本のような会社といえます。

　もう1つ例を挙げれば、大阪のエアコンメーカー、ダイキン工業が12年に、グッドマングローバルという米国の同じくエアコン会社を2960億円で買収しました。ダイキン工業はこれまで米国市場への進出を何度か試みたのですが、ことごとく失敗してきました。失敗した理由は、同じエアコンとはいえ日米で技術方式が大きく異なるうえに、米国の場合は販売ルート

も特殊で、日本のように家電量販店で売るのではなく家の工事をする業販店ルートが販売の主役を担っています。そういった市場に後から乗り込んでいっても、業販店経由の販売ルートを築くのがなかなか難しかったのです。

　そこでダイキン工業は、それらのルートをすでに持っているグッドマングローバル社を買収することによって、これまで難しかった米国市場の開拓を軌道に乗せようと意図しているわけです。成功するかどうかは、やってみないとわかりません。買収はリスクも相当に大きい手法ではありますが、あえてそれに挑戦する日本企業が増えてきていることは非常によいニュースではないでしょうか。

　六重苦の１つに挙げた円高は、このＭ＆Ａをする場合には追い風として働くということもあります。Ｍ＆Ａコンサルティングのレコフの調べでは、12年９月現在で、日本企業が外国企業を買うＭ＆Ａの件数は1990年来で最多を記録、活況を呈しているといえます。

　そのほかにも、最近ではソフトバンクがアメリカのスプリント・ネクステルという携帯電話会社の買収を提案しました。これも１兆5000億に上る非常に巨額の買収です。決まった直後には、ソフトバンクの汐留の本社に、日本のメガバンクをはじめ、ゴールドマンサックスや世界中の金融機関が押し寄せ資金提供の申し出が相次ぎました。また、スマートフォンメーカーや通信設備メーカーなども、巨大になったソフトバンクに自分たちの機器を売り込んでいるということです。

11　規模の優位を求めて──再編・統合

　成長を確保するもう１つの手法は、やはり再編・統合です。2012年10月に、新日本製鐵と住友金属工業の合併によって、新日鐵住金という統合会社が発足しました。なぜ統合が必要だったのでしょうか。

　新日本製鐵自体が合併で発足した会社で、かつては25年間にわたって粗

鋼生産量で世界一を独走し、技術レベルの非常に高い超優良企業の典型でした。しかし近年、この粗鋼生産のシェアが落ち込んできてしまったのです。新日鐵自体が大きく縮んだということではなく、世界の粗鋼生産量が新日鐵の生産量を超えて大きく伸びてしまったためにシェアを落とした、というのが実態です。

　新日鐵の生産量は01年の2600万トンから直近は2800万トンへと増えてはいるのですが、世界を見ると01年の8億5000万トンが今は14億トンに急増して、総体としてシェアが01年の3分の2くらいになってしまったということです。シェアが縮まると規模の優位が失われて、たとえば原料の鉄鉱石の価格交渉力もじわじわと落ちてしまいます。したがって規模の劣位を挽回するために住友金属工業と一緒になり、飛躍的に規模が大きくなるわけではありませんが、力を合わせてグローバル化を推進していこうというわけです。

　また、三菱重工業と日立製作所が電力システム事業を統合して14年春に新会社をつくると発表しました。この分野も日本勢はそれぞれ立派な技術を持って効率の高いガスタービンサイクルを手がけているのですが、規模でいえばやはりどんぐりの背比べで、いかんせん世界のライバル企業であるドイツのシーメンスや米国のGEなどに比べればはるかに小さいのが実情です。その不利を克服するための再編・統合という決断です。再編もM＆Aと同じで、必ずしもすべてがうまくいくわけではありません。

　たとえば日本の半導体メーカーを見ても、かなり再編が進んだのですが、内部の不協和音や母体企業の壁があって進むべきリストラもなかなかできずに停滞をきたしているようです。中には主導権争いが起こって、シナジー効果を発揮するどころか、足を引っ張り合う事例もあるようです。

　そうしたリスクや困難を乗り越えて、再編・統合を成功させていくことが、日本企業が復活に向かう1つの道ではないでしょうか。

12 独自技術に活路——ドミナント戦略

　優良企業の典型として、ドミナント戦略があります。特化した市場で非常に高いシェアを築き、なかなか競争相手が入れないようにするものです。米国でもどこでも、強いといわれる企業はほぼ似たような戦略をとっています。

　ドミナント戦略をとっている日本企業の1つにコマツがあります。ブルドーザや油圧ショベルのメーカーであるコマツは、キャラクターもプロ野球の松井秀喜選手を起用したりしてごつごつしたイメージがあるのですが、実は意外にスマートで、昔から国際性に非常に富んだ会社です。本章の冒頭にG7型企業からG20型企業へといいましたが、まさに日本でG20型企業となれた数少ない会社の1つだと思います。もともと鉱山で使われる機械をつくっていて、チリや南アフリカ、ロシアのサハリンなどといったところに大きな市場を持っています。まさに、先進国に偏らないグローバルな展開ができています。

　一方、社内用語で「Aコンポ」と呼ばれる、エンジンやトランスミッションといった重要部品については、実は大阪などにある国内市場で集中生産をして、中国をはじめとする各国の拠点に輸出し、国内における技術基盤および雇用の場の空洞化も起こしていません。それでいて高い収益力を挙げているのです。

　なぜこういう芸当が可能なのか。理由は極めてシンプルで、つくっている製品の競争力が圧倒的に強いということなのです。たとえば、鉄鉱石や石炭の採掘現場で走っている、タイヤの直径が4メートルもあるような巨大なダンプトラックをつくれるのは、世界に日本のコマツと米国のキャタピラの2社しかないのです。したがって少々円高で値段は高くても、鉱山会社はコマツの機械を導入することになるのです。価格に対する交渉力が、非常に強いということです。

　こういうドミナント、あるいはニッチのドミナント戦略を実践している

会社は、日本でも中堅企業を含めて相当数あります。たとえば化学メーカーのクラレは、液晶に使われる素材の一部で非常に高いシェアを持ち、利益率も高い。ブリヂストンなどもタイヤ市場で、フランスのミシュラン等を抑えて断トツの世界一となっています。このように隠れた優良企業、目立たない優良企業というのはそこかしこにあって、これが企業の生き残る姿の1つの可能性だろうと思います。ある特定分野のシェアでドミナントをとり、グローバル展開をする、これが経営の王道ではないかという気さえします。

13 突破口を開く——アジアへの展開

　もう1つ今後の方向性を示すとすれば、やはり海外への展開、中でもアジアへの展開になると思います。ファーストリテイリングの柳井正会長は、今のアジアはゴールドラッシュのような状況であると語っています。要するに、19世紀にカリフォルニアで金が見つかってどっと人が流れ込んだように、金は採れないけれど今アジアではそれに匹敵する中間層の爆発的増大という現象が起こっていて、そこでいわば陣とり合戦、富の分捕り合戦のようなことが始まっているのだということです。そして、ここに参画していかなければ、世界戦略は立てられないというのです。
　2012年の夏、尖閣国有化問題で日中関係が緊張し、多くの反日デモが起こりました。ファーストリテイリングは、それでもその直後の9月、10月、11月と出店のペースを緩めず、上海を含めた多くの都市に約20店舗を新設しました。これがまさに、経営者のアニマルスピリットといいますか、リスクテイクして事業を展開していく姿勢なのだろうと思います。こうしたアジアへの大展開は、確実に日本企業の1つの突破口になるでしょう。
　さらに海外展開ということでいえば、三菱重工業も例として挙げられます。同社は戦前は零戦や戦艦武蔵をつくった日本国内に密着した会社でした。近年もむしろ海外展開には背を向けていたのですが、こういう会社で

もいまや"二本足経営"といい始めています。つまり日本を大事にしつつも世界に展開し、日本と世界の両方の足で立たなければならないということです。第11項で統合について述べましたが、インドで造船事業に乗り出すといった展開も始めています。三菱重工業のように非常に動きが鈍いというか保守的といわれている会社でも、いまや世界に出ていく必要があるという現状なのです。

14 王道はイノベーション

　さらには、これも王道ですが、イノベーションの加速があります。イノベーションは非常に多種多様ですので、ここですべてを説明することはできませんが、たとえば自動車です。従来は環境への配慮が大切ということで、ハイブリッドやEV（電気自動車）が注目されてきました。最近ではそれに加えて安全革命が注目を集め、富士重工業が、アイサイトという、プリクラッシュ、衝突回避システムのための技術を開発して成功しました。お客様は安全にお金を払わないのではないかという見方を覆し、今ではレガシー購入者の90％近くが10万円余分に払ってアイサイトをオプション装着するそうです。安全、セイフティという技術が、もしかすると日本車の強みの新たな構成要素になってくるかもしれないという期待感を持たせます。
　また、たとえばソニーで最近注目を集めているものに、細胞分析装置があります。これは、いろいろな細胞にレーザーや光を当てて、たとえばその細胞ががんに侵されているかどうかを高速で判定する装置です。ソニーがこうしたものを手がけているのは、もともと穴に光を当ててその反射力で映像を再現するDVDなどに使われる光ディスク技術とほぼ同じメカニズムで、その穴の中に分析対象の細胞を入れて高速でその性質を判定するということなのです。AVで培った技術を医療や生物学に適用することによって新たな応用を可能にできる、いわば技術の横展開でイノベーショ

ンを進めている企業もあるのです。

　非技術型のイノベーションということでいいますと、2012年に注目されたものにLCC、ローコストキャリアという新しい航空会社の台頭があります。これも、従来のいわゆる伝統的なエアラインに比べてビジネスモデルを大きく変えたものです。使う機材は単一機種にして、高頻度で動かす。1日何回も飛ばすことによって1回当たりのコストパフォーマンスを上げ、あわせて機内のサービスを有料制にするなどしてさらにコストを低減し、できるだけ安い値段でお客様に旅の提供を可能にしました。

　LCCのジェットスタージャパンとエアアジア・ジャパンの参入によって、10年には夏の3ヵ月ほどで、それまでおよそ7万人だった成田から新千歳、札幌への旅客数が、12年には約27万人と4倍近くに増えました。その分、羽田から新千歳への旅客が減ったかというと、これがほとんど減っておらず、新たに需用を創造したといえるのです。

　笑い話ですが、LCCの機内アナウンスで「これから新千歳にまいります」とアナウンスすると、「えっ、札幌に行くんじゃないのか」と不安そうな顔でお客様が聞くというものがあります。つまり、千歳空港が札幌近郊の空港ということも知らないような、初めて空の旅をするような人たちもたくさん乗っているということです。値段を安くしたことで新たな需用をつくる。これはまさに、ビジネスモデルのイノベーションによって新たな需用が生まれてきたということだろうと思います。

15 人の心に根ざすブランド力を磨く

　世界に通用する企業になるためには、ブランド力を磨くことも大切です。日本のブランドはそれなりに世界で通用しているのですが、高級感といった意味で少し劣るところがあるのは否定できません。もし仮に日本のブランドが強くなれば、円高が多少進んでも値上げなどがしやすくなる、また中国で起こったような反日暴動が起こっても消費者としてはなかなか離れ

難いものがあるなどで、地政学的なリスクにも強い商品やサービスを提供できる企業に脱皮できるでしょう。したがって、ブランド力を磨くということも、経済再生への1つの有力な方向性だと思います。

ブランドで手本にすべきなのはドイツです。2012年度の「通商白書」によると、ドイツ車はメイドインジャーマニーのブランド力を背景に、中国への輸出単価は1台当たりなんと平均8万3500ドルと高額で、日本の輸入車3万9000ドルの2倍以上と、中国での高い収益性を実現しているのです。

車のようなBtoCだけでなく、BtoBといわれる企業が仕入れる生産財の分野でも、ドイツは高い収益性を示しています。たとえば工作機械のマシニングセンターですが、ドイツの中国への輸出単価は1台当たり43万ドル。一方、この分野で強いはずの日本製品は14万ドルとドイツの3分の1です。万年筆の比較も出ています。ドイツ製万年筆の21.87ドルに対して、日本の万年筆は1.37ドルと、これも大きく水をあけられています。

こうしたドイツのメイドインジャーマニーの価値を磨くという取り組みは、歴史の積み重ねの中で実現してきているので、一朝一夕に追いつけるものではありません。しかし、指をくわえて見ていてもしかたありません。日本は従来、安さや耐久性などの面で価値を磨いて世界を相手にしてきたのですが、いまやブランド価値を見直す時期に来ているのではないでしょうか。

ブランドはどこから生まれるかといいますと、単に機能が優れているというだけではなく、左脳と右脳で考えると右脳的価値といいますか、人々の情緒や感覚、あるいはもっとダイレクトに五感に訴えるものだと思います。単に役に立つとか安いとか機能が優れているということではなく、人々の心の中にしっかり根を下ろすものをつくるという取り組みから生まれるものです。これはもちろん、簡単ではありません。経営トップから末端の社員まで、自社のプロダクトにこだわり抜いて、その製品でしか味わえないような満足感や安心感、興奮、驚き、わくわく感といったものを消費者に届ける。それを長年継続することで、ほかにはない独自の世界が広がってくる。それがブランドです。どこまで強い、消費者をとりこにできるよ

うなブランドをつくれるか、それも日本企業が今の難局を突破するための1つの課題でしょう。

16 企業統治の功罪

　これまでは主に業績を中心に解説してきましたが、もう1つ重要な点として、企業のあり方、大きくいえば企業統治の問題があります。

　企業は人でつくられた組織ですから、場合によっては不祥事が起こってしまうこともあります。近年、内部統制という少し固い言葉がよく使われるようになりました。内部統制とは、企業が業務を適正かつ効率的に遂行するための社内管理体制のことです。

　まず重要なのは、会社の中で不祥事が起きないようにチェック体制を整えて、形式だけではなくしっかり機能させることです。上場企業では、2008年4月から始まる年度において内部統制報告書の作成が義務づけられるようになりました。

　投資家は財務諸表を見て投資判断をするわけですから、財務諸表が虚偽の内容であれば投資家を欺くことになります。そうしたことのないよう適正な手順で財務諸表がつくられているかどうかを企業自らがチェックして、自社の体制はこうなっていますと投資家に伝えなければなりません。また、有価証券報告書と同様に、内部統制報告書も監査法人などの監査を受けなければならないのです。

　金融商品取引法は財務諸表の信頼性確保という観点から規制をしています。しかし経営全般となると、会計以外の分野でも種々の社内チェック体制を確立する必要があります。かつて食品表示などの偽装問題が相次ぎましたが、こういった不正行為を起こさせない仕組みづくりが必要です。2002年、雪印食品は牛乳偽装事件が発覚して解散に追い込まれました。商品表示を偽装した船場吉兆も、08年1月には民事再生法の適用を申請しています。信頼というのは企業が存立する土台です。これが崩れれば一気に

存続の危機に陥るということを忘れてはなりません。

　一方、不祥事の防止のためには監視やチェックが必要なのですが、早くも内部統制の弊害もいわれています。内部統制を徹底することは、管理コストを大幅に上昇させることにつながります。過去にはこのコストアップを理由に、特に東京証券取引所などに上場を考えていたベンチャー企業などが上場をやめたり延期したこともありました。

　一部の上場企業では、ノートパソコンを社外に持ち出せなくなった、金券ショップの利用が禁止になったという会社も増えています。購入した営業用のチケットを社員が金券ショップに横流ししたり、社員が持ち出したパソコンから個人情報が漏れたりすることを事前に防止しようという企業の防衛策で、社員の間からは社内の雰囲気が悪くなったというような声も上がっています。

17　致命的となりうる経営陣のコンプライアンス違反

　直近の不祥事の事例としては、オリンパスをめぐる一連の騒動があります。社内ルールというのは主には社員が悪いことをしないように監視を強めることが目的なのですが、オリンパスの場合は、社員ではなく経営のトップが不祥事に加担する、十数年来の不祥事を闇から闇に葬るという前代未聞の不祥事でした。

　オリンパスはバブル期に財テクで失敗し、大きな損をこしらえてしまいました。これは経営陣の判断ミスによるものです。それを表沙汰にすると会社の評判が落ち、財務的にも非常に大きなダメージが及ぶということで、その損失を表面化させずにずっと持ち越してきたのです。しかし処理しなければ、いつまで経っても損失はなくなりません。そこで買収を繰り返し、その買収によって費用が発生したかのように見せかけてこっそりと損失を処理しようとした、というのが真相です。

　この問題が注目を浴びたのは、ある雑誌がこの不透明な会計処理につい

て報道したことがきっかけでした。当時社長だったイギリス人のウッドフォード氏は、社長でありながらまったくそうした動きを知らされていませんでした。一連の損失隠しは菊川剛会長の主導によって行われていたわけですが、報道を見たウッドフォード氏の知るところとなり、社長として調査しようとしたところ、逆に取締役会で解任されてしまったのです。

結局、ウッドフォード氏の社長復帰は叶わなかったわけですが、菊川会長以下、損失隠しに関わった役員は最終的に辞任に追い込まれ、刑事責任を問われることになりました。

バブルはすでに20年も前の話なのですが、いまだに日本企業の中で当時の損失を引きずる会社があるのかと、産業界も一般の人も含めて大きな驚きや衝撃が走った事件でした。これなど、明らかにコーポレートガバナンスの不足、加えて監査法人あるいは社外取締役などによる監視の不足によって、経営陣の不明瞭な会計処理が20年にもわたって続いてきたという事例です。

こういう事件があると、信頼の基盤、特に投資家との信頼の基盤が崩れます。他の企業も似たようなことをしているのではないか、損失を隠し持っているのではないかという疑いが生じて、株式市場にも影響を及ぼします。このようなことのできないよう、監査体制などを整える必要があります。

18　弱体化した従来の監視機能

コーポレートガバナンスといえば、株主統治という言葉を思い出します。

一時期、「ものをいう株主」または「アクティビスト」という言葉をよく聞きました。日本企業はキャッシュを貯め込む習性があるのですが、貯め込んでいるキャッシュに何も使い道がないのであれば配当として株主に還元せよと、株主が経営陣に迫る動きもありました。

たとえばブルドックソースに対するスティールパートナーズのような投資ファンドの攻勢に、日本企業経営者はかなり神経質になっていたのです

が、2008年のリーマン・ショックを境に株主も骨抜きになったのか、脅威感はだいぶ薄れてきています。しかし株主統治は企業の基本であり、株主を意識した経営は今後も必要だろうと思います。

　日本企業の場合、メインバンクが監視機能を担っていた時代もありました。また、銀行などのような業種では、監督官庁が護送船団という格好で業界全体を指導した、いわゆる監督官庁によるガバナンスが働いていたこともありました。

　しかし、今は大きく様変わりしています。その背景として、まず銀行の力の低下が挙げられます。企業自体が、資金調達の方法を、銀行借入のような間接金融から市場から直接調達する直接金融に切り換えていったことにも起因しているでしょう。

　あるいは、そもそも投資をしなくなっているので、ファイナンスをする必要が薄れてきていることもあります。銀行に金を借りなくても、自分のキャッシュフローの範囲内で投資ができるとなれば、銀行の企業に対する影響力というのは当然ながら低下します。銀行自身の問題もあります。バブル経済崩壊後の不良債権処理に追われ、自分自身のことで精一杯という銀行がほとんどで、かつては業績の悪い企業に対して指導したり経営者を送り込んだり、あるいは合併再編の青写真を描くなどしてきたのですが、そこまでの余裕がなくなっているということが大きな原因です。

　監督官庁の指導力低下も挙げられます。特に1990年代以降、自由競争、市場原理の導入が各業界で大きなテーマとなり、規制緩和により監督官庁の所管業界への統率力が低下したという事情があります。

　また、労働組合によるチェック機能の低下もあります。たとえば92年、創業家出身のヤマハの社長が事実上解任されるということがありました。このときは社長の振る舞いに危機感を覚えた労働組合が、川上浩社長の経営姿勢や大量に希望退職が出たことに対する発言を問題視し、経営に対して従来の労使協定を改めざるを得ないという非常に強い異議申し立ての態度をとりました。結局、これが引き金になって社長の交代が実現したといわれています。

かつては、三越の例も含めて、労働組合やミドル社員層が結束し、組織にとって有害と思われる経営者を追い出すというようなことが、日本企業ではしばしば起こっていました。しかし労働組合の地盤沈下とともに、そういう機能も経営に反映されなくなりました。そもそも労働組合のない企業も増えている現状では、やはり労働組合によるチェック機能が弱まってきたといわざるを得ません。

19 強まる株主によるチェック機能

　一方で、株主によるチェック機能は、法的な制度改正等もあって強まってきています。かつては日本企業の特徴として、企業間で株式の持ち合いを行っていました。銀行と企業の間で株式を持ち合い、互いに安定株主になって、相互に経営については口出ししないというある種の暗黙の了解があったのですが、やはり近年の銀行の経営悪化に伴って、銀行が取引先企業の株を大量に持ち続けることはなかなか難しくなったようです。こうした事情から銀行の持ち株が売りに出され、企業の株主の構造が崩れてきたといえます。

　また一方で、外国人の持ち株比率も高まり、同時に個人投資家も株主としての権利意識に目覚めてきた昨今、さらには、以前のようにあえて経営に注文をつけなくても右肩上がりで業績が向上し、株価も上がっていく時代が終わりを告げ、株価も上らない中では、こうすればいい、ああすればいい、あの経営者は無能だというような、株主側からのプレッシャーが高まってくるのも自然のなりゆきといえます。

　したがって、投資ファンドのようなアクティブな目立つ存在がやや影をひそめた昨今でも、やはり株主重視を打ち出していかないと、企業としてなかなか経営がうまくいかない状況には変わりないと思います。しゃんしゃんと株主総会を終わらせることこそ経営者の最大の関心事という時代は昔のこと、今は一般の株主、外国人株主も含めて彼らをいかに満足させる

か、彼らが納得する配当を出すか、あるいは自社株買いをするか、あるいは自社内の統治体制をどうつくるか、そうしたことが多くの企業にとって重要な課題として浮上してきています。

20 強まる政府の関与に危機感も

　最近の特徴としてもう１つ指摘したいことがあります。これもリーマン・ショック以降だと思うのですが、政府の産業界に対する関与が非常に存在感を増してきている点が挙げられます。これは必ずしも日本だけの話ではなく、たとえば米国でも、リーマン・ショックを受けて破産法を申請したゼネラルモーターズ（GM）に対し、アメリカ政府が資本を注入して立て直すということがありました。

　金融機関の場合はシステムリスクがあるので例外とされてきましたが、従来の考え方からいけば、いわゆる自動車メーカーなど、競争で負けた一般の会社が市場から退出するのはむしろ自然な流れであって、これを逆に、負けた会社を政府が救うとなると他のプレーヤーにとっては不公平ですし、そんなことをすれば社会主義のようになるとして、許されるものではないと考えるのが常識です。ところが、リーマン・ショックの大波は、どうやらあっさりその常識を変えたのです。

　この流れは日本も例外ではなく、日本の最大の救済劇は日本航空（JAL）でした。2010年１月に会社更生法を申請したJALを、企業再生支援機構という政府系のファンドが3000億円以上出資して、立て直しを主導しました。JALはかつて特殊法人で政府機関の一翼でした。それが1987年に完全に民営化されて全日本空輸（ANA）やスカイマークと法律的には同じカテゴリーの会社になったのですが、そこに政府系の金が投入されて立て直すという事態になりました。その後、経営努力もあって業績は順調に回復し、再上場して今では国有企業ではなくなったわけですが、しかしANAをはじめとする他社には、「やはり国のお金で助けてもらうなど不公平きわま

りない」という声がいまだに残っています。

　JAL以外にも、ルネサスエレクトロニクスという半導体メーカーに対して、産業革新機構という政府系ファンドが出資して、経営を立て直そうとしています。さらに大きな動きをいうと、原子力発電所の事故で経営内容がかなり劣化してしまった東京電力もやはり、政府からの資金支援でかろうじて操業を続けていられる状態です。

　このように、政府の存在感が日本の産業界全体において非常に高まっているといえます。個々の事例を見ればやむなしという事情もあるのでしょうが、政府の過剰な介入は総体として日本の産業の健全さや活力を損ないはしないだろうかという懸念も出ています。こういう事態が進めば日本経済の社会主義化ということにもなりかねませんので、注意を要するテーマです。

21　経営者の選び方、育て方

　最後に、人の問題に焦点を当てたいと思います。日本企業が輝きを失った理由として、経営力が特に欧米企業に比べて弱まっているのではないかという見方があります。たとえばスイスに本社のあるエゴンゼンダーという人材コンサルティング会社のダミアン・オブライエンCEOは、日本企業の人事の特徴は非常に行き当たりばったりであるという見方をしています。逆に言えば、経営トップの選び方をもう少し体系的、システマティックに行えば、企業の力は上向くのではないかというのです。

　そういわれると、確かに思い当たる節もあります。たとえばジョブサイズの問題があります。日本企業の場合、あるところまでは同期と横並びで昇進して、ようやくビッグサイズの経営に携われるようになるのは、多くの場合、50代を過ぎてからとなります。これに対して欧米企業の場合は、ある種の選抜を早く行い、30代、40代という若いうちからたとえば他企業との合弁会社のトップに据えたり、プロジェクトのリーダーに就けたりと、

経営者としての経験値を早い時期から積ませます。

そうすると、あるところまで横ばいできて急に偉くなる日本企業の経営者候補と、欧米企業の経営者候補とでは、経験値の総量がまったく違うことになります。これが日本企業の経営力の劣化を招いているのではないか、したがって、やはり早い時期から選抜することが欠かせないというのがオブライエン氏の提言です。

欧米では、CEOのことを指す「ユニークアニマル」という表現があります。企業にかぎりませんが、組織のトップに立つ人間というのは他のポストとは一味違う独特の姿勢が必要で、はっきりいってしまえばCEOに向いている人と向いていない人がいるというのは、おそらく事実だろうと思います。

たとえば1つの要件として、楽天的な性格が挙げられています。リーダーたる者、どんな難局に陥っても、何とかなるという前向きな気持ちを失わずに組織を引っ張らなければなりません。リーダーが悲観に傾けば、組織全体が暗くなって、うちひしがれてしまいます。あるいは異質な人材や異質な意見を受け入れる度量の広さも必要です。多様な人材をうまく生かすことは企業がグローバル競争をするうえで欠かせない要件になるからです。

ただここで考えてほしいのは、楽天的な性格や度量の広さという資質は訓練したり勉強したりすることで習得できるものではなく、あえていえばもともとその人が持って生まれた天性の資質といえます。そう簡単に後天的に身につくものではありません。ですから、そういう条件を満たす人を早めに選抜して経験を積ませる。それによって経験豊かなリーダーに育ってもらうという、経営者選考の発想の転換が日本企業にも必要になってきているのではないでしょうか。

たとえば、日立製作所は、2000年以降、過去10年間巨額の赤字を何度も出したことがあり、果たしてこの先どうなるかと心配されたのですが、最近は三菱重工業との統合など、次々に経営改革を打ち出しています。その多くの部分が、今の社長である中西宏明氏のリーダーシップに拠っている

といえます。中西社長は、日本企業の中で育ってきた人ではありますが、日立製作所がIBMから買収してさんざん苦労することになったハードディスクドライブの会社の立て直しなど、経営者としての実践経験の豊富な人です。日立という組織を離れて、「外」で戦った経験のある人です。そういう人をリーダーに選べば、やはり経営に的確な手が打てるということです。

現状ではなぜか、そういう業績不振の会社の経営者に、二流どころの、おそらく何をやったらよいのか皆目わからないような人間を据えてしまっている例がときおり見られます。経営者の選び方についても、そろそろ再考すべき時期ではないでしょうか。

取り組みとしておもしろいのはソフトバンクです。ソフトバンクは孫正義という創業経営者のカリスマ性や彼の動物的な勘で引っ張っている会社ではありますが、孫氏自身、後継者育成に熱心に取り組んでいます。

ソフトバンクアカデミアという機関を発足させて、グループ社員200人に社外からの100人を加えて計300人を集め、週1回孫社長の講義を受講させ、受講者自身にもいろいろな事業のプレゼンテーションを行わせています。単なる座学の講習ではなく、1年間を通して「ガチンコで議論する場」と位置づけています。

議論の内容は、たとえば"Yahooの価値を10年で5倍にする方法は"や、"つながらない通信エリアの改善策は"というような具体的なテーマを年に4回出し、300人の受講者全員がそのテーマに応じたプレゼンテーションを披露して、それをランク付けして上位30人が決勝大会に進出するといったシステムをとっています。決勝では孫社長以下グループ役員の前でそれぞれが発表するそうです。どの程度の成果が見込めるかはわかりませんが、従来にない人材育成の手法を取り入れないと企業としての活力が維持できないという、危機感の表れにほかなりません。他の日本企業にとってもおおいに参考になる事例でしょう。

2. 進化するITビジネス

1　軍事利用からビジネスモデルへの転換

　20世紀最大の発明あるいは開発ともいえるものに、コンピュータ技術と通信技術があります。もちろん、それ以外にもさまざまな発明や開発はありましたが、こと経済や社会のシステムに対する貢献度という点では、情報通信技術（IT）が最も大きな発明、開発と考えられます。

　その技術をさかのぼれば、古くは戦前にまで至ります。IBMという世界のコンピュータ業界の巨人が誕生するきっかけとなったのは、米国の人口統計をとるために膨大な情報を扱う必要に迫られたことでした。最初は、パンチカードといってカードに穴を開けたものを機械に読み取らせて計算をしたのです。このあたりからインターナショナル・ビジネス・マシン（IBM）というビジネスモデルがつくられていったのです。

　そうしたコンピュータの技術が最も飛躍的に伸びたのは戦後でした。その起源は戦中にさかのぼります。第1次世界大戦と第2次世界大戦の2回の戦争を優位にもっていくために、各国はミサイルや大砲の弾道計算をしなければなりませんでした。当時、その計算のために、米国のペンシルバニア大学でつくられた大型のコンピュータが「エニアック」です。

　エニアックは、真空管をおよそ1万8000本も使う、6畳1間あるいはそれ以上に大きなものでした。しかし戦争が終わったとたんに使い道がなくなってしまいました。その無用の長物を有効に利用しようと真っ先に考えたのが、米国の大手消費材メーカーでした。プロクター＆ギャンブル（P&G）などの大手メーカーは、マーケティングのツールとして、または商品開発のためのツールとして大型コンピュータを使い始めました。それがIT革命の最初となったのです。

コンピュータも最初は真空管を利用していたので、演算能力を高めれば高めるほど、図体が巨大なものになりました。しかし、トランジスタ技術の発展によって、飛躍的なダウンサイジングが可能となり、メインフレームと呼ばれた大型コンピュータから、ミニコン（ミニ・コンピュータ）といった小型のものに移り変わり、値段も大きく下がったのです。この段階になってようやく、コンピュータが一般企業にも導入されるようになったのです。日本でいえばオフコン（オフィス・コンピュータ）に相当するものです。

2　パソコンの登場とワールド・ワイド・ウェブ（WWW）

　こうして民間のニーズを満たすようになったコンピュータは、1980年代に入ると、今度は企業だけではなく、一般個人も使えるものとして利用者の裾野を広げていきました。いわゆるパソコン（パーソナル・コンピュータ）の登場です。アップルが開発した「マッキントッシュ」やIBMとマイクロソフトが開発した「IBM－PC」といったパソコンが市場に登場したのです。当時はまだ、個人の生産性向上を目的としたもので、ネットワークとはつながっていない、単独で使う個人用のコンピュータでした。
　ところが1993年になると、米国のイリノイ大学のスーパーコンピュータセンターの学生だったマーク・アンドリーセンという学生とそのグループが「モザイク」というソフトウェアを開発しました。アイコンをクリックするとコンピュータのネットワーク上のさまざまな情報にアクセスできる閲覧ソフト、すなわちブラウザです。これにより、インターネットによる情報の交換や通信が個人にも広がるようになったのです。いわゆるインターネット時代の到来です。
　米国は前述のように、戦争を有利に進めるために弾道計算用のコンピュータを開発していましたが、それと並行し、やはり戦争に勝つためのネットワークが必要だと考え、69年から国防総省を中心に今日のインターネッ

トの原型となるネットワークをつくってきました。

　たとえば、電話網のような１対１でつながる一般のネットワークは、途中でネットワークを寸断されてしまうと二度とコミュニケーションがとれなくなってしまいます。それを回避するために、ネットワークを１対１ではなく、１対多ないし多対多の形で、網の目のように、もしくは蜘蛛の巣のように接続する形を考案しました。途中で攻撃され、ある部分が切断されても、他の道を経由または迂回して情報が届けられる、という仕組みを考え出したのです。

　この仕組みが、まさにインターネットです。それが93年のブラウザの登場によって、一般個人でも使えるようになりました。今まで単独で使っていたパソコンも、インターネットでつながった多くのサーバーの情報にアクセスできるようになり、インターネットとパソコンが結びつきました。パソコンの用途が飛躍的に拡大したのです。

　こうして90年代半ばから、「インターネット革命」と喧伝された大きな波が、世界中に広がっていったのです。米国でも、冷戦の終結に伴い、それまで国防のためにつくっていたインターネットを民間に開放しようという動きが起こりました。国防や学術目的にしか使えなかったネットワークを90年代初めに開放し、それがインターネットとなったのです。そうしたコンピュータの技術革新とネットワークの開放の両方により、インターネットが誰でも使えるようになったのです。

3　ベンチャー企業の台頭とネットバブルの崩壊

　1990年代の後半になると、インターネットを使って新しいビジネスを始めようというベンチャー企業が登場します。その代表がYahoo!であり、オークションのeBayであり、ブラウザを開発したマーク・アンドリーセン氏らが始めたネットスケープ・コミュニケーションズといった企業です。こうした多くのベンチャー企業は、米国西海岸のシリコンバレーの周辺に

多数登場しました。新たに形成されたインターネットを通信販売や電子商取引に利用しようとする企業も出てきました。その最も有名な企業が、アマゾン・ドット・コムです。

これが、インターネット革命の第1幕に当たります。時間的には90年代半ばから2000年くらいまでです。なぜ2000年までなのかを説明しましょう。

当時、米国ではインターネットは次世代の情報プラットホームになると考えられ、多くのベンチャー企業が登場し、ベンチャーキャピタルも大量のお金を投じました。インターネットは、それまでの閉ざされたネットワークと違い、誰でも使えるというメリットがあったからです。しかし問題はそこで確実にお金を集める手段がなかったことです。多くのお金を投じてきたベンチャーキャピタルが、いつになっても儲けが出ないことに気づきました。そして2000年の春にアマゾンの決算発表を機に、ITベンチャー企業の株が大きく売られるという現象が起きました。それをきっかけに、疑心暗鬼だった投資家の間でインターネットに対する見方が変わり、ITバブルの崩壊やインターネット・ブームの終焉が訪れたのです。

ITバブルの崩壊は、1つの様相からのみ語ることはできません。米国では前述のようなドットコム・バブルの崩壊が大きな原因となりましたが、ヨーロッパでは、同じ時期に第3世代携帯電話（3G）の周波数の割り当てをめぐるオークションがあり、その失敗がITバブルの崩壊を招きました。つまり3Gへの期待が強く高まり、オークションが過熱したことで、通信会社がお金を払い切れなくなり、大きな負債を抱えてしまうという現象が起きたのです。

日本では、1990年代の後半はインターネット分野のベンチャー企業はまだ少なく、日本でのITバブルの崩壊は、むしろ米国やヨーロッパのマーケットに機器を売ろうとしていたメーカーの当てが外れてしまったことから起きたわけです。

4　ネットビジネス発展の第2フェーズ

　ところが、こうしたITバブル崩壊の動きが、2004年ごろから変わり始めます。その１つのきっかけが04年８月のグーグルの上場です。検索連動広告モデルを掲げたグーグルの登場によって、それまで儲からないと考えられていたインターネットが、検索データに広告を結びつければお金になる、というビジネスモデルに生まれ変わったのです。

　こうした変化を受け、米国ではもう一度インターネットビジネスを盛り上げようと、さまざまなベンチャー企業が再参入してきました。その流れがいわゆる「Web2.0」です。04年以降にWeb2.0の流れが加速し、再びインターネットの利用が広まっていきました。

　それではWeb1.0とWeb2.0とでは、いったい何が違うのでしょうか。Web1.0は、どちらかといえば企業や消費者を相手にしたネットワークによるサービスモデルが中心でした。しかし04年以降、ネットワーク環境が劇的に変化します。

　まず高速大容量通信のブロードバンドというものが登場し、電話回線によるダイヤルアップ接続でいちいちつながなくても、インターネットに常時接続した状態で使えるようになりました。また、無償基本ソフトのLinux（リナックス）で知られるようになった、オープンソース型のソフトウェアが次々と出てきたことも大きな変化をもたらしました。オープンソースとは、ソフトウェアの仕様を公開し、利用者に代償を求めないソフトウェアのことです。

　昔は、ソフトウェアはパッケージソフトとしてデリバリー（配布）しなければなりませんでしたので、オープンソースというものがあったとしても、なかなか広まることはありませんでした。それが、インターネット革命の第１幕、つまりWeb1.0で個人が簡単にネットワークに接続できるようになったことで、オープンソース型のソフトが飛躍的に広まったのです。

　一方、ハードウェアの技術革新もありました。Web2.0の段階では、1.0に

比べ、おそらく100分の1500分の1といった非常に安いコストで、システムが構築できるようになったのです。

そうなると、Web1.0のときは物販や企業による消費者への情報提供という形がインターネットサービスの中心でしたが、Web2.0時代になると、サーバーやハードディスクのコストが非常に安くなったことから、消費者サイドの一般の人たちもネット上にさまざまな情報を勝手に書き込むことが可能になったのです。そして、その情報をブロードバンドを使って多くの人に同時に発信することもできるようになったのです。

その結果、消費者が多くの情報をブログや口コミサイト（コンシューマ・ジェネレーテッド・メディア＝CGM）に書き込むことで、その情報を多くの人が共有し、ビジネスのツールとしても生かせる時代が登場したのです。1.0時代はどちらかというと企業が情報発信の主体だったのが、2.0では個人が情報発信の担い手になるという現象が出現しました。

一方、膨大な量の情報をネットワーク上に蓄積し、そこに検索エンジンでアクセスすれば、今までマスメディアでは取り上げられなかった、非常にマニアックな、あるいは趣味的な情報も提供できるようになりました。マスメディアではできなかった、専門的な商品やサービスのマッチングが可能になったのです。すなわち、「ロングテール」と呼ばれるような小さなマーケットがネット上に多数登場する時代が訪れたのです。

5　日本におけるインターネット革命

以上が2000年代までのインターネット革命の大まかな流れです。次に、この間の日本の置かれた状況を述べておきましょう。日本は1990年の金融の総量規制をきっかけに、バブル経済が崩壊し、政府や金融機関は不良債権処理に追われるという時代になりました。インターネットブームで2000年前後に多少は盛り返しましたが、海外のITバブル崩壊により、再び経済の拡大基調が損なわれてしまいました。

その前後で起きた現象として1つ注目しなければならないのは、1997年にタイの通貨、バーツの下落をきっかけに起きたアジア通貨危機です。韓国のウォンもその波に飲まれ、オリンピック開催によるバブル経済の後遺症もあり、97年には韓国経済が崩壊してしまいました。そのためIMF（国際通貨基金）の指導により、98年以降、金大中政権のもとで、韓国は国家の再生をかけた新しい経済政策を打ち出します。つまり、伝統的な製造業が大事なのはもちろんですが、今後はむしろネットワークを媒介にした新しいサービスやコンテンツビジネスといったものが成長するだろうという判断に立ち、各家庭にブロードバンドを普及させる政策を推し進めたのです。

　一方、日本はそのころ、ゲームやアニメなどの分野では強みを発揮していましたが、IT、特にインターネットについては一貫して米国の主導を許し、日本の経営者やリーダーの多くは、ネットワークを媒介にしたビジネスによって世の中が大きく変わるとは思っていませんでした。したがって、インターネット革命では日本はスタートから出遅れる状況となったのです。

　ところが韓国は、98年からのブロードバンド政策によって、わずか数年で全世帯の約7割にブロードバンドが設置されました。そしてネットワークを使ったさまざまなコンテンツビジネスが展開されました。『冬のソナタ』に見られる「韓流ドラマ」が日本でも流行りましたが、これはテレビのみならず、初めからインターネット配信をにらんで作られたコンテンツなのです。

　こうして日本は韓国に先んじられてしまったわけです。ようやく危機感を抱いた日本政府は、2000年になってやっとIT革命に目を向け、「IT戦略本部」を官邸に置き、01年から「e-Japan戦略」というIT政策を始めました。「IT基本法」をつくり、国として情報化政策を推進しようとしたわけです。そこではまずブロードバンドを全国に広める目標が立てられ、遅れていたインターネット環境を整備するため、通信インフラを今日のような最先端のネットワークにする施策が打ち出されました。

1990年代前半までの工業時代には、日本型の詰め込み教育を中心とする教育システムや生産体制は海外でも高く評価されました。たとえばIMDというスイスのビジネススクールが行う世界各国の国際競争力ランキングでも、日本の競争力の評価は90年代半ばまでずっとナンバーワンでした。ところが90年代後半にインターネット革命が世界的に広がると、日本の競争力の順位はずるずると落ちてしまったのです。それがe-Japan戦略を進めたことによって、ブロードバンド環境が広がると、2000年代以降、IMDの競争力ランキングもそれにつれて上がるという状況になりました。

　05～06年ごろには、日本はブロードバンドの整備で最先端レベルに達し、それなりの評価を得ましたが、日本の情報化の内情をいえば、実は進んだのは通信インフラ部分だけでした。本来であればインターネットを活用して生産性を上げなければならない政府の行政サービスや、あるいは医療、教育といった分野で、インターネットはあまり利用されていないという現状にあります。携帯電話もどちらかというと遊びの道具に使われることが多く、経済の生産性向上にはつながりませんでした。したがって、IMDの調査でも、06年ごろをピークにまたランクを落としてしまうことになりました。

　そうした中で、新しいインターネット技術の潮流ともいえる「Web2.0」が出てきたわけです。日本でももう一度インターネットに対する重要性を認識して、それを国家の競争力強化のツールにしていく、という施策が必要だと考えられました。このため、政府も06年から「e-Japan戦略」の次のIT政策となる「IT新改革戦略」を打ち出し、レセプト（診療報酬明細書）の100％オンライン化やネットワークによる在宅労働者の増加などに努めようとしました。

6　デジタル化による「通信と放送の融合」

　日本は、ブロードバンド革命ではそれなりの成果を挙げました。ブロー

ドバンドを推し進める狙いの1つに「通信と放送の融合」があります。従来の放送は電波を使って行われますが、テレビ放送に使う電波は非常に幅広い帯域を必要としますので、後から登場した携帯電話などのモバイルサービスに十分な電波を割り当てられないという問題が生じました。

それに気がついた米国は、放送をデジタル化することにしました。放送をデジタル波にすれば、干渉が少なくなり、従来よりも幅の狭い帯域で放送を流すことができます。しかもデジタル映像なので圧縮も可能になりますから、そういった技術を使えば、ハイビジョンの高画質映像も流せるようになります。そうして1998年から米国と英国が世界に先駆け、デジタル放送を始めたのです。

日本は、もともとBS（放送衛星）放送を使って、アナログによるハイビジョン放送を行っていましたが、世界の流れに乗るためには、デジタル化を進めなければならなくなり、2003年から地上デジタル放送を始めました。当初予定では11年7月24日までにすべての放送をデジタル化する予定でしたが、東日本大震災が起きたため、被災地に当たる東北3県については予定を1年遅らせ、12年春にデジタルに移行しました。

放送のデジタル化によって、今まで使っていたVHF（超短波）、UHF（極超短波）というテレビ向けの電波を従来のUHF帯の半分の帯域に収め、残りを携帯電話などさまざまなモバイル端末やコミュニケーションツールに振り分けようというのが目的です。

実は放送をデジタル化すれば、放送番組を電波でなく、通信回線を使って送ることも可能になります。放送は一斉配信ですので、番組を選ぶことができませんが、通信回線なら視聴する番組を自分で選ぶこともできます。放送のデジタル化が進んでいる欧米では、すでに放送番組のオンデマンド配信、すなわち通信回線を使って放送番組を見るという流れが広がっています。これが通信と放送の融合といわれるものです。

同じことを日本でも行おうという試みがなされましたが、残念ながら日本の場合は、既得権を持つ放送会社がコンテンツを抱え込み、融合が十分に進んだとはいえません。インターネットやブロードバンドで簡単に番組

をネット配信すれば、違法なコピーによる著作権侵害やコンテンツの安売りといった問題が起きてしまうとして、融合について二の足を踏んだわけです。

　小泉純一郎政権時代に竹中平蔵総務大臣のもとで、通信と放送の融合に関する総務大臣の私的懇談会がつくられ、日本でも通信と放送の融合を促さなければならないという方向に向かったことがありました。しかし、いわゆるライブドア事件などで融合の流れにブレーキがかかってしまいました。

　インターネットベンチャーで成功したライブドアの堀江貴文社長（当時）が「これからはインターネットで放送も流せる」といって、フジテレビジョンの親会社であるニッポン放送の株式を立ち会い外取引という形で取得しました。ところがフジテレビは、「そういう形での企業買収は市場取引の原則に反するのではないか」と反対キャンペーンを展開しました。そうこうするうちに、この件は堀江社長の逮捕という事件に発展してしまったのです。

　この後もライブドアと同じように楽天がTBSの株式を買収し、経営を握ろうとしましたが、結局は実現しませんでした。日本ではネット企業に対する放送会社側のアレルギーもあり、通信と放送の融合がなかなか進んでいないのが実情です。韓国をはじめ諸外国ではどんどんとネットワークを使って放送番組が流れているわけですから、日本はそうした流れの外にあるという重大な問題を抱えているのです。

7　日本が先鞭つけた次世代ネットワーク（NGN）

　情報通信インフラの分野で日本が世界をリードしようと、ある1つの方法がNTTで考えられました。2008年3月からサービスを開始した「次世代ネットワーク（NGN）」です。

　インターネットは米国の国防総省がつくった仕組みをベースにした非常

にオープンかつコストの安いネットワークです。誰もがそれを使えたことで世界に広がったわけですが、その半面、セキュリティーの面では危ない仕組みになってしまいました。逆に昔の電話網のような閉鎖的なネットワークは、安全ではあるけれども開放されていないので共有できるわけではないし、かつ占有してネットワークを使うのでコストが高いという問題があります。

　2つのコミュニケーション手段にはそれぞれ一長一短があり、その両方のよさを組み合わせたネットワークをつくれないかとNTTは考え、その結果として生まれたのがNGNでした。これはインターネット革命に出遅れたNTTが、もう一度主導権を握りたいという思惑もあって開発されたのです。

　今のインターネットは「IPv4（インターネット・プロトコル・バージョン4）」という技術がベースになっています。インターネットの網の目の上に情報を流すためには、「IPアドレス」と呼ばれるネット上の住所、つまり宛先をつけなければなりません。これが、現在は2の32乗、すなわち32ビットで表示しているのですが、それで得られるIPアドレスの数は全体で34億個しかありません。地球の人口は70億人以上ですので、1人1つのアドレスを持てないという問題が出てきたのです。

　そこで国際レベルの合意として、次の「IPv6」では2の128乗でアドレスを表示しようということになりました。これですと128ビットになりますから、ほぼ無限大のアドレスが得られることになります。そうなると、電話機やラジオ、インターネット端末、携帯端末など、何にでも一つひとつに個別のアドレスを振ることが可能になります。つまり、セキュリティーを一層安全に保てるようになるわけです。

　インターネットプロバイダーを経由したネット接続は、IPアドレスを利用者が使い回ししている状態でしたが、個人や家電製品がそれぞれIPアドレスを持てる時代になれば、ネットワークは相乗りしてでも、最終的な端末を特定できるため、セキュリティーが保たれます。もし違法コピーのようなものが送られてきた場合、送り主を突き止めることが可能になり、

著作権も守られることになります。

8 ガラパゴス化が進んだ日本のIT業界

　一方、携帯電話の分野でも、日本は大きな課題を抱えています。日本の携帯電話の技術はもともとNTTが開発した自動車電話の技術がもとになっています。それが1990年代になると、個人が持ち運びできるようなポータブルな電話が必要ではないか、ということが国際的にいわれるようになりました。

　日本では94年に携帯電話端末の売り切り制度が始まりました。それまでは、NTTが携帯電話サービスを独占して利用者に端末を貸すというレンタル方式で行っていましたが、他の事業者にも携帯電話サービスへの参入を認めるという大きな政策転換がなされたのです。それによって携帯電話は大きく市場を拡大していくことになりました。

　ところが日本は、NTTが携帯電話サービスを広める際に、アナログの自動車電話から発した技術をデジタル化して、「PDC」という日本独自の技術で携帯電話サービスを広めようとしました。一方、ヨーロッパの携帯電話のデジタル化では、フィンランドのノキアやスウェーデンのエリクソンといった北欧企業を中心に「GSM」という共通規格が開発されました。また米国では、国防関係の技術者がスピンアウトして設立したクアルコムが、「CDMA」という技術をベースにネットワークを広げました。つまり、世界で3つの異なるデジタル規格で携帯電話サービスが広がるという現象が起こったのです。

　日本のPDC方式は日本独自の規格なので、端末を海外に持っていくと使えないという大きな問題がありました。一方、ヨーロッパのGSM方式は、EUの統合を控えたヨーロッパにおいて、EU内を人々が自由に行き来し、どこの国でも使える電話が必要だという要請からつくられたものだったので、日本のシステムに比べ、グローバルに展開できる形になっていました。

通信サービス会社は国内市場だけ考えていればいいかもしれませんが、端末メーカーは国際マーケットに出ていけなければ海外の市場を失うことになります。そこでPDCの次は、NTTドコモが中心となって第3世代携帯電話（3G）の規格を各国の通信会社や端末メーカーに働きかけ、世界共通規格としてまとめました。それが今日の「W（ワイドバンド）ーCDMA」という方式です。CDMA方式とGSM方式を合体したような規格で、米国でもヨーロッパでも使えるというのが大きな特徴です。NTTドコモはこれを「FOMA（フォーマ）」と名付け、第3世代携帯電話からは世界の携帯市場に打って出ようとしました。

ところが日本が率先して規格を取りまとめたわけですから、本来なら日本勢が最も商品化が早く、海外にも進出できるはずでしたが、残念ながら日本メーカーの内向き志向がこれを阻んでしまいました。特に日本の場合、80年代に海外の自動車や家電市場を席巻し、米国などから激しく非難されたため、内需拡大の方向に転換を図り、経営者もそうした内需志向から抜け出せないでいました。その結果、本来、グローバル展開を目指すべき携帯電話についても、なかなか海外で成功しなかったのです。

このような状態から、今日の日本のデジタル産業が抱える大きな問題が、いわゆる「IT産業のガラパゴス化」と呼ばれるものです。特殊に進化した動物が生息する西太平洋のガラパゴス諸島にちなんだネーミングですが、それをいかに開放するかが日本の大きな課題です。

9 デジタル家電で出遅れた日本の家電業界

日本の抱えるもう1つの大きな問題は、家電産業の大きな落ち込みです。パナソニックやシャープ、ソニーなどが巨額の赤字を計上しました。1990年代以降、デジタル化やインターネットの普及に伴い、日本の家電産業の強みが大きく損なわれたといえます。

それは日本の産業競争力が落ちたというだけではなく、アップルやグ

ーグルなどの米国企業がインターネットを使い、「iPod」や「iPhone」、「Android」といった新しいデジタル家電を提供するようになってきたことが大きな理由です。さらに日本が得意としてきた従来の家電製品分野でも、サムスン電子など韓国や中国の企業が追い上げてきたことが背景にあります。日本の家電産業は両者の挟み撃ちにあって、かつての精彩を失ってしまったのです。

　中でも日本企業が最も苦戦しているのがテレビ事業です。放送がデジタル化したことで、番組は従来のアナログのブラウン管で見るよりも、液晶やプラズマなどデジタル方式の薄型パネルで見たほうがきれいに見えます。そこでシャープは世界で最も早くブラウン管から液晶に切り替え、パナソニックもプラズマの薄型パネル事業に力を注ぎました。プラズマはもともとNECや富士通などが開発しましたが、それを引き継いだパナソニックは大規模な工場を建設し、世界のプラズマ市場をリードしようと考えました。

　ところが、ここでもやはりアジア企業の追い上げにあいます。韓国のサムスン電子やLGなどが量産に乗り出し、ウォン安を武器に欧米市場でシェアを大きく高めました。付加価値の高い液晶やプラズマは本来高く売れるはずの商品でしたが、デジタル商品特有の価格破壊が進み、日本企業にとっては大きな赤字の原因となってしまったのです。パナソニックは三洋電機を買収しましたが、シャープも米国のクアルコムと資本提携するなど、今後は家電業界の再編が世界規模で進むことになるでしょう。

10　知的財産権をめぐる世界の攻防

　デジタル家電の市場が広がるのにつれて登場した新たな問題が、知的財産権の問題です。これはもともと1980年代に日本の家電産業が米国を席巻していたころに、米国の企業が特許など自分たちの技術を守ろうとして打ち出した「知的財産戦略」に端を発しています。米国の企業はそれまで日

本などの下請企業に技術をライセンス供与し、労働コストの安い海外で生産を進めていましたが、自国の知的財産を保護しないと、米国企業の技術がどんどん海外に流出し、日本などアジアの国のほうが競争力をつけてしまう、という指摘がなされました。

それを最も強く指摘したのが当時のヒューレット・パッカードの経営トップ、ジョン・ヤング氏でした。彼が中心となって85年にまとめた大統領産業競争力委員会のレポート、通称「ヤング・レポート」では、知財戦略を高らかにうたいあげました。それがきっかけとなって米国では88年に通商法が改正され、「スペシャル301条」など知的財産権を守るさまざまな方策が打ち出されたのです。

日本は当時、こうした米国の動きを日本にとっての脅威と受けとめていました。しかし30年近い時間が流れ、デジタルの時代がやって来た今、今度は日本がかつての米国と同じようにアジア諸国から追われる立場になったわけです。そうした状況を受け、日本でも「IT戦略本部」や「e-Japan戦略」が掲げられ、さらにもう1つの大きな競争政策の柱として「知的財産戦略」が打ち出されました。官邸に「知的財産戦略本部」をつくり、知財戦略大綱を作成し、日本の知財の育成、保護、流通を目指そうとしています。

デジタル化が進めば進むほど、知財は重要になります。というのは、デジタルのコンテンツはアナログに比べて非常に安いコストでコピーができ、しかも簡単で、なおかつコンテンツが劣化しないという特性を持っています。この特性が日本で最初に問題になったのは、デジタルで録音する「DAT」というデジタルテープレコーダーでした。それ以降、コンパクトディスクやDVDなど、デジタル商品が増えるにつれ、日本でも知的財産権保護が大きく叫ばれるようになったのです。

知財戦略は日本にとって不可欠な戦略ですが、インターネットのオープン性に功罪があるのと同じように、知財もそれを守ることばかりに注力すれば、コンテンツが自由に流通せず、日本のデジタル家電が世界で売れなくなるという問題もあります。

その問題が端的に表れたのが、日本が得意としてきた携帯音楽プレーヤ

ーでした。70年代にソニーがつくった「ウォークマン」は音楽を屋外に持ち出すという新しい市場を切り開き、世界の音響市場を席巻しました。ところがデジタル時代を迎え、今度は音楽をネットで配信すべきだという声が高まったのですが、そうしたニーズに十分対応できませんでした。

　理由は、デジタルでネット配信すると、違法コピーが行われたり、著作権が侵害される恐れがあるということで、日本のレコード会社が音楽の提供に二の足を踏んだからです。ウォークマンの生みの親であるソニーでさえも、音楽や映画の部門がコンテンツの提供を躊躇し、簡単にコピーができるネット配信に慎重な姿勢をとったのです。

　その間隙を縫って登場したのがスティーブ・ジョブズ氏で、パソコンメーカーであったはずのアップルは瞬く間に音楽配信のプラットホーム会社になってしまったのです。携帯音楽プレーヤーの市場は日本が独占していたので、日本がやらなければ誰もやらないだろうと油断していたという面もあるでしょう。

　アップルは当初、ハードディスクを使った携帯音楽プレーヤーの「iPod」を発売しました。容量の大きいハードディスクを搭載することで、非常にたくさんの楽曲を屋外に持ち出せるようになったのです。まさにジョブズ氏の先見の明でした。

　実はデジタルの音楽携帯プレーヤーをつくったのは、もともと韓国や台湾の企業でした。海外ではCDの音楽を「MP3」というデジタルファイルに変換し、パソコンで音楽を聴く習慣があったことから、それをデジタルメモリーに入れて持ち歩けるようにしたものです。そこにヒントを得たジョブズ氏は、iPodによりユーザーインターフェースを使いやすくし、しかも「iTunes」という音楽のダウンロードサイトと連動させることで、ネットから自由に楽曲を購入できる環境を整えました。つまり、アップルは従来のパソコンビジネスに代え、ネット音楽配信という新しいビジネスモデルをつくったわけです。

　日本は結局、著作権保護にばかり過敏になっていたため、マーケットをアップルに譲ってしまうという結果になったのです。この流れはなかなか

止めることができず、アップルはその後も「iPod Touch」「iPhone」と、手軽に音楽を楽しめる商品を矢継ぎ早に出し、世界の音楽市場を見事に手中に収めました。

前述の放送番組などのオンデマンド配信との関係でいえば、日本は著作権団体の力が非常に強いことも課題です。著作権問題の政策を取りまとめる文化庁の文化審議会にある著作権分科会の構成メンバーは、既存のコンテンツの権利者や著作権団体の代表などが多数集まっています。そこがネックになって、放送番組をなかなかデジタル配信できない状況が生まれています。

著作権法の改正により、インターネットを使った「IPマルチキャスト放送」の開始に合わせて、ネットによるテレビ番組の同時再送信は認められましたが、依然として、過去に収録した番組が好きなときに見られるオンデマンド配信はまだ十分に広がっているとはいえません。

著作権保護の形は国によって状況は違いますが、欧米や韓国などではデジタルコンテンツ配信が比較的自由に認められています。日本も、守るべきところは守り、緩和すべきところは緩和するといった、知的財産権制度の新しい方針をそろそろ真剣に考えるべきときに来ています。

11　クラウドが開く新しいネットビジネス

2004年のグーグルの株式上場をきっかけに「Web2.0」というインターネットの新しい潮流が広がったことはすでに述べました。さらにその後、新しい技術として急速に広がり始めたのが「クラウドコンピューティング」という新しい技術です。最近では、「スマートフォン」と呼ばれる高機能な携帯電話や、「タブレット」という多機能携帯端末の需要が広がっていますが、そうした新しい端末が利用できるようになったのも、このクラウド技術のおかげといってよいでしょう。

Web2.0は文字通り、インターネット革命の第2幕を表す言葉でした。

オープンソースのソフトなどを活用し、システムを非常に安いコストで構築することにより、一般消費者など多くの人が発信する情報をネット上に蓄積し、その情報をみなで共有することで、新たなマーケティングツールに使おうという流れでした。
　クラウドコンピューティングはさらにその流れを加速して、単に情報を共有するだけでなく、コンピュータ処理そのものもネット上でやってしまおうという技術です。従来のコンピュータは汎用機からミニコン、パソコンに至るまで、ソフトウェアはパッケージで提供されたものを自分でインストールして使うのが常識でした。
　クラウドは簡単にいえば、ソフトウェアをネットワークから取り込んでインストールするのではなく、あたかもサービスのようにネットの向こうにソフトウェアを置いてネットを介して自由に使えるようにしたものです。そのためにインターネットにつながったたくさんのサーバーを用意し、それを利用者が時間単位で利用できるようにしたのが、パブリック・クラウドと呼ばれるサービスです。そうしたサービスを事業として大規模に始めたのが、アマゾン・ドット・コムやグーグル、マイクロソフトなど米国の企業です。
　グーグルが提供する電子メールの「Gmail」や検索サービスなども広い意味ではクラウドサービスといえるものです。こうしたクラウド技術は一般個人向けにまず広がりましたが、今後は企業の情報システムとして広がっていくことが予想されます。日本には500万社に上る中小企業がありますが、情報化が進んだとはいえ、きちんとした情報システムを持っているのは大企業に限られており、中堅・中小の企業は情報化の流れから取り残されているのが現状です。そういった人材もノウハウもない中小企業に情報ツールを活用できるようにするのが、まさにクラウドコンピューティングだといえます。
　企業がクラウドサービスを利用するには、まずブロードバンド環境を整え、ネットワーク経由で出来合いのシステムの使いたい部分を提供してもらい、使った時間や量に応じて代金を支払います。こうしたクラウドサー

ビスは企業向けシステムのERP（統合基幹業務ソフト）にも採用されつつあり、この分野で世界最大手の独SAPは、自前でシステムを持てない中堅・中小の企業向けにERPのシステムをクラウドで提供しようとしています。マイクロソフトも従来の個人向け市場だけではなく、企業向け市場にも力を入れており、そのために「ウィンドウズ・アジュール」という新しいクラウド基盤を提供しています。

このように、ネットワークでソフトウェアを提供するといったビジネスモデルは、日本でも今後、急速に普及すると考えられます。経済産業省もそうしたクラウドを推進するために「J-SaaS」というプロジェクトを立ち上げ、情報化が遅れた中小企業に対し、インターネットを使ってソフトウェアが簡単に使えるような環境を広める取り組みを進めています。

12 Web3.0が促すビッグデータの利用

1990年代半ばから世界に広まったインターネットは、ネット販売の普及などさまざまな革命をもたらしました。その最初の革命を「Web1.0」とすると、オープンソースや高速回線の低廉化により、誰もがインターネットに安く常時接続できさまざまな情報を共有できるようになった第2の革命は、「Web2.0」と呼ばれました。さらにクラウド技術が登場し、コンピュータの処理もネット上でできるようになった次のフェーズは、「Web3.0」といえるでしょう。これは、リーマン・ショックにより経済の構造が大きく変わった2008年ごろから登場した現象です。

Web2.0はあくまでネットの向こうにあるサーバーに情報を蓄えて、みなで共有し、商取引などのためのマーケティングのツールに使おうというものでした。さらにWeb3.0では、クラウド上に大量の情報を蓄積し、さらにGPS（全地球測位システム）などの位置情報やカメラなどのセンサー情報と組み合わせることで、ネットワーク上の仮想の世界と現実世界が融合していくという新しい現象が進むでしょう。GPSを搭載した携帯端

末を使って個人の居場所を特定したり、携帯端末のカメラで2次元バーコードを読んだり、従来の通話やメール以外にさまざまな情報をネットを使って交換できるようになります。そうなると自分の位置情報をネット上の情報に照らし、現実と仮想の世界を結びつけることが可能になります。

　それを最初に具体的な形にしたのが米国のサンフランシスコにあるベンチャー企業、リンデンラボ社の「セカンドライフ」です。コンピュータとネットワークが織りなす電子空間（サイバースペース）上に仮想都市をつくり、そこに人間が化身（アバター）となって入っていくというものです。そこからヒントを得たのが、日本のサイバーエージェントが提供している「アメーバピグ」というソーシャルメディアです。そうした新しい技術が登場することで、電子商取引や遠隔教育など新しいサービスが可能になるといえるでしょう。

　そして最も成長が期待されるのが、スマートフォンやタブレットなどの携帯端末です。07年に登場したアップルの「iPhone」やその翌年から本格登場したグーグルの「Android」端末は劇的に利用者を増やし、もうすぐ世界で20億人になります。日本ではNTTドコモの携帯情報サービス「i-Mode」の登場によって、携帯端末によるインターネットアクセスが非常に進みましたが、欧米では最近までパソコンによるアクセスが中心でした。そこに登場したのがこうした携帯端末で、タブレットも近くパソコンの市場を上回ることになると考えられます。

　そうした携帯端末の普及を押し上げたのが、「LTE」と呼ばれる第4世代の携帯電話規格や「WiMAX」などの高速無線サービスです。こうした高速無線インフラは日本が先行しましたが、欧米や新興国などでも急速にインフラ整備が進んでおり、クラウド技術の普及とも相まって、今後、大きな市場を築くことになるでしょう。

　前述のように、日本は携帯情報サービスで世界に先行しましたが、技術は進んでいても、独自仕様によるビジネスモデルを構築してしまったことで、ガラパゴスと呼ばれる閉鎖的な市場をつくってしまいました。そこに登場したのがこうした新しい携帯端末であり、日本の通信会社も端末メー

カーも今後は世界で使える新しい端末や情報サービスを構築していくことが求められています。

さらに最近では、自動販売機の販売情報を無線ネットワークを使って収集したり、電気自動車の充電情報をクラウドで管理したり、人間ではなく機械と機械との通信、すなわち「M2M（マシン・トゥー・マシン）」と呼ばれる新しいコミュニケーションも広がっています。携帯端末に加え、こうした機械が発信する情報を大量に蓄積すれば、交通網の混雑具合とか、人間の移動とか、地域と嗜好性との関係などさまざまな情報を得ることができます。米国ではこうした大量情報を分析して、市場分析やマーケティングのツールに使うことを「ビッグデータ」と呼んでいます。

日本でもこれからはネットワークや情報システムの利用環境の整備だけでなく、そこから得られる情報を的確に分析して、新しいビジネスモデルの創造や販売機会の拡大などに役立てることが求められています。

II
消費・流通の動きをとらえる

1. 消費のトレンドを読み解く

　昨今、モノが売れなくなっています。それはなぜか。原因の1つは、企業が総中流向け戦略で成功した高度成長期の体験からいまだに抜け切れていないからではないでしょうか。消費者の考え方や行動の変化に、企業、特に年長の経営者層が対応できていないのです。では、消費者はどのように変化しているのか。「成熟化」「階層化」「投資化」「社会化」という4つのキーワードで説明してみましょう。

1　強まる「テイスト」重視

　まず、第1のキーワード「成熟化」を説明しましょう。戦後から現在にかけて、消費者の行動様式は、大きく3つの時代に分けられます。初めは戦後の「必要」の時代です。モノが不足し、商品は置いておけば売れました。広告は不要で、調達だけを考えればよかったのです。

　続いて「同質」の時代に入ります。この時代は、2つに区分できます。最初は1960年代から70年代までの「隣と同じものがほしい時代」で、大衆消費が花開きマスメディア広告が有効でした。その後、80年代になると「隣と違うものがほしい時代」になり、「ワンランク上」というキーワードが流行しました。ただ、消費者の価値のモノサシは「隣と同じものがほしい時代」と大きな差はなかったといえるでしょう。

　その後、90年代以降から現在までが「成熟」の時代です。価値のモノサシ自体が変わり、数値化されないものに価値を見いだす消費者が増えました。たとえば近年では、若者向け自動車販売が落ち込む中で、日産自動車の「cube（キューブ）」という小型自動車がヒットしました。四角く、速く走りそうもないレトロ調の外観が特徴です。

企画したのは若い女性です。社内では「こんなデザインでは売れないのではないか」と不安視されましたが、彼女は説得のために、若者でにぎわう東京の原宿に自社の技術者を連れて行きました。当時、原宿ではダブダブのズボンを腰まで下げてはいている若者が多数、歩き回っていました。彼女は、「このような時代に、いかにも速く走りそうなスポーツカーを投入しても売れない」と主張しました。
　この読みは当たり、キューブは若者に受け入れられました。この車を購入した1人の女性は、買った理由を尋ねられ、「隣に置いておいてもいいような感じがしたから」と答えています。消費者が、性能、燃費など数値化できる尺度ではなく、味わい、趣味的な好みといった数値化できない嗜好からモノを選び始めていることがわかります。数値でとらえられるスペックから数値でとらえられないテイストへの消費者の嗜好変化が示されています。
　このような変化に日本の企業はついていけていません。日本の企業（特に電機業界、流通業界）が総じて90年代の不況の際、ユニークな発想をするデザイナーらをリストラし、その後も個性的なアイデアの持ち主を採用する余裕がなかったからです。これに対し、たとえば米アップルは世界中からデザイナーを集め、世の中のテイストに適合した商品の開発を継続しました。これが携帯音楽プレーヤー「iPod」の大ヒットにつながったのです。
　日本でも、このことに気づいている業界があります。代表例が不動産業界です。21世紀に入り、東京の都心部で開業した東京ミッドタウンと丸の内再開発のビル群は、いずれもデザインに非常に気を配った大型施設です。職場と遊び場とが渾然一体となった空間を提供しているのが特徴です。そこには、オンタイムとオフタイムの区別があまりないという特徴を持つクリエイティブな人を集め、新たな付加価値を創造しようという意図があります。
　米国の都市経済学者リチャード・フロリダはその著書『クリエイティブ・クラスの世紀』の中で、「20世紀の米国の発展は土地、資源、軍事力によるものではなく、何よりもクリエイティブな人を世界中から集められ

たことに起因する」と断言しています。ここでいうクリエイティブな人とは芸術的才能に秀でた人だけを指すのではありません。金融業、製造業など、それぞれの分野で創造性を発揮する人を指しています。東京ミッドタウンや丸の内再開発は、まさにこのような効果を狙った日本における先駆的な事例ということができます。

2　家庭の価値観で消費に違い

　次に第2のキーワード「階層化」について論じましょう。これを考えるうえで重要な調査があります。日経産業地域研究所が「自分の子供が小学生までの時期、休日などに誰と遊んだか（遊んでいるか）」と尋ねたところ、現在50～60代の親の6割は「同世代と遊んでいた」と答えました。ところが現在20～30代の親の8割は「自分たちと遊んでいる」と答えています。「同世代と遊んでいる」と答えたのは1～2割にすぎないのです。
　注目すべきなのは、8割という数字が母親だけでなく父親にも共通しているという点です。子育てが楽しい、子育てが生きがいであると考え、子どもとのかかわりを強める父親が増えていると山岡拓・主任研究員は分析しました。
　このような父親は、自分の子供に自分の価値観にしたがった消費行動を伝えます。わかりやすくいえば、ウルトラマンが好きな父親の子どもは同じようにウルトラマンが好きになります。教育熱心な父親の子どもは、高額の費用が必要な英語教室に通い、海外留学を経験することになります。
　つまり、同じ世代でも、価値観の違いによって消費の傾向が異なる時代になったのです。ここに、これまでのマーケティングが失敗する原因があります。これまでのように年齢と性別で分け、ひとくくりにとらえるマーケティングは効果が薄くなっているのです。
　上流、中流、下流という収入の階層に加え、創造階層か非創造階層かという新しい階層化も進んでいます。これまで中流より上にいた階層の人が、

自分の価値観や生活様式にしたがって、選択的かつ創造的な消費を志向するようになっているのです。マーケティングの分野において個別消費者の動向を把握する必要性が高まっているといえるでしょう。

3　重視される投資効果

　第3のキーワードは「投資化」です。身近な例がバレンタインデーのチョコレート売り場で見られます。ある時期までは「自分へのご褒美」としてのチョコにお金をかけることがブームでした。しかし2007年ごろから、義理チョコをたくさん購入する女性が増えました。これは、なるべく多くの男性社員や上司たちから好感を持ってもらうための投資的な購入だと、百貨店業界のある担当者は分析しています。

　都心の高層マンションに住み、クルーザーを購入する新富裕層の行動も、投資的消費の表れです。彼らの購入の動機は、多くは人脈づくりのためです。パーティーを開く際、場所が高層マンションだったりクルーザーだったりすれば、多くの人が来てくれるという計算があります。自分が好むからではなく、人に喜んでもらえ、人脈構築につながるからと、手段として消費を割り切っているのです。

　海外旅行でも投資傾向が強まっています。最近は、心身のエネルギーをもらえるとされる「パワースポット」と呼ばれるに場所に行くことがトレンドになっています。先住民の聖地である米アリゾナ州のセドナやオーストラリアのウルル（エアーズロック）の人気が高まっているそうです。これまで旅行は息抜きでありストレス発散の手段だったのが、最近は「効果の得られるところに行きたい」と趣向が変わってきているのです。

　街なかの散歩や国内旅行でも、恋愛成就などの効用をうたった神社、霊場でもある富士山が日本版パワースポットとして、主に女性の人気を集めています。

　今、定年を迎えた団塊世代などの中で、市民講座などでの学びが支持を

広げています。単にモノやサービスを消費するだけでは飽き足らず、消費を通して自分自身の教養を高め、文化的体験を積み、歴史や地域社会とのつながりを得たいという欲求が見られます。

　食事の面でも消費行動は変わってきました。好例が「マクロビオテック」料理のレストランの増加です。マクロビオテックとは全粒穀物、野菜、豆類を主体とした食事法で、ダイエット、美容、ストレス解消に効果があるといいます。単に食欲を満たす食事ではなく、楽しみだけでもない、明確なリターンを意識した投資的な食事といえます。

　書籍の分野でも、同様の傾向が見られます。ベストセラー『世界の中心で、愛をさけぶ』が売れたのは、帯に「泣きながら一気に読みました」という女優の柴咲コウの感想が書かれていたためです。短い時間ですぐに感動できる効用に消費者が飛びついたというわけです。

　最近の新書のブームは、薄くてすぐに読めるからだというのが出版業界の定説です。時間を惜しむ消費者が、限られた時間で最大限の効用を得るための投資的消費を志向する現象が、消費のさまざまな局面に出始めているのです。

　こうした傾向が「コスパ」という若者の流行語を生みました。「コストパフォーマンス（費用対効果）」の略語で、「コスパのいい」買い物をすることは賢さを示し、仲間への自慢になるというわけです。高級志向でも安さ一辺倒でもない、新しい時代のモノサシといえます。

4　「社会的責任」が購買動機に

　最後に、第4のキーワード「社会化」に触れたいと思います。最近、「社会的責任消費」が浸透しつつあります。再びバレンタインデーの売り場を見ると、2006年から07年ごろは高級チョコレート志向全盛だったのが、08年はフェアトレード（公正貿易）運動に基づく「choco-revo（チョコレボ）」が注目され、潮目の変化を印象付けました。

フェアトレード運動とは、途上国製品を積極的に購入することで、経済的な自立を手助けしようという取り組みです。チョコレボは、チョコ原料のカカオを栽培する農園での労働条件が厳しいことを踏まえ、労働者が安心して暮らしていけるような適正な報酬を支払おうと呼びかけるキャンペーンでした。

フェアトレード運動の発祥地である欧州では、その市場が年率約20％の勢いで拡大しています。とりわけ盛んな英国では、大手小売業のマークス・アンド・スペンサーが紅茶とコーヒーをすべてフェアトレード商品に切り替えました。有力店の店頭で商品が買えるようになり、これが普及を後押ししています。

日本でも、大手スーパーのイオンが同商品を導入するなど小売業の調達意欲が高まっています。低価格志向の強い外食業界でもゼンショーが牛丼チェーン店でフェアトレードコーヒーを提供しています。日本貿易振興機構（JETRO）の調査によると、同商品が近くにあれば買いたいと考える消費者が5割近くに達しています。このようにフェアトレード商品の人気が高まっているのは、「どうせ買うなら社会貢献につながる商品を」と社会的責任に価値を見いだす消費者が増えているためです。

フェアトレードに限らず、消費の場で、自然環境や社会、地域にとって「いい商品」かどうかを考えて商品やサービスを選ぶ人は着実に増えています。

ダノン社のペットボトル入り飲料水「ボルヴィック」は07年から、売り上げの一部をアフリカの子どもにきれいな水を供給するための活動に寄付するキャンペーンを始めました。初年度の売り上げは前年度比で3割増えたそうです。

2年後には日本コカコーラが、やはりペットボトル入り飲料水市場に新製品「い・ろ・は・す」を投入しました。ボトルを軽量化することでゴミの量を抑え、日本国内の水を詰めたのが特徴です。こちらも環境問題に関心の高い消費者に支持されヒットし、人気商品として定着しています。

ベンチャー企業の例では、デザイン性と社会性を兼ね備えたマザーハウスのバッグがあります。インターネットによる直販から始め、07年は都心

の大手百貨店で母の日のフェアとして特設販売。好評を博し、常設販売に成功しました。12年現在、国内に8店、台湾に4店を構えるまでに成長しました。

　設立者である山口絵理子氏は、慶應義塾大学で開発経済を学んだ後、米国の国際機関を経てバングラデシュで暮らしました。現地の大学院に通いつつ日系商社で仕事をするうち、モノづくりの手助けをすることで現地の人々の自立を支援しようと起業を決意したといいます。

　日々の買い物を通じ、誰かの役に立ちたい。何かを買うなら、社会にいいものを選びたい。そういう意識を持つ人が増えたところへ、11年3月11日、東日本大震災が起こりました。これまで解説してきたような流れが底流にあったからこそ、被災地の方々の苦労を思い、東京都心など全国各地で、あるいはインターネット上で、「絆（きずな）」を掲げ、「買って被災地を応援しよう」という活動が次々に立ち上がったのではないでしょうか。その結果、被災地でつくられた缶詰や野菜などを購入する人が増え、寄付につながる商品もヒットしました。「社会性」や「利他」を動機とする、かつてとはまったく違う消費の形は、今後も広がっていくでしょう。

2. 転換期のマーケティング

1 従来のマーケティングの考え方

　近代社会は個人が構成するものです。市場に参加するのも個人。したがって、消費者という集団も、究極的には個人としてとらえるべきだというのが、マーケティングという発想が誕生したときからの1つのオーソドックスな考え方です。市場＝マーケットですから、その個人が集まって形成している市場をどうとらえるか、どう攻略するかがマーケティングの課題となります。

　理想の近代社会は、自由で自立した個人がつくるものです。これと同じ発想で、市場も、固まりである消費者を分割していくという手法が、マーケティングの考え方として発達しました。最初は均質なマスマーケットを狙います。次はグループを攻略していきます。たとえば、性別や年齢、居住地域、あるいは年収など、人口統計的な、数値化可能な基準に基づくグループ分割があります。性別も有効です。その次には趣味や気質、たとえばアウトドア派かインドア派か、物事にこだわる人かこだわらない人か、といった「ライフスタイル」による分割が出てきます。数値化しにくい基準によるグループ分けです。

　この流れを突きつめていくと、最後は個人に行き着きます。商品を一人ひとりの好みに合わせてカスタマイズしていくことが目標となり、個人の客だから「顧客」ではなく「個客」だ、などという考え方も生まれました。こうした流れが、これまでのマーケティングの定石、つまり常識的なとらえ方だったのです。行き着く先は、企業対個人のワン・トゥ・ワン（1対1）のマーケティングです。未来の、あるいは理想の消費市場は、客が商品選択のため十分な情報を持ち、企業と1人の客が対等に渡り合える場に

なる、というイメージが一般的でした。

現実はどうでしょう。現在、上記のようなマーケティングの常識に反する流れが強まってきているように見えます。

2 送り手の事情、受け手の心理

それにはいくつかの事情があります。第1に、送り手の事情です。つくり手、つまり企業の側は、一人ひとりの需要に合わせて商品をつくる、あるいは品ぞろえをするとなると、当然のことながら、あまりにも能率が悪いビジネスを強いられます。これが、天井知らずの経済成長によって誰もが大金持ちになり、1個1個に見合う高い代金を払ってもらえるのなら、一生懸命にそれぞれの欲しいものを提供しても儲かる可能性はあったかもしれません。しかし今の日本はそんな状況ではなくなってきています。グローバル化の波に乗れた人、企業、地方と、そうでない人々。明日は今日より誰もが金持ちになっている。そんな高度成長期のイメージは人々の心から消えました。特に若年層はそうです。

実態として格差がどうか、明日がどうなるか、という問題ではありません。人々が、自分たちや社会の未来にどういうイメージを抱いているかが財布のひもを左右します。楽観論が力を持ちにくい状況下では、消費者をパーソナルなものとしてとらえていくビジネスは成立しにくいでしょう。今一時的に財布のひもが固いだけでなく、個人が構成する理想の市場などいつ訪れるかわからないようでは先行投資もしにくいのです。短期的にも長期的にも、1対1マーケティングはあまりにも能率が悪く、仮に喜ぶ消費者が一握りいるとしても、企業としては採用しにくいのが本音でしょう。

一方、受け手の事情もあります。事情というより心理です。従来型のマーケティングをつき突めていった結果、個人利用を想定した商品が世の中を席巻しています。家電製品から個電製品に、といわれて何十年か経ち、実際に個人用のテレビ、個人用の食事、個人用の電話など、いろいろなも

のが1人だけのために提供されるようになりました。地方ではクルマも1人1台、普及しています。食事中の姿を他人に見られたくないと、選挙の投票所のように、左右の人との間についたてを設けたラーメン店も登場しました。漫画喫茶やネットカフェも個室形式の店が増えています。

しかし、文字通り1人きりの孤立した個人消費者として、誰にも邪魔されず部屋の中に閉じこもり、好きな商品を買って、好きな情報だけを得て、好きな物を飲み食いするという生活は、何か物足りない、さびしいという感情を生むのが必然です。欲望の源は欠落です。孤独な生活は、他者とのつながりに対する渇望を生みます。自分の好きな物に囲まれて、1人で過ごす「快適な」時間や場所が増えれば増えるほど、反作用として、誰かとつながる満足感や面白さ、誰かと一緒に何かをする楽しさ、共振、共鳴などを心の底で求める人が増えていきます。今、そこにビジネスチャンスがあると考えられているのです。

3　人とのつながりを強調する市場戦略

「モノからサービスへ」という消費の大きな流れを多くの識者が指摘しています。現在の消費者は、モノよりもサービスを求めているという意味ですが、これも他者とのかかわりを求めるという点で共通します。サービスには、基本的には人とのつながりが不可欠です。自分がどこかに移動したり、誰かが来たり、会話したり、集まったり。何らかの人の動きや触れ合いを伴います。モノを購入し、所有したら終わりというのではなく、何らかの行動を起こし、人との出会いや接触から得られる感情や満足を人々が求め始めていると考えられるのです。

たとえば、自動車の購入を考えてください。従来は、自動車それ自体の格好や性能に惹かれて欲しくなり、所有して満足するという行動パターンが主でした。クルマというものを（あるいは高級ブランド車を）持つことそれ自体がうれしい、カッコいい、という満足感です。

しかし、最近は、旅行や買い物など家族そろって（あるいは仲間とともに）どこかへ移動するための道具としての購入動機が多くなっているようです。したがって、売り込む側も、たとえば3世代の家族で移動したいという需要に応えるために、7人乗りのワゴンを勧める、という具合になっています。自動車のCMを見ていても、メーカーがそういう売り方をしていることがわかります。家族でドライブした先の景色にみなで感激している場面や、水たまりに車輪がはまり込んでいる自動車を家族全員で一生懸命に脱出させようとしている場面など、人間関係を結ぶための道具としてのクルマ、というイメージを強調したCMをつくっています。

　こうした広告は、かつてはよく見られた、走行性能の良さや、自動車を持つというステイタスにフィーチャーしたものとは趣を異にしています。家族などとのつながりを確認するための道具としての車である、という価値観がそこには描かれています。住宅、家電、ゲーム機のマーケティングにも同じ傾向が見られます。

　マーケティングの世界でよく例に出される話に「ドリルと穴」があります。ドリルを買う人は、実は穴を開けたい、つまり穴が欲しいのであって、ドリルそのものはいらないのだということです。電気ドリルの所有欲は、穴への欲求なのであり、穴開けサービスがあればドリルを買わなくて済むから、ドリルを買う人は穴を買っていることになる、といういい方をします。今世の中に溢れるモノのほとんどに当てはまる話です。穴があればドリルは不要なのです。

　20世紀の米国や戦後の日本では、企業も消費者も、モノそれ自体に関心の比重を置きすぎていたきらいがあります。今後は、モノがもたらすベネフィット（利点）は何か、そのモノは何のソリューション（問題解決）をもたらすのか、などを主張した売り方になっていくと思います。

4　つながりの場を提供する企業戦略

　先に述べた家族や趣味、階層、あるいは社会性などは、いずれも他者とのつながりや共感といったものを主張しています。たとえば社会性のある商品とは、それを買うことによって誰かとつながっている、誰かの役に立っているという共感を得ることができるものです。

　趣味に関しても、以前の、コレクター的にある物をたくさん集めて部屋に並べることで満足するという消費の形からは変化しています。趣味を通じて人とつながることの楽しみを強調し、そのつながりの場を提供しようという企業も出てきています。

　カメラメーカーのライカが銀座につくったギャラリーは、1階が洗練された内装の販売フロアで、2階にはギャラリーがあります。ギャラリーにはテーブルと椅子を置き、さらにプリントサービスも行うことで、カメラ好きの人が集まれるような場所を提供しています。また、クラブツーリズムという旅行会社は、写真、山登り、温泉など、同じ趣味の人たちがサークル活動の仲間をつくる場を提供し、活動を手助けする会社と自社を位置付け、成長を続けています。

　家族も同じです。玩具メーカーがウルトラマンや仮面ライダーなどのショーを開き、お父さんと子どもが触れ合う場を提供しています。その派生で変身グッズや人形などが売れるわけです。

　ソフトバンクの携帯電話の家族をテーマにした広告は、CM総合研究所の調査で好感度1位となり、契約者数の増加にも貢献しました。そもそも携帯電話は、家族と離れて電話ができるという点が一番のメリットだったはずです。庄司薫の有名な小説『赤頭巾ちゃん気をつけて』(1969年) は、ガールフレンドに電話をすると親がまず出てくるという有名な場面から始まります。電話というものは、常に母親の膝の上に乗っているのではないかと思えるぐらいに、女の子に電話するとお母さんが出てくる、という主人公の少年の嘆きが共感を呼びました。お父さんが出たときはさらに大変

な目にあいます。携帯電話は、この種のわずらわしさから離れ、ダイレクトに好きな人や友人と会話ができるという点が普及の原動力になっていたはずでした。

　しかし、ソフトバンクの訴求方法は逆です。家族間通話の無料を訴えたのです。怖いお父さんの役を犬に演じさせ、威圧感を減じたのはさすがです。本当に頑固親父に見える俳優がやっていたら、ここまで効果は上がらなかったでしょう。怖いけれど、かわいい。犬の演じる、そんなお父さんのもとで家族がつながっている。このイメージが好感度と契約に結びつきました。つながりや共感が、非常に重要になってきていると感じます。

　今企業の狙う消費者は、かつてのような自分志向の個人主義者や、近年もてはやされた特定分野に集中的に出費するオタク型消費者ではないのです。オタク消費の代表格の1つであるアイドル市場ですら、「AKB48」という、「本人との握手」「メンバー間の人気ランキングへの参加」「ファン同士のリアルな場やネットでの交流」など、参加やコミュニケーションを前面に打ち出したグループが人気を得るようになりました。

5　口コミ──消費者の情報発信が広がる

　この流れを後押ししているのが、インターネットです。Web2.0という呼び名に代表されるように、最近のネット界では、消費者自身による情報発信や評価が大きな要素となっています。口コミやバズマーケティングが消費行動をリードしているといわれて久しいのですが、その動きがますます加速し、しかも形になって見えてきました。

　今まで主婦や女子高生の口コミなどは都市伝説のように語られてきましたが、それらがはっきりと目に見える形でヒット商品を生み出すようになりました。マスメディアの情報よりも、消費者自身の発信する情報のほうが影響力では上に来ているという感があります。

　口コミが威力を持つ理由は、発信者の持つ規模や権威ではなく、信頼感

を担保にしていることにあります。消費者自身が口に出して勧めるからには、下手なことをいうと仲間の信頼を失います。ブログやツイッターならば、読む人が減っていきます。いい加減なことはいえません。こうして「信頼」を担保に発信された口コミがネットを通じて伝わり、ますます口コミ情報を介して消費者自身の横のネットワークによる購買行動が加速する、というわけです。

　企業としては、事業展開の上からも座視しているわけにもいかず、そこに入っていかなければなりません。しかも、つくり手としての会社の立場で推薦するというのでは、信頼が得られません。そこに仲間として入っていくか、あるいは仲間同士のコミュニケーションをサポートする形で入っていかなければならないのです。したがって、つくり手として指導する立場に立って啓蒙主義的に情報を発信していくのではなく、消費者自身が情報交換するのと同じレベルで情報をサポートしていく形になっていくだろうと思われます。

　今、マーケティング研究者の間で、従来型の市場理論とは異なる、関係性理論とか関係性マーケティングと呼ばれる、消費者自身の関係性をカギにしたマーケット戦略や販売促進などの分析に取り組む人が増えています。消費者間の情報の流れはどうなっているのかを、きちんと理論解析しようという考え方です。

　一つひとつの「砂粒」が情報を発信し、しかもつながっているということを大前提にして、企業は市場に入り込まなければならなくなります。消費者集団の表面だけを能率よくすくうとか、手軽に大量動員する、といったことはあきらめなければなりません。

　こうしたマーケティング手法は、入り込むまでに長い時間と大きな労力がいる代わりに、一度信頼され仲間として認められれば信頼が長続きするというメリットがあります。ブランド論が盛んになったのもこの流れと重なるところがあります。ある企業をブランドとしてひとたび信頼すると、ずっとつき合いが続く、というものです。

　若い人もそうですが、お金も時間も潤沢という有力な消費者であるシニ

アには、まさにその傾向があります。シニアの消費者は、若者層より自分の判断力に自信を持っています。一度選んだ商品やサービス、ブランド、企業はおいそれとは変えません。一つひとつの商品をどう売り込むかを考えて広告やイベントを仕掛けるよりは、企業として信頼されたほうが費用対効果が高いでしょう。ブランドのロイヤリティー（忠誠心）によって関係性を継続させていくことが、長い目で見ると実はビジネスの効率を高めることにつながるようです。

6　ブログが広げた商品展開の輪

　インターネットを使って消費者を巻き込み、商品をヒットさせた例をいくつか見てみましょう。2006年の夏に、アニメ映画の話題作が３本公開されました。１つ目はスタジオジブリのつくった『ゲド戦記』、２つ目はフジテレビが中心になってつくった宮部みゆき原作の『ブレイブストーリー』、そして３つ目は、かつて大林宣彦監督が映画化した有名な『時をかける少女』の現代版、の計３本です。『ゲド戦記』は、日本テレビとスタジオジブリが強力なタッグを組んで大宣伝をかけました。『ブレイブストーリー』も当然、フジテレビ自体が大宣伝をかけました。

　それに比べ、『時をかける少女』は、角川書店が製作の中心で、テレビ局は基本的に参加せず、製作予算も他の２作品に比べれば、あまり潤沢ではありませんでした。監督の細田守氏の名も、今でこそ「サマーウォーズ」や「おおかみこどもの雨と雪」の大成功で有名ですが、当時はまだ、業界の評価こそ高いものの、一般には無名であり、ブランドとして機能するわけではないという状況でした。その分、時間と製作費をすべて作品づくりに投入し、非常に質の高いものをつくりました。

　予算が残っていないので宣伝費もそれほどかけられないし、メディアも持っていないという中で販促をどうするかと悩んだ末に、ネットのブロガーを30人集め、ブロガーのためだけの試写会を開いたのです。今ではブロ

ガー試写会もそれほど珍しいことではなくなりましたが、当時はまだその効果や意味がはっきりしていない時代でした。公開1週間前くらいの差し迫った時期に作品を見せ、いいことでも悪いことでも何でもいいから自由に書いてくださいと頼み、映画のデジタル素材も提供しました。これも、無名ではあるが才能ある監督を起用し、制作にも非常に時間をかけて良い作品に仕上がったという自信があったからできたことです。

その結果、試写会の夜からブログにどんどん感想がアップされていきました。すごくいい作品だと試写を見たブロガーが書き、それが次々に波及していって大きなうねりになっていきました。

予算がないからフィルムをプリントできず、上映する映画館の数もかぎられ、東京では新宿で1館だけ。全国でも6館でしか公開する予定はありませんでした。しかし、ブログ効果によって新宿の上映館は連日立ち見が出るほどの超満員になり、都内だけでも4館が追加で映画を上映するようになりました。その状況をまたブログで見た地方都市の人々が、こちらでも上映してほしいと地元の映画館に働きかけて上映が決定するなどして、結局、全国60館で公開され、予想以上の大ヒットになりました。

ある学者が、このときのブログのつながりを、資生堂のヘアケア商品「ツバキ」と比較して分析しています。資生堂の「ツバキ」のブログがリンクを貼っている先を見ると、真ん中に資生堂のホームページがあり、自転車のハブとスポークのように、「ツバキ」を取り上げた人のブログの大半は、中心の資生堂につながるようにできています。中央集権型の口コミともいえます。

『時をかける少女』を紹介したブログは、「ツバキ」と違って集約化されておらず、あちらこちらに乱れ飛んでいます。ある人のブログは他の人のブログにリンクを貼り、そこはまた違う人のブログにリンクを貼るという形で、言及数が同じでも、情報の流れ方やつながり方がまさに本来的なweb、つまり蜘蛛の巣のようにつながっていたのです。こうして『時をかける少女』がブログを使ってヒットしたという事例が残りました。しかも企業が1社でリードしたのではなく、見た人の口コミがランダムな形でつ

ながった末にヒットを生んだという事例だったのです。

　『時をかける少女』のヒットを、ブログのつながりが可視化されたから、と分析した経営コンサルタントもいました。『時をかける少女』というアニメとはどんなものなのかを検索したときに、それについていろいろと言及しているブログに出合います。つまり、言及しているブログの数が非常に多く、しかもほとんどみな感動していることが、数として見えるわけです。したがって、ネットの中での口コミの広がりが可視化されることによって力を持つことが、かなりわかりやすい実践例として分析された事例でもありました。

7　ケータイ小説は当たるべくしてヒットした

　一時は大ブームとなり、今も10代の若者たちに支持されている「ケータイ小説」のヒットの仕方にも面白い要素があります。2007年の書籍市場は、ベストセラーリストの上位をケータイ小説が占めたことが特徴でした。特に06年の終わりごろに発売された『恋空』という小説は、発売直後に百何十万部も一気に売れてしまうという、今までになかった現象が起きました。07年には映画化され、つくり手の予想を超えるヒットを遂げました。

　この小説は、大ヒットしている割に一般のおとなには、内容もわからなければ作者も聞いたことがないという、奇妙な小説という印象を残しました。ペンネームで顔をさらしていないので素顔のわからない作者が、実話という触れ込みで書いている小説です。地方の女子高生が主人公で、レイプ、妊娠、恋人の死が出てくるという昼のメロドラマにちょっと似ているところから、文芸評論家からは「これは文学といえるか」という意見も出ました。大手の書店では文学のところではなくサブカルチャーの棚に並んでいたぐらいです。07年の暮れごろから、『文学界』『世界』などの老舗雑誌が、ケータイ小説とは何かを分析し記事や企画をしきりに掲載し始めました。一大勢力として、無視できなくなってきたからです。

マーケティングから見たケータイ小説の面白さは２つあります。１つは地方の高校生という、これまで見落としがちだったマーケットを発掘したこと。もう１つは、評論家の本田透氏らの分析によれば、今までは商品をつくった後に行っていたマーケティングが、つくる前にすべて終わっているという、今流マーケティングとでもいえるビジネスモデルをつくったことです。

　ケータイ小説は、高校生をはじめとする若い人がプロアマ問わず携帯電話で連載のような形をとって書いて送るものです。そして、ネット上にそれを載せる投稿サイトがあって、読みたい人はそこにアクセスしてダウンロードして読みます。そういうシステムのものですから、どの小説に人気が集まっているかが事前にランキングされ、人気度がはっきりとわかります。ある作品は何百万件もダウンロードされているが、ある作品はまったくされていないなどと、データに出るわけです。

　しかも、作品ごとの感想が携帯メールで寄せられ、作者に届くシステムになっています。作者はそのメールを見ながらストーリーの展開を変え、ときには結末も変えてしまうこともあるようです。従来の小説は、世に出てから感想が寄せられるものでしたが、ケータイ小説は、書きながら感想を見て、どんどんフィードバックして作品をつくっていくことができます。そもそもケータイ小説を書いているのは素人であって、消費者とほとんど同じレベルの人ですから、読者すなわち消費者も、遠慮なくつくる側に感想を送るという形で参加することができるのです。

　そうしてできあがったものは、すでに人気のランキングがわかっていて、できあがった作品には消費者の意見が入っています。さらに、これまで何年かのケータイ小説出版のデータで、ダウンロードしたうちの何割が本にして発売したときに売れるのかも、おおよその見当はついているので、必要以上に刷るような無駄をしなくてすみます。この小説が書籍として発売されることが、当然ダウンロードしている読者には情報として伝わっていますから、書店に並ぶ瞬間には告知が終わっていることにもなります。つまり、すべてが出る前に終わってしまっているのです。

8 マーケティングの新しい形を示す「逆転の発想」

　これから本は、一種のグッズやファンアイテムとして売れていくことになる、という意見があります。情報はネットからとるので、あえて本を買うとしたら、物語なり書き手なりの「関連グッズ」として購入する、という意味です。ケータイ小説のヒットもこれに近い要素があります。ネット上で愛読していたファンたちが勝手に口コミで宣伝をし、勝手に販促してくれたわけです。製品の設計にも消費者が参加し、事前にランキングもわかり、需要予測もできていて、告知も事前にコアユーザーには終わっていて、しかも販促プロモーションもユーザー自らが行って、すべてが発売日までに終わっている状況で発売される。だから、ケータイ小説に触れたことのない人たちには、何だかまったくわからない本が突然現れたと思ったら、登場直後にベストセラーになって、場合によっては百何十万部も売れるという事態が起こったのです。

　これは逆転の発想です。従来の考え方では、ベストセラーは偶然が重なって生まれるものでした。何を本の形にするかも経験と勘に頼って決め、つくってから売り方や告知の仕方を考えて、アンケート調査を行い、webサイトをつくろうか、などといっていたものです。それが、そうした仕方とはまったく逆転して、本という商品ができるまでの工程で、これまでアフターでやっていたことをビフォーで終わらせるわけです。

　なぜ、今までアフターにしかできなかったかといえば、消費者に初めて製品が届くのが発売日だったからです。しかし今は試供品配布やサンプル調査よりももっと積極的な手法、つまりつくっている途中の段階で消費者がどんどん制作や販促に参加できるシステムが登場したのです。今まで事後的に行っていたことが製品の完成前に終わっている。だから無駄もありません。そのうえで100万部も売れたとなれば、製作過程にまったくかかわらなかった人でさえつられて買っていき、その勢いはさらに広がっていくわけです。

販売における最低保証の確約が事前にとれており、消費者自身が参加する形で発売と同時にヒットが約束されている。そんなケータイ小説というビジネスモデルは、文芸論としての評価はまったく別にして、マーケティングのこれからのあり方として、時代にマッチしていて、面白いケースではないかと思われます。

　これは本だけの話ではありません。デジタル工作機器や立体設計ソフトの低価格化とインターネットの普及により、ベンチャー企業が普通の人々の声を聞きながら、簡単な電機製品や時計などをつくり、販売するという時代がすでに来ています。設計図を公開し、声を聞いて改良していく。開発過程に寄せられる関心から、発売後の市場規模も予想できます。こうして開発と市場調査とファンづくりを同時並行で進める新しいものづくりビジネスが、2010年代には急速に普及する兆しがあります。ケータイ小説はその先駆けだったといえます。

9　低価格志向に応える発想――システム化とデザイン戦略

　世界的な不況の影響を受けて、日本企業の業績も悪化しています。消費者の低価格指向はますます強まるでしょう。最後に、日本企業は低価格志向にどう取り組むべきか、H&Mの行列から考えてみましょう。

　スウェーデンから上陸したカジュアル衣料店H&Mは2008年9月に1号店を開き、店に入る客が列を作りました。価格は安く、デザインは流行の先端。先に日本に上陸したスペインの「ザラ」とビジネスモデルは似ています。両社は規模で世界上位の衣料品チェーンです。銀座のH&M近くにはザラの店舗もあります。こちらも店内は混雑しています。H&Mは08年11月に原宿、09年には渋谷に2号店、3号店を開き、この近くにも、すでにザラが出店しています。立地に関する目のつけ所もよく似ています。

　H&Mの行列（並びに先行したザラの人気）からくみ取るべき点が4つあります。マーケティングの基本戦略を示す専門用語「4P」に沿って解

説しましょう。

　第1のPは「プロダクト（製品）」です。デザインの先端がパリやミラノなどのコレクションから発信されたのは昔の話。今はストリート、つまり街場が流行の発信源です。とりわけ東京の原宿などは世界でも最も「進んだ」着こなしの発信地です。有名ブランドのデザイナーも原宿の街角を観察し、次のシーズンのアイデアを得ます。これは特に秘密でもありません。10年ほど前にはそういう循環ができていたのです。

　ならば、なぜ、日本から「ザラ」や「H&M」が生まれなかったのでしょうか。テキスタイルや縫製技術、あるいは海外の縫製工場とのネットワークなど、衣料ビジネスに関する歴史は長く蓄積はあったはずです。日本の「消費者」の情報発信力を、日本でものづくりに携わる人々自身が低く見積もっているのではないでしょうか。

　第2の「プライス（価格）」と、第3の「プレイス（販路）」。バブル崩壊後の1990年代半ばにも、東京・銀座にドラッグストアや食材店などの安売り業態店がどっと進出したことがありました。しかし、その後の統計数字上の「景気回復」を信じてか、安売り各社の動きは鈍っていました。H&M上陸は、まさに日本の消費者の生活防衛意識再燃や安売り志向の復活というタイミングに合ったのです。これは偶然でしょうか。郊外ショッピングセンターを主な舞台にまた均質な店を数だけ増やすという規模の拡大ばかりに目を向け、発信力のある都心で新たなコンセプトを試すという姿勢が薄らいでいなかったでしょうか。

　最後のPが「プロモーション」です。H&Mは開店前からテレビ番組に頻繁に登場しました。商品を街頭やスタジオに持ち出し、通行人やタレントを相手に「これいくらだと思います？」と聞く。「×万円くらい」との答えを引き出した後、「正解は×千円！」と明かす。まるでテレビの通販番組のノリです。一気に全国規模で知名度は高まりました。見ている人が時間と交通費をかけても銀座に足を運びたくなるのも当然でしょう。パブリシティーを手がけたチームの作戦勝ちといえます。政治経済からファストフード、音楽、アイドルまで、とかく「黒船」に弱い日本の消費者の心

理も巧みに突きました。

　翻って日本のファッション産業はどうでしょうか。勝手知ったるファッションジャーナリズムだけを相手にして、固定ファンに売る。そんな、たこつぼにはまり込んではいないでしょうか。

　消費増税や年金不安で、今後、「普通の人々」の財布のひもが一層、固くなるのは確実です。しかし生活の質は落としたくない。「安くておしゃれ」な服の需要は高まります。ザラやH＆Mのビジネスモデルを支えるのはシステム化とデザイン戦略です。たとえば「ものづくり」重視派による職人礼賛論は、耳に心地よいですが、裏返せばシステム化を避け、客から学ぶ姿勢を欠き、当然ながら流行やデザインという要素をないがしろにする企業風土を生む危険もあります。ザラのデザイン本部にあたる組織では多国籍のデザイナーが働き、世界中から情報を吸い上げています。日本のアパレル会社にそうした国際化への構えはあるでしょうか。

　高感度な消費者を抱え、技術力もある日本のアパレル産業が、なぜザラやH＆Mを生み出せなかったのか。きちんと検証しなければなりません。

3. 流通再編の動き

1　原因は需要減少、供給過剰

　すべての産業経営と同様、流通産業でも経営を規定するのは供給と需要の関係です。1990年代以降、供給過剰の状態がずっと続いてきたことが、流通再編の大きな背景になっています。

　まず需要の面では、バブル経済の崩壊によって広がったデフレ経済のもとで、減少傾向が続いています。同時に、少子高齢化による人口減少の中で、ここ10年の間に需要全体が細ってきたということもあります。少子高齢化に伴う人口の減少が顕在化してきたのは2006年からですが、実質的な消費年齢人口はもっと前から下がってきています。15～64歳という生産年齢人口は、そのまま最も消費する、消費年齢人口と見ることができます。彼らの人口減少が最近著しいのです。もっといえば、55歳を過ぎたころから若い人たちと同じように食べたり飲んだりはできなくなります。実際に1人当たりの食料の消費量は減少しています。

　また、衣服の面でも、定年退職後はスーツの着用機会が減少するほか、それほどファッションに気を使うこともなくなり、新しい服を買う頻度は下がります。車もそれまでより買い替え頻度が下がるでしょう。このように、生活のいろいろな面での消費が細ってくるのが少子高齢化の経済的な側面です。それにバブル崩壊によるデフレ経済が追い討ちをかけて、需要が減少したということです。

　一方、供給面を見ると、供給過剰の流れが広がっています。原因の1つは規制緩和です。大規模小売店舗法の廃止を筆頭に、酒類免許や、米の販売免許制など規制が緩和されました。09年6月からは薬事法が改正されて、薬剤師でなくても登録販売者がいれば、副作用リスクの最も高い第一類を

除いた大半の大衆薬を販売できるなど、さまざまな規制緩和の流れの中で出店競争や企業間競争が広がっており、それが供給過剰を促しています。それと同時に、中国を中心に海外から廉価な商品が大量に日本に流れ込んできたという事実がこの十数年あり、こうしたグローバル経済化も供給過剰を引き起こす大きな背景となっています。

　需要は減少傾向、供給は過剰傾向。つまり、魚は減っているのに漁師は増える一方という状況です。供給過剰とはプレイヤーが多すぎるということです。競争者が多すぎると、弱い企業は次第に淘汰されざるを得なくなり、その流れの中で合従連衡が起こっています。

2　ジリ貧の百貨店市場

　百貨店を例に見てみます。バブル崩壊直後の1991年の百貨店の売上高は、日本百貨店協会加盟店の調査で見ると、約9兆7000億円ありました。それが2011年には6兆1525億円と、20年間で3兆円以上売り上げが減少しました。

　その背景には、先に述べたような需要の先細りと供給過剰の状態から、百貨店以外の業態に顧客が流れたという側面があります。国内消費のパイが縮む一方で、郊外にできたショッピングセンターや、ユニクロ、しまむらといった低価格で品質性が優れた専門店チェーンの台頭、そのうえコンビニエンスストアの隆盛やアウトレットモール、100円ショップなどのディスカウントショップの拡大があります。百貨店の役割が低下し、需要は減少していったと見られます。

　そういう背景の中で、1980年代後半のバブル景気に合わせて出店を中心に大規模投資を行った企業が、バブル崩壊とともに業績を悪化させ、淘汰されていきました。

　バブル期は、土地や建物の価格が高く、人件費も高く、そして金利も高いという時期でしたから、投資コストは非常に高かったわけです。その時

図表 ① ─────────────── 営業利益額ランキング（2011年度）

順位	社名	連/単	業態	営業利益率（百万円）	増減率（％）	総売上高営業利益率（％）
1	セブン＆アイ・ホールディングス		HD	292,060	20.0	6.1
2	イオン		HD	195,690	13.5	3.8
◇	セブン-イレブン・ジャパン	単	コ	183,160	8.3	31.8
3	ファーストリテイリング		HD	116,365	▲12.1	14.2
◇	ユニクロ	単	専	106,212	▲16.8	17.7
4	ヤマダ電機		専	88,978	▲27.5	4.8
5	ローソン		コ	61,769	11.2	12.9
6	ニトリホールディングス		HD	57,951	10.0	17.5
7	ヨドバシカメラ	単	専	52,331	▲14.2	7.8
8	ユニー		ス	44,001	25.4	4.1
9	しまむら		専	43,954	10.3	9.4
◇	イオンリテール	単	ス	43,900	33.8	2.0
10	ファミリーマート		コ	42,586	11.4	12.9
11	ケーズホールディングス		専	34,086	▲16.7	4.7
12	カインズ		専	27,711	17.0	8.1
13	エービーシー・マート		専	27,221	1.4	19.3
14	ドン・キホーテ		専	25,336	20.3	5.0
15	イズミ		ス	24,254	11.3	4.7
16	三越伊勢丹ホールディングス		HD	23,834	116.8	1.9
17	サンドラッグ		専	22,263	15.8	5.8
◇	サークルKサンクス		コ	21,957	18.2	11.7
18	J.フロントリテイリング		HD	21,594	6.3	2.3
19	高島屋		百	21,099	16.1	2.5
20	コメリ		専	20,226	27.5	6.5

出所：日本経済新聞社調べ
注：ランキングの中の数字　「▲」は減少または赤字。
　　ランキングの中の記号　業態分類で百、ス、専、コ、HDとあるのは百貨店、スーパー、専門店、コンビニエンスストア、持ち株会社の略。単は単体、表記なしは連結の数値を示す。
　　順位◇は親会社がランク入りしている連結子会社。

期に巨大投資をした企業が、バブル崩壊に伴って巨額の負債を背負い、にっちもさっちも行かなくなって淘汰されていったというのが、バブル以後の歴史です。

　その典型が、2000年7月のそごうの倒産、民事再生法の申請ですが、その前にも大手スーパー長崎屋の倒産がありました。この年は2月に長崎屋、7月にそごう、そして翌年9月にはマイカルと、相次いで多額の有利子負債を抱えて倒産しました。そごうをはじめ、ダイエーやセゾングループな

どの企業は、本業への投資だけでなく、さまざまな関連事業、サービス事業、レジャー事業などに手を広げて、結局はそれらが次第に業績を悪化させて本業にまで食い込んでしまい、経営を悪化させたわけです。

　巨額投資によって倒産にまで至らなかった企業も、それによってじりじりと体力を弱らせていったことが、ここ数年見られる業界大型再編の動きを加速させる要因となっています。

3　相次ぐ百貨店の大型統合

　百貨店再編の「触媒」の役割を果たしたのは、業績を悪化させた企業の株式を持っていた投資ファンドでした。ファンドが企業価値の向上を要求して再編を促したのです。

　百貨店の場合、村上ファンドによる阪神電鉄株の買い占めが呼び水となりました。この買い占めの動きが、紆余曲折を経て阪神電鉄と阪急電鉄の統合を促進し、その流れの中で子会社の阪神百貨店と阪急百貨店が統合するという結果を生みました。つまり、村上ファンドによる電鉄グループの買収攻勢がきっかけとなって、阪急・阪神連合のエイチ・ツー　オーリテイリング（H2O）という百貨店連合が誕生したのです。

　この動きが、大丸と松坂屋の統合を誘発しました。松坂屋株が村上ファンドによって買い占められていたからです。その後、村上ファンドは株を売却して松坂屋の株主からは抜けていくのですが、松坂屋としてはそうした投資ファンドの動きが活発化する中で、自らが大手百貨店の中で比較的劣位であることもあって、単独で切り抜けていくことは次第に難しくなるだろうと判断し、大丸との統合を決意し、J.フロントリテイリングを成立させました。

　大手百貨店同士の統合が進む中で、それに乗り遅れてしまっては取引条件が悪化し、売り上げにも影響しかねない。百貨店業界にそんな空気が広がりました。力の衰えた企業としては倒産の道を歩む危険性が高まること

を意味します。それを最も鋭敏に感じ取ったのが老舗の三越です。三越の業績は、2000年代に入って悪化傾向にありました。かつては百貨店の王者といわれていたのですが、前述のような新興勢力などの追い上げにあって、その力は次第に弱まっていました。しかし、一方では日本橋や銀座といった一等地に持つ不動産による含み資産があるうえに、三越ブランドの知名度はまだまだ根強いものがあります。

そうした有形無形の資産に、魅力を感じた投資ファンドや大手の百貨店が提携を持ちかける中で、三越が最終的に選んだのが伊勢丹でした。そして、08年4月に、かつては考えられなかったような伊勢丹・三越連合という大手同士の百貨店統合が成立しました。

大手が地方百貨店や中小の都市百貨店をグループ化するという動きは以

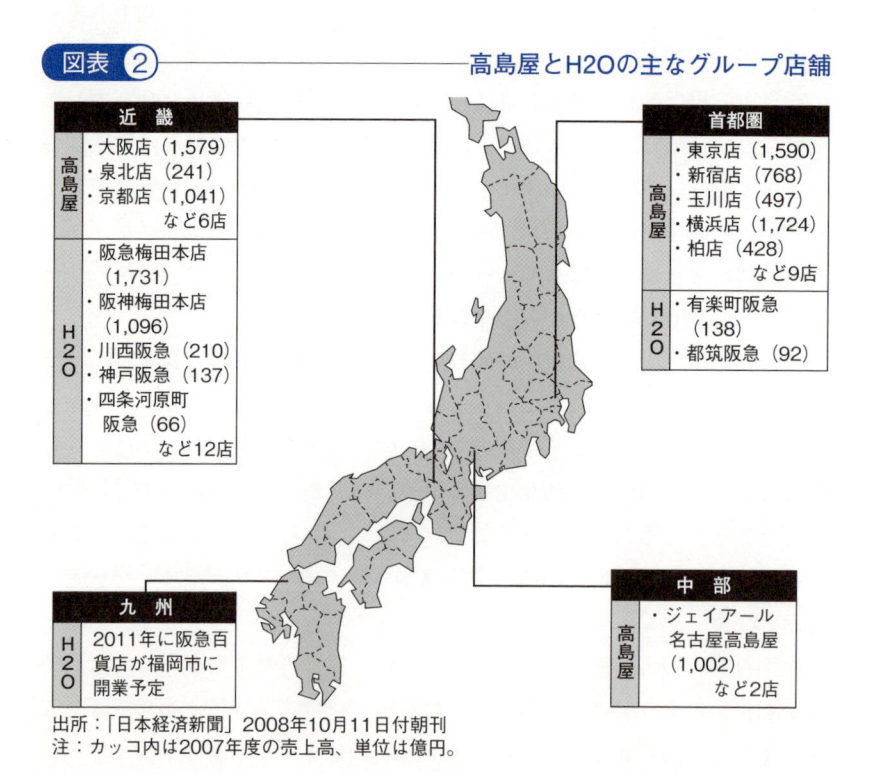

図表②　高島屋とH2Oの主なグループ店舗

近畿
高島屋
・大阪店（1,579）
・泉北店（241）
・京都店（1,041）
　など6店

H2O
・阪急梅田本店（1,731）
・阪神梅田本店（1,096）
・川西阪急（210）
・神戸阪急（137）
・四条河原町阪急（66）
　など12店

首都圏
高島屋
・東京店（1,590）
・新宿店（768）
・玉川店（497）
・横浜店（1,724）
・柏店（428）
　など9店

H2O
・有楽町阪急（138）
・都筑阪急（92）

九州
H2O
2011年に阪急百貨店が福岡市に開業予定

中部
高島屋
・ジェイアール名古屋高島屋（1,002）
　など2店

出所：「日本経済新聞」2008年10月11日付朝刊
注：カッコ内は2007年度の売上高、単位は億円。

前からありましたが、このような大手同士の統合はかつてなく、百貨店業界は寡占化が進んでいます。

いまや百貨店業界は、全国チェーンとしては三越伊勢丹ホールディングス、J.フロントリテイリング、西武百貨店とそごうの統合によってできたそごう西武、高島屋の4強のほか、関西に強い地盤を持つH2Oの時代に入りました。

再編は進みましたが、百貨店業界の成長は厳しいとの見方は変わりません。08年のリーマン・ショック以降は地方や郊外都市を中心に閉店が続いています。11年3月の東日本大震災で売り上げが大幅に落ち込みましたが、その年の秋ごろからは長く使える品質の良い商品を求める志向が強まり、回復の兆しも見せました。12年に入っても高級腕時計などは堅調に推移しました。

それでも、高額品やこだわりの品を求める消費行動が拡大することはありません。中核都市で売上高が一番大きな店か、大都市の上位店舗しか、品ぞろえやサービスの面で顧客の満足度を高めることはできないからです。「百貨店は個店ごとに独立して商売する面が強く、スーパーやコンビニエンス・ストアのようなチェーンストアとしての規模のメリットが得にくい」という意見もあります。

じわじわと縮小していくマーケットの中で、地方百貨店や電鉄系百貨店がこのまま生き残れるだろうかという懸念も出ています。大手も単独よりも提携、統合したほうが間接コストが削減でき、取引先との交渉力が高まるのは確かです。店舗や地方企業を中心に淘汰が進むのは確実です。

4 スーパーの再編

再編の動きは百貨店にかぎらず、同じことがスーパーや外食産業、専門店チェーンなど、あらゆるところに見られます。今後は、業態の垣根を越える形も含めて統合が進むだろうと見られています。

バブル崩壊後、崩壊の影響をそれほど受けずに経営を維持した企業の中には、弱体化した企業を次々にその傘下に収めていったところもありました。その代表格が、ヤオハン、マイカルを統合したイオンです。イオンは2007年には、「戦後小売業の旗手」「流通業界の花形」といわれたダイエーをも傘下に入れることになりました。
　産業再生機構を活用する形で再建に取り組まざるを得なかったダイエーは、当初は商社の丸紅と投資ファンドのアドバンテッジパートナーズの支援による再生を目指しました。しかし、支援に乗り出した両者とも再生に十分な力を持ち合わせていなかったということで、イオンの出番となったのです。イオンはこれによって、ダイエーとその関連会社マルエツの株式も入手し、ダイエーをグループ入りさせました。イオンはここ数年、このように業績の悪い企業を再生する、いわば再生請負人のような形で業容を拡大してきました。
　一方、ライバルの関係にあるセブン＆アイ・ホールディングスは、イオンに対抗するかのように、組織改革、M＆Aに動きました。かつてはイトーヨーカ堂が親会社で、傘下にセブン―イレブン・ジャパンを抱えるといった形をとっていました。しかし、ニッポン放送事件での資本のねじれ現象が買収を誘発するという教訓を生かして、持ち株会社セブン＆アイ・ホールディングスの下にイトーヨーカ堂とセブン―イレブン・ジャパンの両社を収めて、まずこの再編統合の流れの中での独自企業としての地位を固めました。そして06年にはミレニアムリテイリングをその持ち株会社の下に参入させるという、業態を超えた統合を行いました。
　ミレニアムリテイリングは、バブル後に倒産したそごうと、いまひとつ業績が思わしくなかった西武百貨店とが一体化した企業体です。両社は単年度ベースの業績はまずまずだったのですが、なにぶんにも有利子負債の額が大きく、単独で生き残るのが非常に難しい状態にありました。そこで、セブン＆アイ・グループという財務内容のよい企業体に加わり、安定株主を得て財務基盤も安定化させるという方策をとったのです。
　これによってセブン＆アイ・グループは、総合スーパーのイトーヨーカ

堂、コンビニエンス・ストアのセブン-イレブン、そして百貨店連合のミレニアムリテイリングを傘下に収める総合小売業として浮上してきました。

　セブン＆アイ・ホールディングスは同時に、従来からの関連会社である食品スーパーのヨークベニマルも完全子会社化して傘下に置きました。今後も条件さえ合えば、他の食品スーパーの統合も視野に入れた動きをしていく見込みです。

　これは、マックスバリュ東海、同中部、同西日本など食品スーパー連合を形成、なおかつそこにマルエツ、カスミ、ベルクなどを入れて食品スーパーとしても最大手の地位を固めているイオン・グループに対抗する動きといえます。

　08年のリーマン・ショック以降、スーパー業界の経営環境はさらに厳しさを増し、再編が加速しています。北海道のアークスがユニバースなど東北の有力スーパーを相次ぎ買収しているほか、岐阜県のバローも地盤の周辺地域のスーパーを飲み込んでいます。イオンも四国のスーパー、マルナカを買収し、セブン＆アイも関西の近商ストアに出資しました。やはり少子高齢化が進み、主力の食品市場が縮小し、これまで以上にコスト競争力が求められているからです。セブン＆アイ傘下のイトーヨーカ堂も収益悪化が進み、12年には正社員を半減にするテコ入れ策を打ち出しました。各社は12年以降、1000品目に及ぶ値下げ策を発表していますが、市場が落ち込んでいるため、効果は限定的です。消耗戦が激化しているわけで、14年に予定されている消費増税によって業界の動向はさらに変わりそうです。

5　コンビニの未来

　一時、成長の鈍化が指摘されたコンビニですが、ここ数年は再び回復しつつあります。2012年にはついに5万店を突破しました。若者に強い業態でしたが、1人で生活する単身世帯が全世帯に占める比率で3割を超え、コンビニの利用価値が高まったからです。最大手のセブン-イレブン・ジ

ャパンを中心に小容量の総菜や生鮮品を拡充し、高齢者や女性など顧客層を広げています。このため大手5社による12年度の出店計画は過去最高の3700店になるもようです。

　とりわけセブン―イレブンはプライベートブランド（PB＝自主企画）で攻勢をかけています。割安感のあるPBだけでなく、素材にこだわったPBなども増やす計画で、グループで1兆円の達成を目標に掲げました。他社も総菜だけでなく、スイーツや和菓子などお一人様用の商品を増やし、スーパーなどから客を奪っています。このため食品メーカーもコンビニ向け商品の拡充が急務で、専用工場や専用商品への投資を増やしています。そうしないと売り場の棚が確保できず、売り上げに響くからです。

　ただ、業界すべてが潤っているわけではありません。たとえば業界全体の既存店売上高はマイナスでもセブン―イレブンだけがプラスを維持し、4位のサークルKサンクスとは1店舗当たりの日商は差が開いています。しかもサークルKサンクスでは、各地でフランチャイズオーナーがローソンなど他のチェーンにくら替えするケースも増えています。このためサークルKサンクスは親会社のユニーの完全子会社になり、仕入れなどを統合し、営業力の立て直しを急いでいます。13年以降も激しい出店競争が続きそうで、セブン―イレブン、ローソン、ファミリーマートを軸に売上高の上位集中が進み、業界のありようも様変わりしそうです。

6　家電量販店の上位集中

　専門店業態も、再編は活発です。
　典型的なのが家電量販店です。家電は技術革新性の非常に高い製品分野で先進的産業ではありますが、全体として見たときには、ここ数年は市場が成熟する中で、企業の大統合を繰り返してきたという歴史を持っています。弱い企業は、倒産に追い込まれるかどこかの企業に吸収されるかという状況の中で、伸びてきた最大の企業がヤマダ電機です。

ヤマダ電機は、1992年度には年商約360億円だった売り上げが、いまや1兆8000億円を超えるまでに成長しました。2012年3月期で1兆8354億円。わずか20年で売上高を50倍強に上げたわけです。1992年の家電量販店の売上げランキングでは22〜23番だったヤマダ電機は、あっという間に老舗の家電店をしのぐほどの伸びを示しました。かつては「栃木のコジマ、群馬のヤマダ」といわれるほどに競い合い、当初はコジマに水を開けられていましたが、2002年ごろにコジマとの地位を逆転させ、今はトップを独走しています。

ヤマダ電機は出店に際して、弱小家電量販店を次々に窮地に追い込むと同時に、一部は吸収合併して販売網を広げてきました。そうしたヤマダ電機の動きに老舗の家電量販店も合従連衡によって対抗してきました。その最大手の１つがエディオンです。エディオンは、広島のデオデオと名古屋のエイデン、そしてミドリ電化などが中心になり、そこに秋葉原の石丸電機や北陸のサンキュー100満ボルト・グループが加わる形で巨大連合を形成して、ヤマダ電機に次ぐ第２の地位を固めています。

カメラ系量販店も、こうした競争の圏外にいられるはずもありません。カメラの２強といえばヨドバシカメラとビックカメラですが、カメラ系といっても売り上げの８割以上は家電やパソコンが占めています。業態としてはヤマダ、コジマに似ているといえます。

これらのカメラ系量販店も急成長を遂げた会社ですが、従来は都心を中心に拡大してきたカメラ系と郊外を中心に成長してきたヤマダ、コジマ、エディオンなどとは、市場を住み分けていた感もありました。しかし、数年前からそうした住み分けの枠も取り払われ、ヤマダ電機が都心にどんどん進出してきて、カメラ系量販店とぶつかり合う時代になってきました。

こうした中で12年は業界が大きく動きました。まずビックカメラが北関東のコジマを子会社化し、ヤマダ電機はビックカメラと提携関係にあるベスト電器を買収しました。国内家電市場は地上デジタル放送への移行に伴う特需の反動などで急減し、勝ち組と負け組がはっきり分かれました。ヤマダは7兆円市場のうち２兆円を握り、さらなる価格競争力を高めようと

しています。ただまだ終わったわけではありません。ネットの普及で、家電量販店は商品を確かめるための「ショールーム」化がさらに進むといわれています。このため業界では再編が加速し、ヤマダ電機の山田昇社長は「家電量販店は2～3社に集約される」と予言しています。

7　ホームセンターとドラッグストアでも合従連衡

　家電量販店の動きに比べれば遅れてはいますが、ホームセンター業界でも、北海道のホーマックや名古屋のカーマ、中国四国のダイキが合体してDCMJapanホールディングスができ、新潟を基盤としたコメリがヤマキを統合したり、ベイシアグループのカインズが力をつけてきたりなど、この数年、大手を中心に中小中堅を飲み込む形でさまざまな合従連衡が始まり、大統合の動きも着々と進んできています。近年ではホームセンターが農家や工務店向けの資材を提供する動きが増えており、「卸機能」も高まっています。
　成長性の高さを維持したまま21世紀に入ったドラッグストアも、やはりこの数年、成長率が鈍化してきました。2009年の薬事法改正によって薬剤師以外でも登録販売者という形で薬を売れるようになることから、スーパーやコンビニが医薬品販売に参入するという脅威にさらされています。このため、百貨店、スーパーなどから7、8年遅れで、今合従連衡の動きが始まっています。
　その動きの1つが、CFSです。北海道の調剤薬局のアインファーマシーズと統合しようという動きに対して、CFS株を15％持つイオンがそれを阻止しようと動きました。結局、CFSはイオンの傘下に入りましたが、ドラッグストアの再編統合の流れの中の典型的な事象として出てきているものです。アインはその後、セブン＆アイから出資を受け、セブン＆アイ・グループ内での出店やイトーヨーカ堂の医薬品売り場の改革に取り組むなど、セブン＆アイとの関係を強めています。

首都圏地盤のセイジョーと関西地盤のセガミメディクス、中部のジップドラッグを傘下に置くココカラファインも地方企業を買収しながら、じわじわと勢力を広げています。ドラッグストアも食品を強化するなど、大手を軸に規模拡大が進んでいます。今度、医薬品のネット販売も広がりそうで、大手同士の再編につながる可能性を秘めています。

8 グローバル化が促す寡占化

　以上述べてきたような状況からいえることは、どの業態も寡占化が進んできたということです。日本の小売業は、米国やヨーロッパに比べて群雄割拠の状態が続いてきましたが、バブル後のデフレ経済の中では、多くのプレイヤーが供給過剰のもとに生き残るのは難しくなりました。ヨーロッパでは、上位5、6社で市場の6、7割を握る寡占形態が多くの業態で見られます。また、グローバル化のもとで日本企業が海外に出て行くように、海外小売業つまり外資が日本に入るようになりました。

　すでにプレイヤーは日本企業だけではなくなっています。地域密着型産業またはドメスティック産業といわれた小売業も、いまやグローバル企業としてプレーしていかなければならない時代となっています。そうした状況では、いつまでも群雄割拠状態を続けていることはできないということが、再編を進める背景としてあります。海外で企業の寡占化が進んでいるように、日本の小売業も寡占化は避けられない状況です。米国では、百貨店のフェデレーテッドとメイが統合して巨大百貨店チェーンが誕生しました。

　それに比べて日本は、上位5社を合わせてもまだシェアが非常に低いという状況が続いています。これからさらに統合再編が進んでいくと思われます。それも、イオン・グループやセブン＆アイ・グループのような、業態の垣根を越えた統合となって現れることが予想されます。同時に大手も国内だけでの成長には限界があります。イオンがアジア戦略を強化するた

めにマレーシアのカルフールの事業を買収するなど、小売りも内－内の買収から内－外の買収が増えそうです。

III

日本経済の論点

1. マクロ経済はこう読み解く

　この節では、経済の動きを把握するために使う基本的な尺度から説明を始めます。さらに日本経済の長期停滞と財政悪化の原因を探り、経済成長と財政再建を両立させるための政策のあり方を考えます。

1　経済の動きをどうつかむか

　国の経済規模を測る指標として一般的なのは国内総生産（GDP）です。私たちはお金を払って自動車や家電などのモノを買い、外食や旅行のようなサービスを受けます。これらの価格から原材料などのコストを差し引けば、新たに生まれた価値（付加価値）を把握することができます。GDPは企業や個人、政府が生み出した付加価値の総額なのです。日本を含む多くの国がGDPそのものの規模を示す「名目値」と、物価変動の影響を除いた「実質値」の両方を計算しています。

　GDPの水準を高めることは国の経済運営の大きな目標になります。企業が輸出や設備投資を伸ばし、個人が消費を増やせば、国のGDPもそれだけ膨らみます。政府の公共投資も押し上げ要因になりますが、企業と個人の活動がGDP拡大の主要なエンジンであることは間違いありません。こうした民間の活力を引き出すための環境を整備するのが政府・日本銀行の役割なのです。

　4半期ごとや1年ごとに測ったGDPがどれだけ増えているかを示すのが経済成長率です。景気が良いときは成長率が高く、物価も上がりやすいという傾向があります。逆に景気が悪いときは成長率が低く、物価も下がりやすくなります。日本の経済状態を判断する際にも、この成長率を重要な目安にしています。

日本のGDPはどれくらいの大きさなのでしょうか。2011年暦年のGDPを名目値で見ると、約470兆円に上ります。米国と中国の名目GDP（円換算）は約1350兆円、約580兆円で、これらに次ぐ世界3位の経済大国の地位にあります。1968年に旧西ドイツを抜いて世界2位に浮上しましたが、目覚ましい経済発展を遂げる中国に2010年に抜かれてしまいました。

　次にGDPの成長率を見てみましょう。成長率を分析するときには実質値で比べるのが一般的です。2012年7～9月期の実質GDPは前期の12年4～6月期に比べ、年率換算で3.5％減りました。12年7～9月期の実質成長率は前期比年率でマイナス3.5％だったと言い換えても同じことです。海外経済の減速やエコカー補助金の打ち切りなどが響き、足元の景気が悪くなっていることがわかります。

　このように政府や日銀、民間エコノミストはGDPの動向を見極めなが

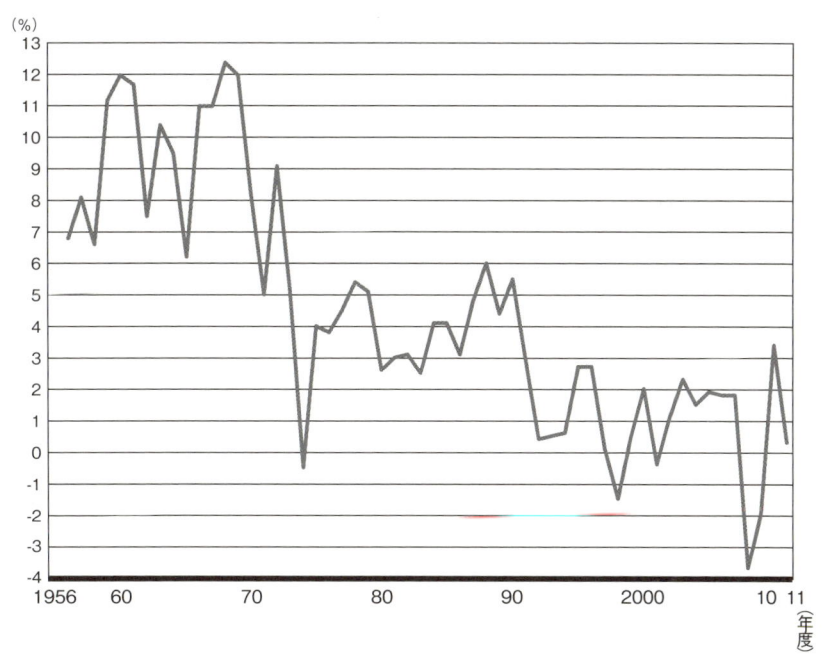

図表 1　実質経済成長率の推移

ら、日本だけでなく世界全体の経済状態も診断しているのです。経済分析の最も基本的な道具であるGDPの重要性をまずは頭に入れておいてください。

2 バブル崩壊と「失われた20年」

　戦後の日本経済は1950～53年の朝鮮戦争の特需などを追い風に、自立への道を歩み始めました。52年に加盟した国際通貨基金（IMF）と世界銀行の支援も仰ぎながら、驚異的な戦後復興と高度成長を遂げたのです。

　高度成長に沸いた60年代の実質成長率は、年平均で10％程度に達しました。企業の輸出や設備投資が伸び、雇用・賃金の増加が個人消費と住宅投資も刺激する――。そんな好循環のメカニズムが働いていたのです。政府の産業政策という支えもありましたが、企業自身の技術革新やコスト削減努力、勤勉な国民性などの貢献が大きかったといえます。

　70年代に入ると、日本は高度成長から安定成長の時代に移行します。2度の石油危機や国際競争の激化などが重なり、成長のペースが緩やかになりました。80年代には米国との貿易摩擦が深刻化し、ドル高の是正を目指すプラザ合意に発展しました。日本経済はその後の円高にも驚くほどの適応力を示し、数々の障害を乗り越えることに成功しました。

　年平均の実質成長率を見ると、70年代は5％程度、80年代は4％程度を確保しています。60年代の水準を下回っていますが、比較的高い成長率を維持できました。そして日本は「バブル景気」（86年12月～91年2月）と呼ばれる空前の好況を迎えるのです。

　金融緩和が生んだカネ余りが株価や地価を押し上げ、企業や個人の過大な投融資を誘発したのがこの時期です。89年12月29日には日経平均株価の終値が3万8915円の最高値をつけ、バブル景気の絶頂期を迎えました。そんな「熱狂状態」がいつまでも続くはずはありません。政府・日銀のバブルつぶしも手伝って、株価は89年、地価は91年をピークに下落に転じまし

た。多くの企業や個人、金融機関が損失の処理を迫られることになったわけです。

　バブル崩壊の代償は大きかったといわざるを得ません。内閣府の試算によると、土地と株式の値下がりで生じた損失は90年以降の累計で1500兆円を超えるそうです。企業は設備投資や雇用・賃金を抑制し、個人は消費や住宅の購入を手控えます。巨額の不良債権を抱えた金融機関も、企業や個人への貸し出しを増やせなくなりました。日本経済はその後遺症を克服することができず、「失われた20年」と呼ばれる長期停滞にはまり込んでしまったのです。

　デフレ（物価の持続的な下落）の長期化や円高の進行、少子高齢化の進展、経済政策の失敗なども重なり、日本経済の低迷は長引きました。戦後復興と高度成長をもたらした成功モデルに安住し、時代の変化に即した改革を怠ったツケもあったのでしょう。年平均の実質成長率は90年代に1％台、2000年代には0％台まで低下しました。

　日本の11年度の名目GDPは約473兆円でした。実はピークをつけた1997年度の約521兆円より9％少なく、20年前とほぼ同じ水準にとどまっています。実質GDPの伸びはプラスを維持できても、物価変動の影響を除いた名目GDPは増えていないというわけです。企業も個人も日本経済の先行きに自信が持てず、低温状態が慢性化してしまったというのが「失われた20年」の実相なのです。

3　リーマン・ショックの爪痕

　日本経済の長期停滞に追い打ちをかけることになったのが2008年9月のリーマン・ショックです。米証券大手リーマン・ブラザーズの破綻が「100年に1度」といわれる深刻な金融危機に発展し、米国のみならず世界全体を未曾有の不況に追い込みました。

　米国では緩和的な金融環境を追い風に、住宅価格が2000年代半ばまで上

昇していました。これがバブルの温床となり、信用力の低い個人向け住宅融資（サブプライムローン）の急速な拡大につながりました。サブプライムローンは延滞リスクが比較的高い人でも借りられるように開発した住宅ローンです。焦げつきのリスクがもともと高かったにもかかわらず、住宅市場の活況が長く続くという楽観論が勝ってしまったといえるでしょう。

　ところが住宅価格がピークをつけると、サブプライムローンの焦げつきが目立つようになってきました。米経済の減速もあってサブプライムローン関連などの証券化商品が大幅に値下がりし、巨額の損失を抱え込んだ金融機関の経営不安が広がったのです。リーマン・ブラザーズの破綻はその象徴でした。

　米欧の金融機関はそろって信用不安にさらされ、企業や個人に対して資金を出し渋るようになりました。こうしたマネーの収縮が設備投資や個人消費の足を引っ張り、実体経済の悪化に連鎖したのです。その影響は先進国から新興国にも波及し、09年の世界経済の実質成長率は戦後初めてのマイナスに転じました。

　日本は02年2月から08年2月にかけて、戦後最長の景気回復局面を迎えていました。

　成長率が低く実感の乏しい好況でしたが、いよいよ長期停滞から抜け出せるのではないかと期待する向きもありました。しかしリーマン・ショックが冷水を浴びせます。実質成長率は08年度にマイナス3.7％、09年度にはマイナス2.0％に落ち込みました。

　「もちろん日本にも影響はあるが、ハチが刺した程度だ」。リーマン・ショックの直後に当時の与謝野馨経済財政相が発した言葉は一躍有名になりました。日本の金融機関が被るサブプライムローン関連の損失は米欧より小さいから、金融危機が日本経済に与える影響も限られる──。多くの当局者がそう考えていたのは事実です。

　ところが世界的な信用収縮の衝撃は予想を上回るものでした。製造業への依存度が高い日本や韓国、台湾、タイなどのほうが実体経済の落ち込みが深刻だったのです。米経済が傷つくと、輸出で稼ぐ日本の自動車や電機

も深い調整を迫られ、「ハーフエコノミー（半分に縮む経済）」に近い状態に追い込まれることになりました。

主要国は大胆な財政出動や金融緩和に踏み切り、ようやく苦境を脱しました。ただ震源地の米国では住宅市場の低迷や家計の債務調整が長引き、今も本格的な景気回復の軌道に乗りきれずにいます。政府支出の拡大で先進国の財政が軒並み悪化し、欧州は債務危機に陥りました。世界経済はリーマン・ショックの後遺症とまだ戦っているのです。

日本の爪痕も深かったといわざるを得ません。政府・日銀の政策対応もあって09年4月から景気回復局面に入りましたが、デフレの症状がぶり返すことになりました。GDPや輸出数量指数、鉱工業生産指数もリーマン・ショック前の水準を取り戻せていません。

4　東日本大震災からの復旧・復興

リーマン・ショック後の不況をかろうじて抜け出した日本は2011年3月、東日本大震災に見舞われます。大規模な地震や津波などによる死者は約1万6000人、行方不明者は約2800人に及び、東京電力・福島第1原子力発電所の事故でも多くの住民が避難を余儀なくされました。

この震災は日本経済にどんな影響を与えたのでしょうか。第1に挙げなければならないのが、サプライチェーン（供給網）の寸断です。被災地の東北地方は製造業の集積地で、自動車や電機などの重要な部材を生産していました。ところが地震や津波で工場が損壊し、部材の供給に支障が生じます。電力不足の影響もあって多くの企業が減産に追い込まれ、輸出余力も低下してしまったのです。

第2に家計の心理が急速に悪化しました。被災者が生活の基盤を失って我慢を強いられただけでなく、将来に不安を覚えた全国の家計にもレジャーや外食などの「自粛ムード」が広がりました。企業も景気の先行きを心配し、設備投資の抑制に動きました。

日本の実質成長率は10年10～12月期に前期比年率マイナス1.6％に沈んでいました。ユーロ危機などによる海外経済の減速や国内の政策効果の息切れが原因です。ただ11年には一時的な低迷状態を抜け出すと期待されていました。そこに予期せぬ震災が発生し、11年1～3月期の実質成長率はマイナス7.3％、11年4～6月期はマイナス2.8％に落ち込みます。

　日本の企業はサプライチェーンの修復に全力を挙げました。震災の傷が癒えるにつれて家計の心理も徐々に改善し、過度の節約や倹約は影を潜めるようになります。景気は再び持ち直し、11年7～9月期の実質成長率は10.4％に急反発しました。

　被災地の復旧・復興に向けた取り組みも少しずつ進んでいます。政府は11～15年度の復旧・復興費を19兆円と見積もり、11年度の補正予算と12年度の当初予算で18兆円の予算を手当てしました。仮設住宅の整備やがれきの撤去、産業の再建、インフラの修復などが柱です。

　こうした復旧・復興費の財源を賄うため、企業や個人に総額10.5兆円の臨時増税を求めることになりました。法人税は12年4月から3年間（2.4兆円）、所得税は13年1月から25年間（7.5兆円）、個人住民税は14年6月から10年間（0.6兆円）の増税を実施します。

　震災の打撃から立ち直った日本経済は復旧・復興事業にも支えられ、順調に回復するかに見えました。ところがユーロ危機の長期化で世界経済の減速感が強まるにしたがって、輸出や生産の低迷が目立つようになります。エコカー補助金の終了も個人消費の足を引っ張りました。09年4月に始まった景気回復局面は終わり、12年4月に景気後退局面に入ったとの見方が増えています。

　12年12月に発足した安倍晋三政権は日本経済の再生を最優先課題に掲げています。大胆な金融政策、機動的な財政政策、民間投資を喚起する成長戦略という「3本の矢」で、「失われた20年」を脱け出せるかどうかが問われます。

　ここまで日本経済の歩みを大ざっぱに振り返ってきました。次はデフレや円高、少子高齢化の影響について、もう少し詳しく説明してみましょう。

5 デフレ脱却の出口見えず

　国際通貨基金（IMF）によると、デフレは「物価の下落が２年以上続く状態」を指します。日本の消費者物価上昇率（生鮮食品を除く）は1998～2004年度、09～10年度にマイナスを記録しました。山一證券の破綻などに端を発した1997年からの金融危機で本格的なデフレに突入し、実質的には10年以上にわたって継続していることになります。

　モノやサービスの値段が一時的に下がるだけなら、個人消費を刺激する効果も期待できるでしょう。ただ価格の下落が長期化すれば、企業収益を圧迫します。雇用や賃金の抑制を通じて、消費の足も引っ張るという弊害

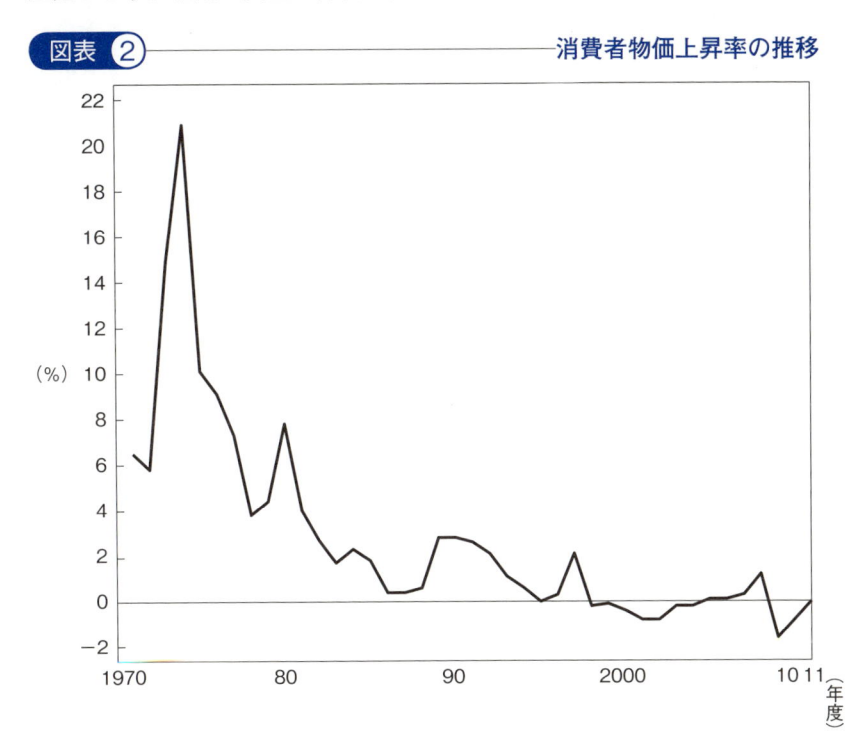

図表 ② 消費者物価上昇率の推移

注：生鮮食品を除く

のほうが大きくなってしまいます。

　厄介なのは債務の拡大です。収入の減少に土地や株式など資産価格の下落が加わると、借金を抱える企業や個人の返済負担が重くなります。金融機関の不良債権が膨らみ、新たな融資に二の足を踏むのも避けられません。

　こうしたさまざまな病状が進行し、経済全体が収縮していくところにデフレの怖さがあります。名目GDPが20年前とほぼ同じ水準にとどまっているのは、デフレの影響が大きいと考えざるを得ません。日本経済の長期停滞を象徴する病といってもいいでしょう。

　日本はどうしてデフレに陥り、なぜ抜け出せなくなったのでしょうか。ここでは代表的な分析をいくつか紹介しておきます。

　デフレの底流にあるのは需要不足です。バブル崩壊の後遺症や円高の進行、少子高齢化の進展、経済政策の失敗などの要因が重なり、需要が供給を下回る状態が長期化しているのです。将来に自信を持てない企業や個人が支出をためらい、金融機関もリスクを恐れて新たな資金を供給できないところに大きな問題があります。2012年7～9月期の需要不足はGDPの2.7％に達しました。リーマン・ショック後の8.0％をピークに一時は1.5％まで縮小しましたが、12年4月以降の景気停滞で再び拡大する傾向にあります。

　需要不足が長引く中で、企業や個人の物価予想も低下しました。こうした「期待物価上昇率」は前年比1％を中心に0～3％の範囲で変動しています。米国より2％程度低い水準です。これが現実の物価上昇率にも影響しているといわれます。

　一方、供給側の要因を重視する立場もあります。企業の生産性低下や金融の機能不全などが潜在的な成長率を押し下げたという見方です。この潜在成長率の低下が需要不足と絡み合っていると見る識者もいます。

　日本企業の多くは雇用を守るため、賃下げで不況に対処してきました。賃下げよりも人員削減に動きがちな欧米の企業とは対照的です。それが失業率の上昇を抑える代わりに、物価を押し下げた可能性があります。新興国との経済関係が深く、製造業が厳しい価格競争を迫られる国ほど、物価

下落の可能性が高まるとの見方も出ています。

　民間エコノミストの多くは「デフレからの脱却は15年度以降にずれ込む」と予想しています。政府・日銀が一様な政策対応を繰り出しているにもかかわらず、いまだ克服の見通しが立たないのが実情です。

6　超円高と国内産業の空洞化

　1952年にIMF・世界銀行に加盟した日本は、ドルと金の交換を前提とした固定相場制を維持する「ブレトンウッズ体制」に組み込まれました。1ドル＝360円という有利な固定レートのもとで、経済大国としての力を蓄えることができました。しかしリチャード・ニクソン米大統領は71年にドルと金の交換停止を発表します。73年には主要国が変動相場制に移行し、円相場も内外の経済情勢を反映して動くようになりました。

　輸出主導で成長を続ける日本に対しては、「経済の実力に比べて円相場が安すぎる」との批判がつきまといました。円相場の上昇を求める国際的な圧力は強く、85年のプラザ合意なども経て円高が進みます。95年4月には79円75銭まで上昇し、変動相場制移行後の最高値として長く記録にとどめることになりました。

　円高になると輸出で得られる収入が減り、企業の収益が圧迫されます。輸入品の値段が下がり、海外旅行が割安になるといった恩恵もありますが、輸出で稼ぐ日本経済にとっては弊害のほうが大きいのです。実際、日本は「円高不況」にたびたび苦しむことになりました。円高は長引くデフレの一因ともいわれています。

　日本は2008年のリーマン・ショックを経て、もう一段の円高に見舞われます。欧州の債務危機や米経済の低迷が響き、ユーロやドルに対する信認が揺らいだのです。日本経済が多くの問題を抱えていながらも、円が消去法的に買われる構図が続きました。「豊富な国内貯蓄や巨額の対外債権を持つ日本の通貨のほうがまだ安全だ」という理由からでした。

11年10月には75円32銭の最高値をつけました。リーマン・ショックや震災の傷痕が残る日本経済にとって、「超円高」の定着は深刻な問題でした。政府・日銀は円売り介入や金融緩和で円高を是正しようとしましたが、思うような効果を発揮できませんでした。

　円高の打撃が大きいのはやはり製造業です。採算がとれるレートは80円程度で、70円台の水準が続けば利益を出すのが難しくなります。しかも製造業に吹きつける逆風は円高だけではありません。高い法人税、自由貿易戦略の出遅れ、厳しい労働規制や温暖化対策、震災後の電力不足も含めた「6重苦」にあえいでいるのです。

　円高が景気に悪影響を与えるだけでなく、国内産業の空洞化をもたらすのも心配です。日本の製造業は1980年代以降の円高を乗り切るため、海外展開を進めてきました。内閣府の調査によると、製造業の海外現地生産比率は91年度の4.6％から、2011年度には18.4％に上昇しています。「6重苦」に苦しむ製造業の海外展開が加速すれば、国内の設備投資や雇用が縮小する恐れがあります。

　最終製品の加工組み立てをコストの安い中国や東南アジアに移し、競争力の高い部品や素材を国内から供給する――。日本の製造業は「内外分業型」の海外展開を進めることで、その果実を国内に還流させてきました。ところが最近の海外展開は国内を捨てて海外に出る「現地完結型」に進化しつつあるようにも見えます。

　いずれにせよ円高の継続は日本経済にとって決して好ましいことではありません。政府・日銀が円高是正の努力を続けるとともに、製造業の活力を引き出すような環境づくりに取り組む必要があるでしょう。

7　少子高齢化がもたらす問題

　人口の増加は労働力や国内市場の拡大を通じて、経済成長を促進します。ところが少子高齢化が進むと、そのメカニズムが逆回転を始めるのです。

勤労世代が多く経済が成長しやすい時期は「人口ボーナス」、勤労世代が少なく経済が成長しにくい時期は「人口オーナス（重荷）」と呼ばれています。

日本は高度成長の時代と重なる1950〜70年に、典型的な人口ボーナス期を迎えました。そして「失われた20年」の途上にあった90年代半ばに、人口オーナス期に移行したと見られます。女性の社会進出やライフスタイルの変化を背景に出生率の低下が続き、15〜64歳の生産年齢人口がついに減少に転じました。こうした少子高齢化の影響が日本経済の長期停滞の一因になっているのは確かです。

国立社会保障・人口問題研究所の推計によると、日本の総人口は2010年の１億2800万人から、2060年には8700万人に減少します。生産年齢人口の割合は64％から51％に低下する計算です。一方、65歳以上の老年人口の割合は23％から40％に上昇するそうです。少子高齢化の弊害がこれまで以上に重くのしかかるのは避けられません。

こうした人口構成の変化はどんな問題をもたらすのでしょうか。第１に働き手の減少が成長の制約要因になります。「労働力の減少は30年代にかけて、実質成長率を年平均で１ポイント前後押し下げる要因になる」との試算も出ているほどです。勤労世代が高齢者を支える社会保障制度のあり方も問われることになるでしょう。

第２に消費の需要がモノからサービスにシフトしやすくなります。勤労世代が多いほど住宅や自動車などの購入意欲が高まり、高齢者が増えるにしたがって医療や介護などへの支出が膨らむためです。産業の観点で見れば、製造業からサービス業への重心移動が進むことを意味します。ところがサービス業の生産性は製造業よりも一般的に低いので、これも成長力が低下する要因になりかねません。

第３に資産価格下落の圧力がかかります。住宅購入の需要が強い勤労世代が多いと不動産の価格も上がりやすく、高齢者が増えればその逆の力学が働くというわけです。実際、日本の生産年齢人口の割合がピークをつけた時期と、不動産バブルの頂点がほぼ重なっているとの指摘も出ています。

米国では1946〜64年に生まれたベビーブーマーが続々と引退し、株価の

図表 ③ 　　　　　　　　　　　　　　　2012年1月公表の日本の人口推計

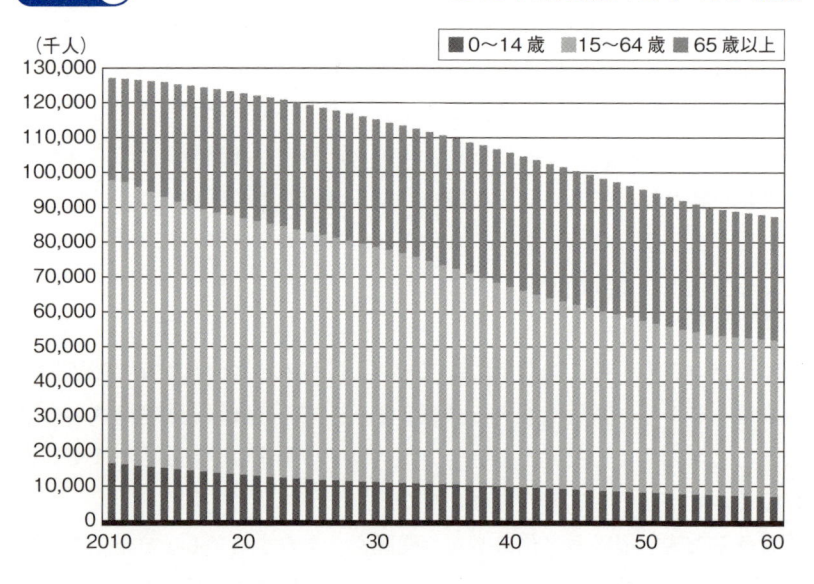

■0〜14歳　■15〜64歳　■65歳以上

注：各年10月1日現在人口
出所：国立社会保障・人口問題研究所「日本の将来推計人口」

重荷になるとの懸念も浮上しています。生活費の確保や安全な資産運用を優先し、リスクの高い株式投資を手控える可能性があるためです。

　日本だけの問題ではありません。少子高齢化は米欧やアジアでも進行していきます。リーマン・ショックの後遺症に悩む米国や、債務危機から抜け出せない欧州の停滞が長引くだけでなく、世界の成長センターであるアジアの活力までそがれる恐れがあるのです。

　女性や高齢者を含む労働力の確保、技術革新などを通じた生産性の向上、グローバル化の果実を取り込む貿易や投資の自由化……。少子高齢化という逆風を乗り切るには、総合的な成長戦略が欠かせません。日本がその模範を示せるかどうかを世界が注目しています。

8 放置できない財政の悪化

次に日本の財政事情について説明します。まず国の2012年度の一般会計予算（当初ベース）を見てみましょう。歳出総額は90.3兆円ですが、税収とその他の収入で賄えるのは46.1兆円にすぎません。残りの44.2兆円は国債の発行で穴埋めしているのです。国債は政府の借金ですから、つまりは将来の世代にツケを回していることになります。地方自治体の予算も似たり寄ったりです。

この結果、国と地方の債務残高は12年度末に940兆円に達する見込みです。名目GDPの2倍に相当する規模です。何度も繰り返しますが、日本

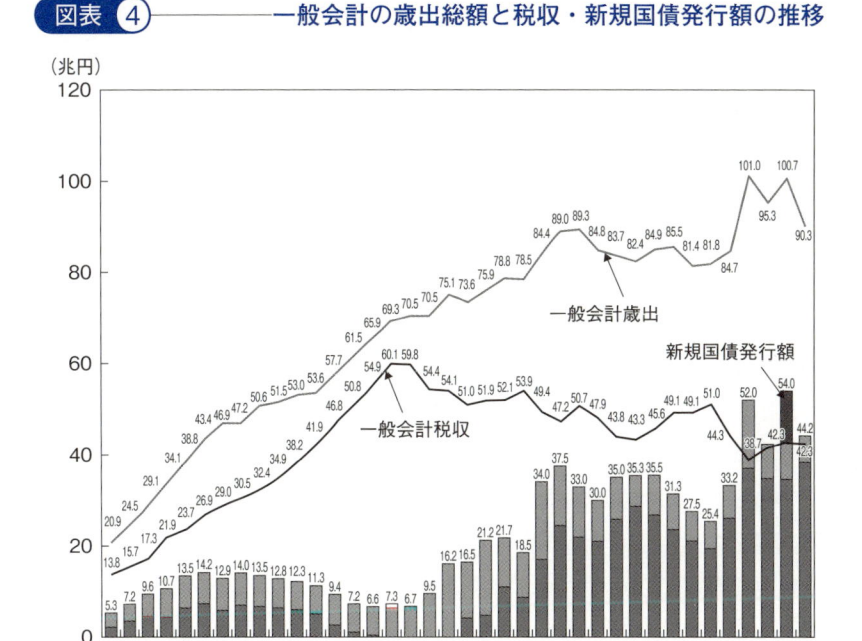

図表 ④　一般会計の歳出総額と税収・新規国債発行額の推移

注：2011年度までは決算、2012年度は当初予算
出所：財務省資料

の名目GDPは20年前とほぼ同じ水準にとどまっています。ところが国と地方の債務残高は20年前の3倍以上に膨らんでいるのです。

名目GDPに対する債務残高の比率を比べてみると、日本が先進国の中でも突出して高いことがよくわかります。債務の範囲をより広くとった経済協力開発機構（OECD）の12年暦年の見通しによると、日本は214％で、債務危機に陥ったギリシャの168％やイタリアの123％をはるかに上回っています。にもかかわらず借金をなお積み上げているのが実情です。

なぜこんなことになってしまったのでしょうか。問題は歳出と歳入の両方にあります。1997〜2012年度の一般会計予算（当初ベース）を見ると、歳出が17％増えているのに対し、税収は27％減っています。要するに歳出の切り込みが甘く、税収確保の努力も足りなかったということです。

歳出拡大の主因は、社会保障費の膨張にあります。少子高齢化の進展で年金や医療、介護の支出が増え続けているのです。社会保障費は一般会計の歳出総額の3割を占めています。その抑制を怠ってきた代償は大きかったといわざるを得ません。

もう1つは、1990年代以降の景気対策の失敗です。政府は長期停滞にあえぐ日本経済を立て直すため、公共事業の拡大を柱とする財政出動を繰り返してきました。それでもデフレを克服できず、借金だけが膨らんでしまいました。

経済の停滞は税収の減少にもつながりました。納税者である企業や個人の収入が伸びなかったからです。景気対策の一環として減税を繰り返してきた影響もあります。不況から好況に転じたときでも、企業や個人に痛みを強いる増税は先送りしてきました。

このままでは社会保障費が年1兆円程度のペースで自動的に伸び続けます。借金の返済に回す国債費も増えてしまうでしょう。これらの支出を賄う税収を確保できなければ、ますます借金に頼らざるを得なくなります。国と地方の債務残高が膨らみ、日本の財政運営に対する市場の信認が失われる恐れがあります。

日本の財政悪化はもはや放置できません。日本国債の格下げが市場の混

乱を招くような事態を回避する必要があります。債務危機に陥ったギリシャやイタリアなどと同じ轍を踏まないように、歳出・歳入両面の改革に踏み出さなければなりません。

9 日本国債の消化に不安も

「日本の財政がこれほど悪化しているにもかかわらず、欧州のような債務危機に陥らずに済んでいるのはどうしてですか」。ギリシャやイタリアなどの苦境を伝えるニュースを見聞きして、そんな疑問を抱く方も少なくはないでしょう。

それは家計の豊富な貯蓄や経常収支の大幅な黒字があるからです。おかげで日本国債の9割以上を国内の資金で消化できます。海外の投資家も「日本には資金の裏付けがあるので、国債を増発してもデフォルト(債務不履行)に至る可能性は低い」と評価してきました。ここがギリシャやイタリアなどと決定的に違う点です。

日本はそんな状態に慢心し、債務危機など来ないとタカをくくってきました。そして本格的な増税や歳出削減を先送りしてきたのです。しかし「ぬるま湯」につかっていられる時代は過ぎ去ろうとしています。日本の強みだった家計の貯蓄や経常黒字が目減りする可能性があるためです。

日本の家計は約1500兆円の金融資産を保有しています。名目GDPの3倍を超える規模です。ところが少子高齢化の進展に伴って、金融資産が減少に向かう可能性があります。退職する高齢者が増えると、貯蓄を取り崩して消費に回す動きが広がるからです。

海外との総合的な取引状況を示す経常収支の黒字も縮小傾向にあります。モノの取引状況を示す貿易収支が、震災を機に黒字から赤字に転じつつあるためです。世界経済の減速や円高で輸出が伸びず、原発事故の影響で火力発電に使う液化天然ガス(LNG)などの輸入が膨らんでいるのが原因です。

財務省の国際収支統計で見た貿易収支は、2011年度に32年ぶりの赤字に転じ、12年度上半期（4～9月）も半期ベースで過去最大の赤字を記録しました。これに伴い経常収支の黒字は11年度に15年ぶりの低水準にとどまり、12年度上半期には過去最低の水準に落ち込みました。

　製造業の海外移転で輸出が構造的に伸び悩み、原発の代替燃料の輸入拡大が長期化する恐れもあるだけに、一時的な貿易赤字では済まないかもしれません。民間エコノミストの間では、「貿易収支の赤字が定着し、経常収支もいずれ赤字に転じる」との見方が広がっています。

　家計の貯蓄や経常黒字が縮小すれば、日本国債の大半を国内の資金で賄うのが難しくなります。日本の経済運営に対する信認を高め、海外の資金を呼び込む努力が重要性を増すのです。そうした成果が挙がらないと、日本国債を発行する際の金利が上がってしまいます。今度こそ財政再建に踏み出さなければ、ギリシャやイタリアのようにはならないといいきれなくなるでしょう。

10　所得格差と世代間格差の拡大

　2つの格差問題にも触れておかねばなりません。1つは所得格差の拡大です。

　実は日本人の中流意識が大きく変わっているわけではありません。内閣府がまとめた2011年の世論調査では、自分の生活水準を「中の上」「中の中」「中の下」と考える国民の割合が合計で92％に達しました。

　ただグローバル化や市場主義の流れが強まる中で、所得格差が広がっているのは米欧と同じです。デフレに苦しむ日本では総じて所得が減っており、中間層からこぼれ落ちる世帯が増えています。

　国税庁の調査で年収300万円超～1500万円以下の給与所得者の割合を見ると、2000年の65％から、10年には58％に低下しました。年収300万円以下の割合は34％から41％に上昇しています。

起業や資産運用で大きな利益を得る経営者や投資家がいる一方で、サラリーマンやOLの収入は伸び悩んでいます。採用難で働き口が見つからない若者、アルバイトやパートの形で食いつなぐフリーターも増えているようです。住宅の購入や子どもの教育、老後の社会保障に不安を抱え、将来に自信を持てない低中所得者の増加は見過ごせない問題です。

　もう1つは世代間格差の拡大です。私たちは税金や社会保険料を支払って、年金や医療、介護などのサービスを受けています。一生を通じた負担と受益の収支を一橋大学の小黒一正准教授が試算したところ、60歳以上は4000万円の黒字、20歳未満は8300万円の赤字でした。負担と受益の不均衡が世代間で広がっているのです。

　現役世代や将来世代が高齢者の社会保障を支えることは必要です。ただ日本の世代間格差は国際的に見ても大きいといわれています。社会保障などの改革を怠り、子どもや孫の世代に過大な借金を負わせてきたツケなのです。

　こんなデータもあります。明治大学の加藤久和教授が1人当たりの国の長期債務を試算したところ、2011年に2歳になった子どもは723万円の借金を背負って生まれてきた計算になるそうです。これに対して65歳の高齢者が生まれた時点で抱えていた借金は、15万円にすぎません。

　1947～49年に誕生した「団塊の世代」の第1陣は2012年から65歳になり始めました。15～64歳の生産年齢人口の減少にも拍車がかかります。このままでは負担と受益の不均衡が拡大し、社会保障制度の存続も経済の活性化もかなわなくなってしまいます。

　日本経済の長期低迷と財政悪化に有効な対策を打てず、本当に必要な改革を先送りしてきたために、2つの格差問題は深刻さを増しています。もはや手をこまぬいていられる状況ではありません。

　ではどうすればいいのでしょうか。みなさんはもうおわかりでしょう。これまで言及してきた日本の諸問題を解決するには、経済成長と財政再建の両立を目指すしかないのです。

11　17年ぶりの消費増税へ

　ここからは経済成長と財政再建の両立に向けた日本の経済政策の課題を解説します。まず大きな動きのあった財政再建の取り組みから説明を始めましょう。

　社会保障と税の一体改革関連法が2012年8月、民主、自民、公明3党の協力で成立しました。現行5％の消費税率を14年4月に8％、15年10月に10％まで引き上げるのが柱です。民主党の野田佳彦前首相が指導力を発揮し、根強い反対論を封じてようやく財政再建への一歩を踏み出しました。

　日本が消費税を導入したのは1989年4月でした。97年4月に税率を3％から5％に引き上げるまでに8年間を要しました。そこからさらに17年間を費やし、やっと次の税率引き上げが実現します。税率1％につき2.7兆円、5％で13.5兆円の増税となります。

図表 ⑤ ───────────────── **消費増税の使途**

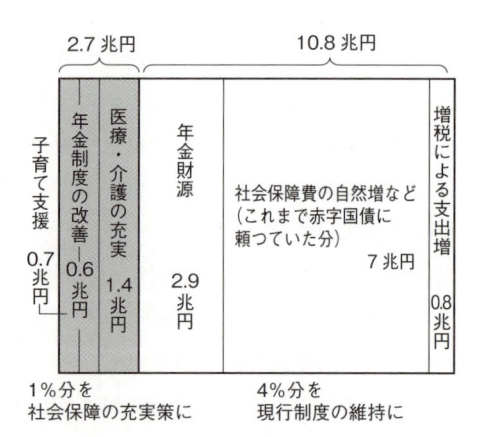

	2.7兆円			10.8兆円	
子育て支援 0.7兆円	年金制度の改善 0.6兆円	医療・介護の充実 1.4兆円	年金財源 2.9兆円	社会保障費の自然増など（これまで赤字国債に頼っていた分） 7兆円	増税による支出増 0.8兆円
1％分を社会保障の充実策に			4％分を現行制度の維持に		

注：四捨五入のため合計は一致しない
出所：2012年8月11日　日本経済新聞朝刊5面

持続可能な社会保障制度の再構築と健全な財政をともに実現するのが一体改革の狙いでした。５％の消費税率引き上げのうち４％分で今の社会保障財源の不足を穴埋めし、残りの１％分を給付の充実にあてる計画です。給付の充実には低所得者の年金加算や子育て支援などが含まれています。

　消費税は広く薄く課税するため、増税の負荷が所得税や法人税よりも小さいといわれます。所得税や法人税の税収は景気変動の影響を強く受けますが、消費税の税収は比較的安定しています。日本経済への打撃を抑えながら社会保障の財源を確保し、国債の増発に歯止めをかけるには消費増税しかないと判断したわけです。

　それでも景気にある程度の影響を及ぼすのは避けられません。大和総研の試算によると、年収500万円の世帯（40歳以上で片働きの夫婦と小学生の子ども２人）の可処分所得は、５％の消費税率引き上げで16.7万円目減りします。子ども手当の見直しや厚生年金保険料の引き上げといったすべての制度改正を反映した負担増は32.9万円に膨らみます。日本経済の致命傷になるとの見方は少ないとしても、これだけの重荷を背負う個人消費の地力が試されるのは確かです。

　1997年４月の消費増税は日本経済にどんな影響を与えたのでしょうか。増税前には住宅や自動車などの駆け込み需要が膨らみ、増税後にはその反動減が生じました。98年度の「経済白書」によれば、個人消費の駆け込み需要と反動減は２兆円規模に達したそうです。

　この消費増税が景気後退の主因だったかどうかについては、今も論争が続いています。実質成長率は97年１〜３月期の前期比年率2.9％から、97年４〜６月期にはマイナス3.7％に落ち込んだものの、97年７〜９月期には1.6％まで持ち直しました。93年11月からの景気回復局面は増税直後の97年５月で終わってしまいましたが、本格的に悪化したのは97年７月からのアジア通貨危機や、97年11月からの日本の金融危機を経た後でした。

　大阪大学の八田達夫招聘教授は、「消費税率の引き上げが日本経済の回復の芽を摘んだ」と指摘しています。一方、上智大学の中里透准教授は、「金融システムの不安定化が大きな影響を与えた可能性がある」と分析してい

ます。その結論を出すのは難しいといわざるを得ません。

　安倍政権は直近の実質成長率などを参考にして、2013年秋に消費増税の是非を最終判断する予定です。それまでに景気を確実に回復軌道に戻し、消費増税の実施につなげる経済運営が問われるでしょう。

12　一長一短の低所得者対策

　消費増税の実施までに解決しなければならない課題はまだ残っています。1つは低所得者への配慮です。生活に欠かせない食料品や日用品などは誰もが買わざるを得ないので、低所得者ほど消費増税の負担が相対的に重くなる傾向があります。こうした「逆進性」を緩和する方法をこれから詰める必要があるでしょう。

　消費税率を5％から8％に引き上げる2014年4月の時点では、「簡素な給付」を実施する方向になっています。低所得者に一定額の現金を配るという暫定的な措置です。その後は現金給付と税額控除を組み合わせた「給付付き税額控除」と、生活必需品の消費税率を低くする「軽減税率」のどちらかを検討することになります。

　給付付き税額控除は、低所得者に照準を合わせた支援を目指す制度です。社会保障と税の共通番号を導入し、国民の所得を正確に把握することが前提条件になります。ただ共通番号を活用できても、本当に支援が必要な世帯を的確に絞り込めるかどうかには疑問が残ります。番号制度が浸透している米国でも、過誤受給や不正受給が支給額全体の2割を超えるという推計があるほどです。

　軽減税率の特徴は、国民の目に恩恵が見えやすい点です。OECD加盟34ヵ国のうち25ヵ国が食料品の軽減税率を採用しており、欧州などがこの制度を長きにわたって運用してきた安心感もあります。しかし適用対象の線引きが難しく、高所得者にも恩恵が及ぶという問題が残るでしょう。飲食料品などの税率を5％に据え置いた場合、標準税率を12％まで引き上げな

ければ、同じ税収を確保できなくなるともいわれます。

どちらを選択するかは政治判断に委ねられますが、双方に一長一短があることだけは間違いありません。ばらまきの常態化につながらないように、適正な制度を設計する必要があります。

もう1つの課題は、消費増税の価格転嫁です。消費税は事業者の価格転嫁を通じて、最終的に消費者が負担する仕組みになっています。ところが大企業が下請け企業の価格転嫁を認めず、自分の会社で負担するよう求めるケースが見られます。デフレや円高に悩む大企業の値下げ圧力が強く、「1997年4月の消費増税のときよりも価格転嫁が厳しい」と見る中小・零細企業も少なくはありません。

中小・零細企業の収益が大幅に悪化するようなら、消費増税と景気回復の両立も難しくなります。企業の価格転嫁を妨げる障害を取り除かなければなりません。政府も過去の消費増税を上回る対策を講じる方針です。①中小・零細企業が価格転嫁を取り決める「転嫁カルテル」を容認する、②書面調査で大企業の下請けいじめを監視し、独占禁止法や下請法で違法行為を取り締まる、③税額を含む価格表示の方式について柔軟な対応を認める――といった措置を検討しています。

安倍政権は消費増税の影響が大きい住宅や自動車の購入支援策も予定してます。駆け込み需要と反動減が膨らむのを避けるためです。こうした課題をひとつずつ解決し、消費増税を軟着陸に導くことが重要です。

13 社会保障の抜本改革が急務

残念ながら今回の消費増税は財政再建のゴールではありません。借金拡大のペースを少しだけ緩める「止血剤」にすぎないのです。

国や地方自治体の財政運営の健全度を測る「基礎的財政収支(プライマリーバランス=PB)」という指標があります。1年間の政策経費を税収と税外収入でどれだけ賄えるかを示すものです。支出が収入を上回ればPB

は赤字、支出が収入を下回ればPBは黒字になります。日本のPBが赤字なのはいうまでもありません。

国と地方のPBの赤字は2010年度時点でGDPの6.7％でした。安倍政権は赤字の比率を15年度に半分に減らし、20年度には黒字に転換する目標を掲げています。内閣府の試算によると、消費税率を5％引き上げれば、15年度の赤字比率は半分以下の3.2％に低下します。ところが20年度も2.8％の赤字が残るので、財政再建のさらなる努力がどうしても必要になります。

IMFやOECDは日本に対し、消費税率を段階的に20％まで引き上げるよう提言しています。その水準が妥当かどうかはともかく、もう一段の消費増税がいずれは避けられなくなるでしょう。ただ財政再建の努力を増税だけに頼るわけにはいきません。増税と歳出の削減、経済成長による税収の底上げを組み合わせた不断の改革が求められます。

決定的に足りないのは、歳出削減の取り組みです。とりわけ社会保障費の抑制は甘いといわざるを得ません。少子高齢化で自動的に増える年金や医療、介護の支出にメスを入れないと、際限のない消費増税を迫られる恐れがあります。社会保障と税の一体改革関連法は成立したものの、社会保障制度の抜本改革はほぼ先送りされています。

社会保障費の効率化や現役世代の負担軽減を実現するため、高齢者にも給付の抑制や応分の負担を求めなければなりません。年金支給開始年齢の引き上げや70〜74歳の医療費の窓口負担増、生活保護の抑制などに踏み込むことが必要です。民主、自民、公明3党の合意を踏まえて設置した「社会保障制度改革国民会議」（会長・清家篤慶應義塾長）は、大胆な改革を打ち出せるかどうかが問われます。

社会保障費だけではありません。不要不急の公共事業や施設整備、ばらまき色の強い農家の戸別所得補償制度や高校授業料の無償化など、見直しを迫られる歳出はいくらでもあります。自民、公明両党が重視する震災の復旧・復興事業や全国の防災・減災事業も、本当に必要な事業を厳しく査定すべきでしょう。国会議員の定数削減や国・地方の公務員給与の削減といった「身を切る改革」も怠ってはなりません。

2011年度の「経済財政白書」は、先進国で財政再建と経済成長を両立させた51事例の特徴を分析しました。このうち36事例は歳入の増加と歳出の削減を組み合わせていたそうです。日本にとって重要な教訓を含んでいるのではないでしょうか。

　忘れてはならないのが、経済成長を通じた税収の上積みです。それができれば増税や歳出削減の痛みを少しは和らげることができます。こうした「三位一体」の努力が日本の財政再建には欠かせないのです。

14　成長戦略と金融緩和の連携

　次に取り上げるのは、経済成長を促すための政策対応です。「失われた20年」と呼ばれる長期停滞を克服するため、政府・日銀は成長戦略の策定と金融緩和の強化を繰り返してきましたが、思うような結果が出ていないのはすでに述べた通りです。日本経済を活性化しなければ、企業の利益や個人の収入は増えませんし、財政再建も進みません。

　大胆な金融政策、機動的な財政政策、民間投資を喚起する成長戦略――。安倍政権はこれら「3本の矢」で日本経済の再生を目指します。特に重視しているのが強力な金融緩和を通じたデフレと円高の克服です。政府・日銀は前年比2％の物価上昇率目標を掲げ、国債の購入などによる資金供給を拡大する方針です。

　ただ日銀が潤沢にマネーを供給しても、仲介役の金融機関が融資を増やせないと効果が乏しくなってしまいます。実際、企業や個人の資金需要が弱く、金融機関は余剰資金の多くを国債への投資に振り向けています。金融緩和はもちろん重要ですが、それだけで日本経済を活性化することはできません。企業や個人の活力を引き出す政府の成長戦略も必要です。

　安倍政権は足元の景気を下支えするため、事業規模20兆円を超える緊急経済対策をまとめました。実質成長率を2％程度押し上げる効果を見込んでいます。しかし震災復興や防災・減災などの名を借りた旧来型の公共事

業が多く、景気対策としての即効性はあっても持続性は期待できません。

　本格的な成長戦略を打ち出すのは13年６月になります。企業の活性化に重点を置き、製造業の復活を目指す「日本産業復興プラン」などを策定する予定です。

　政府はどんな成長戦略に取り組むべきでしょうか。まず成長を続ける海外の活力を取り込む政策が問われます。少子高齢化で縮む日本の市場だけにとらわれていては、日本経済は立ちゆかなくなります。海外への輸出や投資で稼ぎ、人材や資金を国内に呼び込むための環境整備が欠かせません。その要となるのが、自由貿易戦略の推進です。法人減税や円高の是正、電力の安定供給などを通じ、製造業の国際競争力も強化しなければなりません。

　内需にもまだ掘り起こしの余地があります。製造業の海外移転に伴う空洞化の影響を和らげるためにも、サービス分野などの需要拡大や雇用創出を促すべきでしょう。企業や個人の自由な行動を妨げている規制の撤廃・緩和はとりわけ重要です。株式会社の保育施設への参入促進、新薬の安全性を確認する期間の短縮などが求められます。

　イノベーション（技術革新）の促進やベンチャー企業の育成、金融市場の活性化、女性や高齢者を含めた労働力の確保なども大きな課題です。日銀が金融緩和で景気を下支えしているうちに、政府が成長力を高める施策を打ち出す──。日本経済の再生は政府・日銀の共同責任であることを忘れてはなりません。

15　待ったなしのTPP参加

　成長戦略の柱に据えなければならない自由貿易戦略について、もう少し説明しておきたいと思います。２国間や地域間で貿易障壁を削減・撤廃する「自由貿易協定（FTA）」、貿易だけでなく投資や人の移動なども含めて幅広い協力関係を築く「経済連携協定（EPA）」をどれだけ推進できる

かが課題です。

　世界貿易機関（WTO）を通じた多国間の貿易自由化交渉が膠着状態に陥っているため、世界の主要国・地域はFTAやEPAに活路を求めようとしています。ところが日本はこの競争に出遅れてしまっているのです。

　日本は13ヵ国・地域とFTAやEPAを締結しています。これらの締結国・地域との貿易額（輸出額と輸入額の合計）は、日本の貿易総額の19％を占めています。米国は38％、韓国は35％、欧州連合（EU）は32％で、日本を大幅に上回っているのが実情です。日本では農産物の自由化や人材の受け入れなどへの反発が強く、交渉のネックになっているのです。

　しかし自由貿易戦略の出遅れは、円高の定着や高い法人税などと相まって、日本企業の国際競争力を低下させる要因になっています。アジアなどの旺盛な需要を取り込み、日本経済の成長力を高めるには、FTAやEPAの拡大が不可欠です。

　緊急性が高いのは環太平洋経済連携協定（TPP）交渉への参加でしょう。TPPは米国を中心とするアジア太平洋地域の11ヵ国が集まり、関税障壁の原則撤廃といった高いレベルの貿易自由化を目指す協定です。モノの輸出入だけでなく直接投資や技術移転、サービス貿易、人の移動なども活発化する狙いがあります。交渉が妥結すれば、人口で7億人、GDPで20兆ドルの自由貿易圏ができあがります。

　TPPは先進国型の自由貿易のスタンダードを米国主導でつくる試みといってもいいでしょう。中国などの新興国に貿易自由化を求める際のひな型にするという意味合いもあるのです。

　日本は2011年11月に交渉参加に向けた協議を始めると宣言しました。ところが農業や医療などへの影響を懸念する反対勢力が障害となり、交渉参加を正式に表明できずにいます。安倍政権も反対勢力への配慮から、TPPにあいまいな態度をとり続けています。12年11月の米大統領選が終わり、オバマ米政権がTPP交渉を加速するとの見方も出ています。日本の交渉参加が遅れれば、TPPのルールづくりに加われず、不利な条件をのまされる恐れもあります。

日本はTPP交渉に早く参加すべきです。国内の反対を恐れて決断をためらっていたのでは、成長のチャンスを逃すことになりかねません。農業などへの影響はある程度覚悟しなければなりませんが、むしろ集約化などの改革を進める好機ととらえてもいいのではないでしょうか。

　もちろん日中韓のFTA交渉や、日中韓を含む16ヵ国の東アジア地域包括的経済連携（RCEP）交渉なども同時並行的に進めていく必要があります。国内を説得する政治力と、交渉を成功に導く外交力が試されます。

16　急がれる法人課税の軽減

　成長戦略の要として世界が競い合っているのはFTAやEPAだけではありません。もう1つの柱が法人課税の軽減です。財政再建に取り組まなければならない日本では、消費増税だけでなく所得税や相続税の課税強化も予定されています。ただ企業の活力を引き出し、日本経済の成長基盤を強化するために、法人課税については軽減の方向を示すべきでしょう。

　日本も2012年度には法人税率を13年ぶりに引き下げました。国税と地方税を含めた法人課税の実効税率は40.69％から35.64％に下がりました。ただ震災の復旧・復興費を賄う臨時増税を企業にも求めるので、12〜14年度の実効税率は38.01％となります。減税がフルに効いてくるのは15年度以降というわけです。

　世界を見渡すと、25〜30％程度まで下げている国・地域が少なくありません。財務省の資料によると、ドイツは29％、フランスは33％です。アジアは特に低く、韓国は24％、シンガポールは17％にすぎません。企業の活性化を目的とした法人減税競争が起きているのです。

　英国のキャメロン政権は、現行26％の法人税率を14年に21％まで引き下げる方針を表明しました。先進国の中で最も法人税の負担が軽い国を目指すのだそうです。オズボーン財務相は「多岐にわたる税制見直しで英国の競争力を高める」と話しています。

米国ではオバマ政権が連邦法人税の最高税率を35％から28％に引き下げ、製造業については25％以下に抑える構想を打ち出しました。今の法人課税の実効税率は40％を超えていますが、大胆な軽減を通じて製造業の国内回帰を促す考えです。

　手をこまぬいてはいられません。日本ももう一段の引き下げに動く必要があります。主要国並みの25〜30％を最終的な目標に据え、段階的な軽減策を検討した方がいいでしょう。大胆な法人減税を公約した安倍政権の具体策が問われます。

　取得、保有、利用の3段階にわたる自動車課税の簡素化も避けて通れません。海外に比べて購入者の負担が重く、消費税との二重課税問題も指摘されています。政府は保有段階にかかる自動車重量税の軽減に踏み切りましたが、14年度からの消費増税に合わせて課税のあり方を抜本的に見直さざるを得ません。景気対策と環境対策の両面を考慮しながら、最適の方法を探ってほしいと思います。

　これまで述べてきたように、経済成長と財政再建の両立を迫られる日本の課題は山積しています。政府・日銀の不作為はもちろん許されませんが、企業や個人が自らの力で前に進む努力も欠かせないでしょう。

2. 年金・社会保障制度のポイント

1 社会保障制度とは何か

　社会保障とは、「国民の生活の安定が損なわれた場合に、国民にすこやかで安心できる生活を保障することを目的として、公的責任で生活を支える給付を行うもの」とされています。これは政府の審議会である社会保障制度審議会が1993年にまとめた報告書の一節です。

　もう少し簡単にいうと、病気になったり、失業したり、高齢で働けなくなったりしたときに、国がつくった制度によって国民を助ける仕組みだといえます。もっと具体的にいうと、年をとったら年金が出ます。病気になると健康保険で治療を受けることができます。こういう仕組みが社会保障なのです。

　このほか、介護が必要な状態となったときのための介護保険、失業した人のための雇用保険、業務中の事故でけがなどをした人のための労災保険、病気などで働けなくなって収入が途絶えたときのための生活保護などがあります。

　人口の高齢化、景気の低迷、家族の機能の低下などで社会が不安定化している今、社会保障制度はますます重要になっています。その一方で、社会保障に膨大な費用がかかっています。この財源をどう工面するかが大きな問題です。政府は2012年、消費税率を14年4月から8％に、15年10月から10％に引き上げる法案を国会に提出し、成立させました。これはまさに社会保障の財源を賄うための増税であり、だから「社会保障と税の一体改革」と呼ばれるわけです。

2 社会保険とは何か

　社会保障という言葉と並んで社会保険という言葉が時々使われます。これはどういう意味なのでしょうか。

　社会保険とは、人々がお金（保険料）を出し合って病気などのリスクに備える仕組みです。私たち国民は年金保険料や健康保険料を毎月支払っており、この社会保険料を払っているからこそ、もしものときに給付が受けられるという関係になります。これを社会保険方式もしくは社会保険料方式と呼びます。ただし、財源は社会保険料だけではなく、税金が投入されている場合も多くあります。たとえば、高齢者がもらっている国民年金は半分は保険料が財源ですが、もう半分は税金で賄われています。

　保険ならば民間の会社でもできると思われるかもしれませんが、国民全員を強制加入にしたり、税金を投入したりというのは国でなければできない仕組みです。

　年金や健康保険とは違い、生活保護などは税金だけで運営されています。生活保護は生活に行き詰まったときの最後のよりどころなので、保険料を払わないと給付が受けられないといった仕組みにはなりません。生活保護のような仕組みを税方式とも呼びます。

　このように日本の社会保障制度は、社会保険方式と税方式の2つで成り立っています。

3 公的年金の仕組み

　日本の社会保障制度について、年金制度から詳しく見ていきましょう。

　日本の公的年金制度は社会保険方式です。現役時代に保険料を毎月こつこつと支払えば、高齢になったときに年金が受け取れます。こういう風に書くと、自分の保険料を積み立てておいて、それを老後に受け取る方式（積

み立て方式)のように思うのですが、そうではなく、現役世代が高齢世代を支える世代間の助け合い方式が基本です。現役世代が支払う保険料がそのまま年金となって高齢者の手に渡るのです。賦課方式とも呼びます。ただ正確にいうと、厚生年金や共済年金は保険料だけが財源ですが、国民年金の財源は半分保険料、半分税金となっています。

　かつては、高齢者が少なかったこともあり、その年に高齢者に支給する年金の分よりも多くの保険料を集めていました。余った分は公的年金全体の積立金として蓄えられました。この積立金が現在も120兆円(2010年度末)ほどあります。この積立金は数十年かけて取り崩していく計画ですが、それまでは運用して少しでも増やそうとしています。積立金やその運用益は、年金財政を少しでも楽にするために使われます。

4　公的年金の概要

　公的年金制度の形も説明しておきましょう。日本の公的年金は2階建てといわれます。まず20歳以上の全国民に共通する年金として国民年金があります。基礎年金とも呼びます。国民年金には20歳以上60歳未満の国民全員が加入して保険料を払います。

　国民年金に上乗せする年金として厚生年金、共済年金があります。それぞれ会社員、公務員のための年金制度です。要するに勤め人(サラリーマン・サラリーウーマン)のための年金です。勤め人は給料から厚生年金保険料や共済年金保険料が天引きされます。

　たとえば、大学に入った人の場合、20歳になったときから国民年金保険料を払います。そして就職して会社員になったら月給やボーナスから厚生年金保険料が天引きされるようになります。厚生年金保険料の中には国民年金分の保険料も含まれています。学生から自営業者となったときは、そのまま国民年金保険料を払い続けます。

　国民年金にしか入らない学生や自営業者を第1号被保険者、厚生年金や

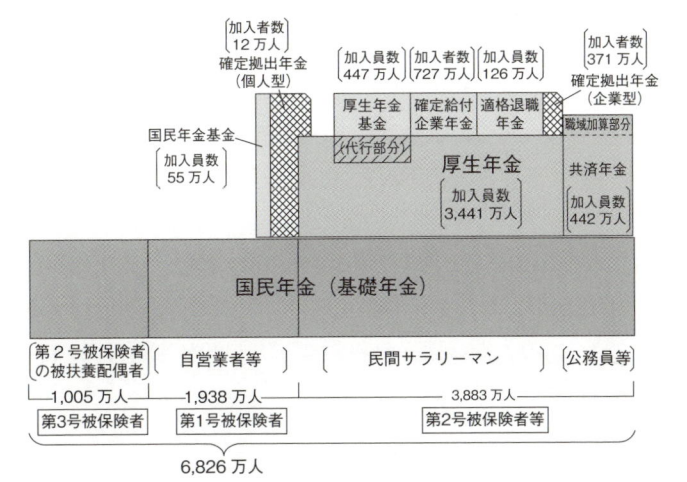

年金・社会保障制度のポイント　　日本経済の論点　Ⅲ

図表 ①　年金制度の概要

	加入者数 12万人 確定拠出年金 （個人型）	加入員数 447万人 厚生年金 基金	加入者数 727万人 確定給付 企業年金	加入員数 126万人 適格退職 年金	加入者数 371万人 確定拠出年金 （企業型）	
国民年金基金 加入員数 55万人		（代行部分）			職域加算部分	
		厚生年金 加入員数 3,441万人				共済年金 加入員数 442万人
国民年金（基礎年金）						
第2号被保険者 の被扶養配偶者	自営業者等		民間サラリーマン			公務員等
1,005万人	1,938万人		3,883万人			
第3号被保険者	第1号被保険者		第2号被保険者等			

6,826万人

注：厚生年金基金、確定給付企業年金および私学共済年金の加入者は、確定拠出年金（企業型）にも加入できる。
　　国民年金基金の加入員は、確定拠出年金（個人型）にも加入できる。
　　適格退職年金については、2011年度末までに他の企業年金等に移行。
　　第2号被保険者等は、被用者年金被保険者のことをいう（第2号被保険者のほか、65歳以上で老齢または退職を支給事由とする年金給付の受給権を有する者を含む）。
　　数値は平成23年3月末

出所：厚生労働省資料

共済年金に入る勤め人を第2号被保険者と呼びます。勤め人に扶養される配偶者は第3号被保険者と呼びます。多くの場合、会社員の夫を持つ専業主婦の妻です。

　この第3号被保険者は自営業者や学生と同じく国民年金にしか加入しないのですが、基本的に収入がないと見なされるので、保険料を負担する必要がありません。加入手続きは必要なのですが、保険料は払う必要がなく、年金はもらえるのです。この人たちの分の保険料は、第2号被保険者全員で負担する仕組みになっています。

　保険料を原則25年以上支払った人に年金を受け取る権利が発生します。そして国民年金や厚生年金、共済年金は基本は65歳から支給されます。ただし厚生年金や共済年金はこれまで60歳からの支給が原則で、2025年度までに徐々に支給開始年齢を65歳に引き上げようとしているところなので、今はまだ60代前半からもらえます（女性の厚生年金加入者だけはこのスケ

ジュールよりも5年遅れで引き上げ)。

　年金額ですが、国民年金は保険料を払った月数に応じて変わります。40年払えば満額で、2012年度時点で、その額は月約6万5000円、厚生年金は平均収入のサラリーマンが40年制度に加入した場合で月約10万円です。会社員は国民年金ももらえるので合計すると月16万円強となります。妻の分の国民年金を合わせると夫婦世帯ならば月20万円以上となることが珍しくありません。

　保険料は国民年金の場合で月1万4980円（2012年度）、厚生年金は給料の16.766％（2012年9月から1年間の料率）で、このうち半分は会社の負担です。月給30万円の人ならば保険料額は5万298円で、会社員本人と会社がそれぞれ半分ずつ負担します。

5　少子高齢化にどう対応するか

　年金制度の最大の課題は、少子高齢化に対応できるのかどうかという点です。先ほども述べた通り、年金制度は世代間の助け合い方式（賦課方式）なので、高齢者が増え、若い世代が減ると、大変厳しいことになってきます。若い人ほど、「自分たちが年をとったときには年金はもらえないのでは」という不安も強まっています。厚生年金は給料天引きで保険料が強制的に徴収されますが、国民年金は加入者が自ら保険料を納める方式なので、払わない人が増えています。

　国民皆年金という言葉があります。これはすべての国民が老後には年金がもらえるように年金制度に加入している状態を指す言葉です。日本はこれまで社会保険方式で国民皆年金を目指してきたわけですが、以上のように、保険料を払わない人が多数出てきているわけですから、国民皆年金という実態は有名無実化している、現実には崩壊しているのではないかという状況になってきています。

　そこで、国民年金については保険料方式ではなく、財源をすべて税金で

賄う税方式にしてはどうかという議論があります。日本国民は原則として所得があれば所得税や住民税などを払っています。物を買えば消費税もとられています。この税金を財源にして年金を払ってしまおうというのが税方式です。これで国民年金の保険料未納問題は解決します。しかしすべて税金で賄うので、当然それだけたくさんの税金がいるということにもなります。

2008年、政府は有識者らでつくる社会保障国民会議を設置し、年金制度などを中心に日本の将来の社会保障制度をどうするかについて議論しました。その中でも、税方式か保険料方式かという話は議論されました。国民年金を全額税で賄う方式にした場合、方法にもよるのですが、消費税率に換算して15年度の時点で新たに3.5～12％もの税金が必要とのシミュレーション結果も公表されました。

12年に決まった消費税増税の議論の中では、国民年金を税方式にしようといった論点はほとんど出てきませんでした。現在の社会保険料が主で、そこに税金で補助しているだけでも膨大な税金が必要になっており、さらに消費税率の引き上げが必要になる税方式など考えることもできなかったのです。

現在の方式から税方式に移行する際にも複雑で面倒な問題が起こります。このようなことから国民年金を税方式に移行しようという議論は、下火になってきています。

6　給付と負担のバランスをどうとるか

年金制度は働いている人が生み出した富の一部を、働けなくなった高齢者に分配する仕組みです。どんな分配をしてバランスをとるかが重要です。現役世代が生み出す富が大きくなれば、高齢者にも回しやすくなるので、それこそが年金制度を安定させる究極の方策といえるかもしれません。

公的年金のバランスのとり方については、実は2004年の年金制度改革で

一応の結論は出ています。保険料については、厚生年金でいうと、現在給料の約17％の保険料を17年までかけて18.3％に上げていく計画となりました。国民年金は現在、月約１万5000円の保険料が17年には１万6900円（物価や賃金の変動で上がる可能性あり）になります。これらの財源の範囲内でバランスさせるので、年金支給は30年ほどかけて今の水準より２割程度切り下げていく計画です。
　年金制度に40年加入した平均給料の男性会社員と専業主婦の妻という世帯が受け取る年金額が、現役男性会社員の平均手取り賃金に対してどの程度あるかを示す比率を「所得代替率」といいます。09年度でこの比率は62％あるのですが、徐々に切り下げ38年度に50％となり下げ止まる見込みです。
　これまでは現役世代が豊かになれば、その分年金も増やしてきました。具体的には現役１人当たり手取り賃金の伸び率と同じだけ年金額も増やしてきたのですが、今後は現役世代人口の減少分や、平均寿命が延びる分をそこから差し引いて、伸びを抑えることになりました。マクロ経済スライドという方式です。
　保険料を上げ、マクロ経済スライドによって給付を抑えることにより、計画上は年金制度は大丈夫ということになっています。少子化の状態がさらに進み、経済成長が予想より鈍化するという前提に立っても、今より３割ほどの支給水準の削減で落ち着く試算です。保険料は上がり、支給水準は下がりますが、破綻するという姿からはほど遠いのです。
　ただし、このマクロ経済スライドにも大きな問題があります。この仕組みは物価が下がっている状況下では発動できない仕組みになっているのです。また、1999年から2001年にかけて物価が下がっていたので、本来ならこれに連動させて年金額も引き下げなければいけないところを特例として据え置いた期間があり、現在支給している年金は本来水準よりも高くなっています。マクロ経済スライドはまずこの特例分だけ年金額を下げないと発動できない仕組みにもなっているのです。要するにマクロ経済スライドはまだ発動できていないのです。

年金額の特例分は15年度までに徐々に年金額を引き下げて解消することがやっと決まりました。マクロ経済スライドという仕組みができて10年以上経ってからやっと動き出す見通しなのです。すでに当初の計画通りには年金支給額の抑制が進んでいないので、今後は予定よりも大きな抑制策をとらないと給付と負担のバランスがとれないかもしれません。

7　民主党の新年金制度案

　2009年の総選挙で民主党が政権をとりました。この政権交代の原動力の1つが年金問題でした。自民党・公明党の政権時代に起きた年金記録問題など、民主党はずさんな年金制度の運営を徹底的に攻め、新たな年金制度をつくると公約に掲げて選挙に勝ったのでした。

　新たな年金制度とは、国民年金、厚生年金、共済年金に分かれている年金制度を一本化するというものでした。すべての国民は同じ制度に加入し、収入に応じた保険料を払い、払った保険料に応じた年金を受け取れるようにするとの案です。払った保険料が少なくて年金が少額にしかならない人には月7万円程度の額を保障するという最低保障年金の仕組みも取り入れるとしました。

　ただ会社員と自営業者の所得をどう公平に把握するのかなど制度の一本化には課題が山積みです。また民主党案は制度の形を変えることにこだわり、給付と負担のバランスのとり方にはあまり言及していないなどの問題もありました。このため、民主党政権下でも新制度創設の議論はほとんど進みませんでした。社会保障と税の一体改革関連法案が2012年に成立した際、民主・自民・公明は再び有識者による社会保障国民会議をつくって、この問題を含め改めて議論することにしました。専門家の間では、民主党が主張する新制度の創設は難しいという見方が強まっています。

8 賦課方式か積み立て方式か

　現在の公的年金は、現役世代が払う保険料が原則的にそのまま高齢者の年金になる賦課方式（世代間助け合い方式）です。これに対して、積み立て方式というものがあります。自分の年金は自分で積み立てるというものです。若いときから一定額ずつ積み立てていき、それを運用して、その元利合計を年金原資としてある年齢に達してから受け取るのです。
　この賦課方式か積み立て方式かも、よく議論になるところです。2012年末の総選挙は前回選挙と違って、年金はあまり争点となりませんでした。ただ一部の政党は、積み立て方式を導入すると公約に掲げました。
　若い人が多くて年寄りが少ないというピラミッド型の人口構成であれば、賦課方式、つまり世代間助け合い方式で何の問題もなく運用できたのですが、現在のように若い人が減り、お年寄りが増えた逆ピラミッド型になると、賦課方式の維持は難しいといわれます。
　しかし、積み立て方式は自分で積み立てていって運用して、将来元利合計を受け取るというものですから、その運用に失敗する危険性があります。運用に失敗すれば、予定していた年金が減ったり最悪の場合はなくなってしまうことになります。また、積み立てていく間に、激しいインフレが起こった場合には、せっかく積み立てたものの価値ががくんと減ってしまう恐れもあります。年金は受け取るまでに30～40年も積み立てていく仕組みなので、その間に何が起こるかわかりません。
　それに対して賦課方式、世代間助け合い方式は、そのときの現役世代が生んだ富を配分するわけですから、インフレでも積み立て方式よりもうまく対応できます。
　賦課方式より積み立て方式のほうがよいとして、制度を移行させようとすると、実は大変な問題も起こります。積み立て方式では現役世代の人たちは自分の老後のために一定額を自分で積み立てていくことになります。その一方で、今のお年寄りに払っている年金はどうするのかという問題が

起きます。現役世代が支払わないようになるとお年寄りの年金がなくなってしまうというパニック状態になります。

今制度を積み立て方式に変えようとすると、現役世代の人々は自分の年金を積み立てると同時に、高齢者に給付している年金の財源も払わなければならないという、「二重の負担」になるわけです。こういう面から賦課方式から積み立て方式への移行についても専門家の間では現実的ではないという声が優勢です。

9　大局的、複眼的な視点で考える

先に述べたように、年金制度にとって一番大切なのは、現役世代が生み出す富をできる限り大きくしていくことです。それには大きな要素が2つあります。1つは生産する人を増やすことです。要するに少子化にストップをかけることです。政府の推計によれば将来的に人口は減っていくのですが、これから打ち出す少子化対策によって、子どもを産み育てやすい環境をつくれば、見込みよりも子どもが増えて予測と違う未来が開ける可能性もないわけではありません。

もう1つは生産性を上げ、経済を安定的に成長させることです。規制緩和や成長産業の育成などによって日本経済を活性化させ、富を増やせば、そんなに無理をしなくてもそれなりの年金を高齢者に回すことも可能です。

年金制度はもういらないという声も最近よく出てきているようですが、否定的な意見をいうばかりでは仕方がありません。安定した経済成長を続けるための努力と、子どもが生まれにくい現実を克服する努力などによって、年金制度は自動的に安定していく面があるのは確かなのです。

10 企業年金にも課題

　公的年金のほかに、企業年金というものがあります。その名の通り、企業が従業員のために実施する制度です。企業によって導入しているところと、そうでないところがあります。企業年金がある企業に勤めた人は、老後に国民年金、厚生年金に加え、企業年金ももらえることになります。

　企業年金は従来、将来の年金額をあらかじめ決めておく確定給付という方式が大半でした。この方式の代表的な企業年金が厚生年金基金と呼ばれるものでした。この企業年金はややこしいことに、公的年金である厚生年金の一部を取り込むという複雑な形でした。

　具体的には、企業は国に納めるべき厚生年金保険料の一部を実際には納めません。納めなかった保険料にさらに企業独自の保険料を上乗せして、それを財源としてつくったのが厚生年金基金です。厚生年金基金がある企業で勤めていた人は、老後にもらう厚生年金の大部分は国から支給されますが、残りの一部は勤め先の厚生年金基金から支給されることになります。

　国に代わって厚生年金基金が支給する厚生年金は「代行部分」と呼ばれます。厚生年金基金は「代行部分」とさらに企業独自の上乗せ部分を加入者に支給する仕組みです。ゼロから企業年金をスタートさせるのは、企業も大変だろうということで、厚生年金保険料の一部を「種銭」として使ったのです。代行部分を持たない確定給付型の企業年金もあります。

　確定給付方式は運用に失敗したときに企業が損失分を補填しなければならなかったため、企業の負担が大きかったのです。株価の低迷などで年金運用が低迷し、企業はその穴埋めもできなくなり困るケースが増えました。

　こういう状態につけ込んだのが、2012年に発覚したAIJ投資顧問による詐欺事件です。AIJは予定した運用利回りを挙げることができずに苦しんでいた厚生年金基金と契約し、その資産を預かり、あり得ない高利回りを約束していたのですが、実際にふたを開けてみると、資産がなくなっていたわけです。この事件でいくつかの厚生年金基金は破綻に追い込まれまし

た。

　確定給付型は企業の負担が重いので、従業員個人が自分の積立金を自分の責任で運用する企業年金が出てきました。これが確定拠出年金（米国の似た制度の名前を使って「日本版401k」といわれることもあります）です。給付のほうを確定するのでなく、毎月の拠出、掛け金のほうを確定するので確定拠出年金といいます。確定拠出年金では、運用に失敗し受け取る年金額が減っても、従業員は誰にも責任を押しつけることができません。企業年金は、確定給付方式から確定拠出方式に徐々に移行しています。

11　医療・介護も巨大化

　日本の社会保障制度から1年間に国民に支給されている金額は、103兆円（2010年度）に及びます。この半分は年金です。年金に次いで多いのが医療で約3割を占めます。次いで介護の1割弱です。医療・介護制度についても概況を見ておきましょう。

　日本の医療費の多くは、公的な医療保険制度を通して支払われています。公的医療保険も職業や年齢によって加入先が異なります。会社員であれば健康保険です。勤め先が大企業の場合、本社やグループ企業の従業員とその家族を対象にした健康保険組合に入ることが普通です。自前で健康保険組合をつくれない中小企業などに勤める人やその家族は、政府がつくった全国健康保険協会（協会けんぽ）の健康保険に入ります。公務員は共済組合です。自営業者やその家族は国民健康保険に入ります。75歳以上の高齢者は職業にかかわらず後期高齢者医療制度に入ります。

　これらの制度に加入し、保険料を払っていれば、医療機関で保険証を見せるだけで、患者はかかった医療費の原則1～3割を負担するだけで済むようになるのです。

　健康な人はあまり気にしていないでしょうが、医療には大変なお金がかかります。何百万円もかかる治療や手術はいくらでもあります。そんな費

用を多くの人が自分で賄うことができるでしょうか。そのために国民全員で保険料、税金を出し合って、万が一のときに備える公的医療保険があれば安心できます。ただし、100万円かかると3割負担でも30万円の支払いとなり相当な額になりますので、高額療養費制度という仕組みも備えています。この仕組みがあることで、100万円の医療費がかかっても10万円ほどしか負担しなくてよいことになります（一般所得の人の場合）。このように、すべての国民が安心して医療にかかることができるためにも医療保険制度はどうしても必要なものなのです。

しかし、長引く不況や非正規の雇用が増えたことで、国民の収入が伸び悩み、減る人も増えている状況です。病気のため長期にわたって高額な薬を使うような患者は、高額療養費制度があっても医療費の負担が重くのしかかる状況となっています。低所得者のためのきめ細かな負担軽減の仕組みなどが必要になっているのですが、その財源が見当たらず、制度改革が進まない状況です。

人口の高齢化が進み、医療費全体が増え続けていることも問題です。特に後期高齢者医療制度の財源をどう賄うかが課題です。高齢者自身も保険

図表 ② ───────────── わが国の医療制度の概要

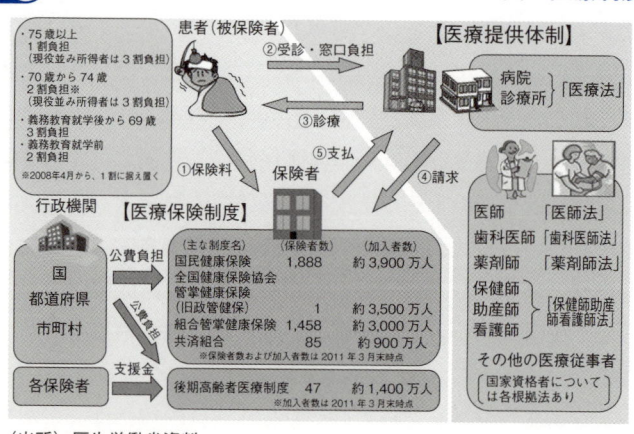

（出所）厚生労働省資料

料を負担しているのですが、それだけでは到底足りず、現役世代がある程度かぶらざるを得ません。どのような形で現役が負担するのが合理的かという議論も続いています。医療費が野放図に増えないような仕組みも必要だとされていますが、国民に痛みを強いることになる給付の抑制についての議論はなかなか進まないのが現状です。

介護保険制度は、原則として65歳以上で要介護認定を受けた人、すなわち「あなたの身体の状態からすると介護が必要」という認定を受けた人に対して、介護のサービスを給付する制度です。受けた費用の1割を利用者が負担すればよい制度です。

2000年に始まった介護保険制度は、認定を受けてサービスを利用する人が400万人（2010年）に達しています。今後ますます利用者が増えることが必至です。それに伴い介護保険料や必要な税金が増えていきます。ここでも給付と負担のバランスをどうとるかが問われています。

財源問題以外にも介護従事者の給料が低く、離職率も高いため、人材が集まらず、いつまで経っても質の高い十分な量のサービスが提供できていないという問題もあります。

図表 ③ 介護保険制度の仕組み

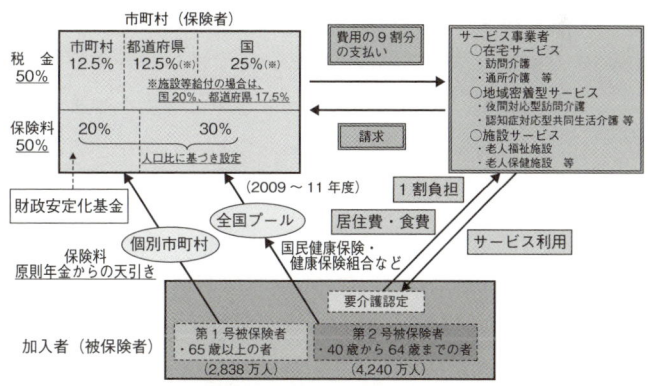

税金50%
- 市町村 12.5%
- 都道府県 12.5%（※）
- 国 25%（※）
- ※施設等給付の場合は、国20%、都道府県17.5%

保険料50%
- 20%
- 30%
- 人口比に基づき設定
（2009〜11年度）

費用の9割分の支払い → サービス事業者
- ○在宅サービス
  ・訪問介護　・通所介護　等
- ○地域密着型サービス
  ・夜間対応型訪問介護
  ・認知症対応型共同生活介護　等
- ○施設サービス
  ・老人福祉施設
  ・老人保健施設　等

請求

1割負担
居住費・食費
国民健康保険・健康保険組合など
サービス利用

財政安定化基金
全国プール
個別市町村

保険料 原則年金からの天引き

要介護認定

加入者（被保険者）
- 第1号被保険者　・65歳以上の者（2,838万人）
- 第2号被保険者　・40歳から64歳までの者（4,240万人）

（注）第1号被保険者の数は、「介護保険事業状況報告（暫定）（2009年4月末現在）」による。
第2号被保険者の数は、社会保険診療報酬支払基金が介護給付費納付金額を確定するための医療保険者からの報告によるものであり、08年度内の月平均値である。

（出所）厚生労働省資料

12 混合診療って何？

　時々、医療の財源問題に関連して「混合診療を解禁せよ」という議論が起こります。これについて少し解説しておきましょう。
　医療費が増え、その財源として健康保険料や税金の投入がどんどん増えているわけですが、すべて公的な医療保険制度でカバーするからこういうことになるのだという議論があります。ここで混合診療問題というものが出てきます。
　これは、公的保険が対象とする医療と公的保険の対象外の医療を併用してもよいことにしてはどうかという議論です。現在は、原則として一連の治療の始まりから終わりまでのすべてを公的保険で受けるか、もしくはすべてを保険外の自費診療で受けるかという選択しかありません。
　具体的にいうと、患者が病院に行ったときに、ここからここまでは保険の対象ですが、この先は保険外で負担してもらいますというシステムにはなっていないのです。このルールを撤廃しようというのが、混合診療の解禁議論です。国の財政も厳しいし、国民からとる税や保険料を増やすのもなかなか厳しいので、公的に保障する範囲を縮めて、自助努力で責任を持ってもらう範囲を増やせばよいのではないかという考え方です。
　公的保険の対象部分は国が値段も決め、安全性も審査するという具合に規則でがんじがらめで、民間の創意工夫もなかなか生かせません。混合診療を解禁すれば、公的保険外の部分で新たなサービスなども活発になり、経済成長にも寄与するという考えです。
　この論理も一理ありますが、この場合の問題としては、これ以上は公的保険では賄えませんといわれた先の治療費がかなり高額になってきたとき、誰もが払えるわけではないという点です。つまり、所得によって受けられる医療に格差が生まれるという状態が出てくるのです。医療技術は日進月歩で、日々さまざまな手術法や検査、薬などが出てきています。現行制度では新しい技術が開発されて、その有効性や安全性が認められて広く

普及し始めたら、健康保険の対象に組み込まれます。

　しかし、混合診療を解禁すると、新しい技術の部分は自費で賄ってくださいとなる可能性があります。今よりもより有効で、より安全で、よりよい技術は、お金を持っている人しか受けられないことになり、お金のない人は公的保険の最低限の医療しか受けられないことになるかもしれません。また、公的保険外のサービスについては、まったくの自由となるので、安全性に問題のある医療サービスが横行するといった心配もあります。

　そんな事態は避けたいというなら、公的医療保険を充実させることになるのですが、そのためには健康保険料や税金がもっと必要となってしまうわけです。どうやってその財源を調達するかが非常に大きな課題となってくるのです。

　混合診療をめぐっては、日本では認められておらず、保険適用にもなっていない薬を使いたいというがん患者などから提起された問題もありました。今の制度では、治療の一部に保険適用外の薬を使うと、その治療全体が保険外、すなわち全額自費となってしまうためです。

　ただし、現在の制度でも例外的に混合診療を認める仕組みがあります。開発されたばかりの高度な手術法や薬については、一定の条件を満たしたものであれば、その部分だけを患者の自費にして、残りの治療には保険を適用する仕組みです。今のところ厚生労働省は、この例外的制度の拡充によって提起された問題に対応しようとしています。

13 生活保護も急増中

　2008年のリーマン・ショック後、企業が人件費負担を嫌って、派遣やパートなど非正規雇用に切り替える動きが強まりました。労働者は契約が切れた後、もしくは契約途中で解雇されたりした後、職をなくすケースが増えました。企業の寮から追い出されて住むところもないといった人も出てきました。現役世代で生活保護を受ける人が増え始めたのです。高齢者で

年金がなく、生活保護を受ける人も以前から数多くいます。

このような状況を背景に2011年ごろから戦後の混乱期を超えて、生活保護を受ける人が過去最多を更新し続けています。保護費の負担が自治体財政に重荷となっていることから、生活保護についての費用を抑制することが課題となっています。きめ細かな支援で働ける人には働いてもらえるように誘導する方策などが検討されています。

実は保護費の半分は医療費です。このことから生活保護者が安易に医療機関を受診できないような仕組みをつくるべきだといった声や、扶養家族の審査を厳格にして、家族にできるだけ養ってもらうべきだといった声が高まっています。ただ、むやみに抑制策を強化すれば、本当に保護が必要な人に救いの手が届かなくなるといった懸念も出ています。

14　米国型をとるか、欧州型をとるか

最後に、給付と負担の話をもう一度します。社会保障制度は国民の生活に必要不可欠な制度です。今、それを安定させ、充実させて、維持していくのかどうかが問われる転換点に来ています。国民の誰もが安心できる制度をつくるためには、税金で負担するのか社会保険料で負担するのか、どちらにしても、それなりの負担が必要となります。

一方、そうではなくて、国の関与する部分はかなり限定的でよい、税金や社会保険料などこれ以上の負担はまっぴらごめんだという意見もあると思います。その代わり、こちらを選ぶと、所得のない人が病気になったり、年をとったりしたときには、医療も介護も満足に受けられないし年金もあまりない、ということになるかもしれません。

よく用いられる例に、米国があります。米国は国の関与を最大限減らそうとしている社会です。社会保障制度は最小限のレベルでよいと考えている国です。年金制度はありますが、国民全員が入る公的な医療保険制度はありません。無保険状態の人もたくさんいます。病院に担ぎ込まれても、

まず保険に入っていますかと尋ねられ、保険に入っていなければ最低限の治療だけか、最悪の場合は追い返されます。そこで米国民は民間保険会社が提供する医療保険に入るわけですが、民間企業は利益を挙げることを考えますから、たくさん制限をつけてなかなか給付が出ないようにしています。ちょっと風邪をひいたからといって保険証を持って近所の病院に行くことはできないわけです。その代わり、税や社会保険料の負担は比較的低くなっています。

　一方、欧州に目を転じると、フランスやドイツ、スウェーデン、デンマークなどの国では社会保障制度を充実させて、国民がそれなりの負担をするという方向にあります。特に、北欧の国々は社会保障制度のために非常に高い保険料や税金を負担して、老後や病気になったときに安心して給付を受けられるシステムをつくっています。

　日本の制度は、もともとドイツの社会保障制度をまねて構築されてきましたから、どちらかといえば欧州型に近いのですが、近年、税金や社会保険料の負担がこれ以上増えるのはだめだという議論が強まって、米国型と欧州型のどちらの方向にいくのか、岐路に立っています。2015年には消費税率を10％まで上げるための法律が成立したわけですが、日本は膨大な借金を抱えており、まずこれを解消しなければなりません。消費税率を5％上げた程度では充実した社会保障制度を構築するところまではいかないのです。さらなる負担増も視野に入れるのか、国民一人ひとりが考えることが必要です。

3. 地域経済に何が起きているか

1 地域間格差——政府の是正策にも限界

　「格差社会」という言葉が定着する中で、都市部と地方との財政力格差の問題も深刻化しています。このため、政府は2008年度予算から地域間格差の是正策を盛り込み、本格的な対策に乗り出しました。しかし、いまだに根本的な解決には至っていません。

　地方税収が地域間でいかに偏在しているかを見てみましょう。図表1は都道府県別の人口1人当たりの地方税収額を、全国平均を100として指数化し、上位10自治体、下位10自治体を並べたものです。それによると、地方税収計で最大の東京都（165.6）と最小の沖縄県（64.8）で2.6倍の格差があります。全国平均（指数100）以上の自治体は東京、愛知、大阪など5都府県にすぎません。これは都市部への税収の偏りが顕著であることを示しています。逆に指数が最も低いのが沖縄、次いで秋田、長崎などの順です。下位10県をブロック別に分けると、九州が5県、東北が3県、四国と中国が各1県となります。

　税目別では、最も格差が大きいのが法人2税（法人事業税と法人住民税）の5.4倍、最も小さいのが地方消費税の2.0倍です。法人2税の地域偏在が大きいのは、経済のグローバル化やIT（情報技術）化に伴って、地方の工場などの合理化・効率化が図られる一方、相対的に企業の機能や従業員が大都市圏の本社・本店に集中するようになったためです。また法人2税の税収は景気動向に左右されるため、年度によるブレも大きい。都道府県の当初予算（一般会計）の総額を見ると、10年度は前年度比32.3％減だったのに対し、11年度は14.2％増、12年度は3.4％減となっています。

　これに対し、地方消費税の地域偏在が小さいのは、1人当たりの消費額

が都市と地方で大きな開きがないためです。地方消費税収の下位を見ると、最も低いのは沖縄、次は奈良ですが、3番目に埼玉、9番目に千葉と大きな県も入っています。景気による変動も極めて小さく、税収は2.4兆〜2.6兆円でずっと安定しています。

地方税収の偏在を是正するため、政府は08年度、法人事業税の半分（2.6兆円）を形式的に「地方法人特別税」という国税に衣替えし、これを人口や従業者数を基準に、地方に再配分する税制改正を実施しました。企業が集積している東京都などの法人事業税収の一部を他の道府県に移転しています。通常は税収が増えた自治体はその分、地方交付税の配分が減りますが、これでは格差是正の意味がありません。それを防ぐため、交付税の特別枠を設けて交付税額を維持しています。自治体ごとの算定は人口や面積のほか高齢化率なども反映し、財政力の弱い自治体ほど手厚く配分します。

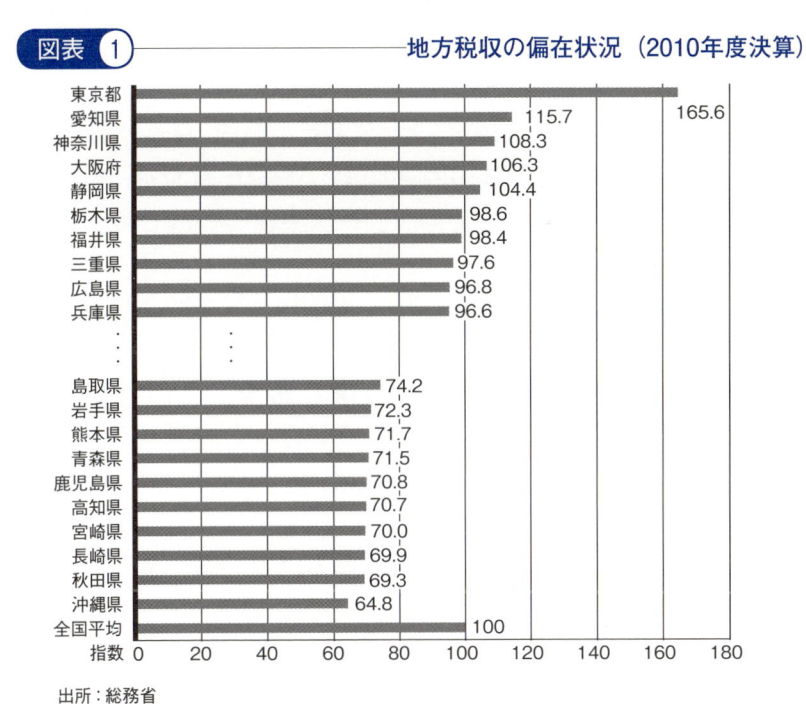

図表 ①　地方税収の偏在状況（2010年度決算）

都道府県	指数
東京都	165.6
愛知県	115.7
神奈川県	108.3
大阪府	106.3
静岡県	104.4
栃木県	98.6
福井県	98.4
三重県	97.6
広島県	96.8
兵庫県	96.6
…	
島取県	74.2
岩手県	72.3
熊本県	71.7
青森県	71.5
鹿児島県	70.8
高知県	70.7
宮崎県	70.0
長崎県	69.9
秋田県	69.3
沖縄県	64.8
全国平均	100

出所：総務省

ただ、地方法人特別税は消費税増税を含む税制抜本改革までの暫定措置と位置付けられています。消費税率5％を14年4月に8％、15年10月に10％に引き上げる消費増税法が12年8月に成立しました。5％増税分のうち1.2％を地方消費税とし、さらに交付税財源として0.34％分を地方に回すことになっています。このため、総務省は地方法人特別税の廃止を含めた見直しを検討しています。しかし、税収格差が拡大すれば、財政が圧迫される自治体が増えるため、議論は難航する見通しです。

　格差是正策とは異なりますが、08年度から「ふるさと納税」制度も導入されました。住民税の1割を限度として、ふるさとの自治体に寄付すれば、2000円を超える寄付金額が住民税額から直接差し引ける税額控除の対象になります。「ふるさと」は出身地でなくてもよく、居住地以外の都道府県、市町村から自由に選べます。特定の自治体を応援したい納税者の気持ちをバックアップする制度です。地方税法の改正で個人住民税の寄付金控除の適用下限額が従来の5000円から2000円に引き下げられ、寄付者の負担が軽減され、ふるさと納税制度が使いやすくなりました。この措置は11年1月以降にしたふるさと納税から適用されています。ふるさと納税情報センターの調べによると、11年度の都道府県別の寄付金額は、1位が岩手県の4億7600万円、2位が福島県の2億7400円万で、東日本大震災の被災地に集中しています。

2　地方財政——自治体の健全度を判定

　2006年の北海道夕張市の財政破綻をきっかけに、「地方自治体の財政は大丈夫か」との懸念が急速に広がりました。"夕張ショック"です。

　国と同じく、自治体財政も厳しい状況に置かれています。地方全体の借入金残高の推移を見ると、1990年代に入って残高が急激に増加し、ここ数年でようやく増加に歯止めがかかった格好です。借入金残高の大幅な増加は、バブル経済崩壊後、低迷していた景気をテコ入れするため、政府が公

共事業をはじめとする財政出動に乗り出したのが主因です。景気対策の借金の返済は将来の地方交付税で賄うことを条件に、地方に公共事業拡大を促しました。これを受け、地方は資金調達のため地方債を発行し、借金を膨らませる結果になりました。

ところが、交付税額は2000年度の21.4兆円をピークに減少傾向をたどってきました。特に、三位一体改革（国と地方の税財政改革）では5.1兆円が減額されたため、地方から悲鳴が上がりました。交付税は自治体の税収不足を補う財源で、財政基盤の弱い自治体の"命綱"だからです。交付税は使途を限定したひも付きの補助金とは違い、自治体が自由に使える一般財源です。08年度から交付税額は増加に転じ、12年度は17.5兆円と07年度に比べ2.3兆円多い水準です。ただ、自治体は一息つけるとはいえ、高齢化に伴う社会保障費の増加などで財政に余裕はありません。

一方で、「自治体は無駄遣いしているのではないか」「政府は自治体を甘

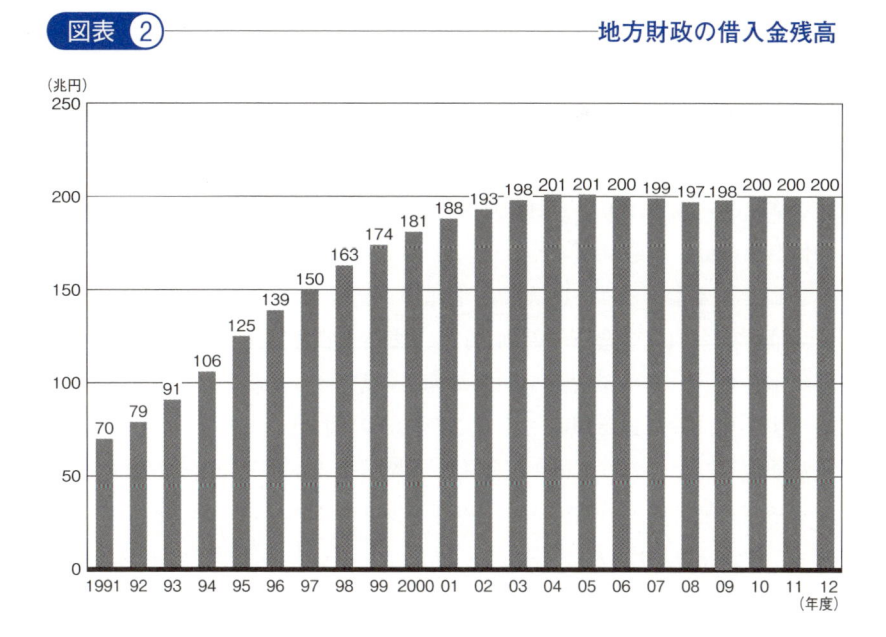

図表 ② 地方財政の借入金残高

(兆円)

年度	残高
1991	70
92	79
93	91
94	106
95	125
96	139
97	150
98	163
99	174
2000	181
01	188
02	193
03	198
04	201
05	201
06	200
07	199
08	197
09	198
10	200
11	200
12	200

やかしているのではないか」という疑念があるのも事実です。確かに、国と地方の財政が悪化するまで、そうした面があったのは否めません。地方交付税は自治体側のさまざまな要求に応えてきた結果、その算定が過度に複雑な仕組みになりました。また、バブル崩壊後の景気対策のように一定の政策目的に誘導するため、地方交付税がまるで補助金のように"悪用"された例もあります。こうした反省から、総務省は、交付税の透明化・簡素化に向け、人口と面積を基準に算定する「新型交付税」を07年度に導入。徐々にその割合を増やしています。

　自治体の姿勢も変わりました。地方分権の流れと相まって、行財政改革に真剣に取り組む自治体が増えています。全国の地方公務員数（警察・教職員含む）は11年4月1日現在で約278万9000人と前年比0.9％減。17年連続の減少で、ピークの1994年に比べ15％減少しました。2011年4月1日現在のラスパイレス指数（国家公務員を100とした場合の地方公務員の給与水準を表す）は106.9で、9年ぶりに逆転しました。東日本大震災の復興費を賄うため、国家公務員給与が12年度から2年間、平均7.8％引き下げられたのが主因です。行革は地方が国に先行していますが、ラスパイレス指数の逆転を受け、財務省は地方の人件費圧縮の要求を強めています。

　地方財政全体としては再建路線を歩んでいますが、自治体間の優劣の差はかなり大きく、危機的な状況の自治体もあります。そこで、夕張ショックを機に、総務省は07年6月に地方財政健全化法を制定。4つの指標で自治体財政の健全度を評価することにし、08年度決算から適用することになりました。4指標とは、①実質赤字比率（普通会計の赤字の割合）、②実質公債費比率（借金返済額の割合）、③連結実質赤字比率（普通会計に病院や水道など公営事業会計を加えた赤字の割合）、④将来負担比率（肩代わりする可能性のある債務も考慮した借金の割合）、のことです。各指標に基準値を設けており、第1段階の「早期健全化基準」では、指標の1つでも基準を超えると自治体は自主再建を促されます。いわば、イエローカードです。第2段階の「再生基準」はレッドカードで、指標の1つが基準以上だと破綻認定され、「再生団体」として国の管理下で再建に努めるこ

とになります。

3 地方分権——民主党政権でも難航

「地方分権」は国（中央政府）から地方自治体へ権限や財源を移すことを意味します。明治以来100年以上続く中央集権体制が時代に合わなくなり、政治や行政だけでなく、財政運営の上でも綻びが生じてきたことが背景にあります。地方分権改革の流れがはっきりしてきたのは1990年代に入ってからです。93年に衆参両院で地方分権推進を全会一致で決議しました。95年には政府の地方分権推進委員会（諸井虔委員長）が発足し、5年間にわたって審議。その結果として2000年4月、地方分権一括法が施行されました。同法は475本の法律を一度に改正し、地方自治体を国の出先機関と見なして国の仕事を実施させる「機関委任事務」制度を撤廃したことが最大の柱です。これが分権改革の最初の成果となりました。

しかし、国から地方に税財源を移すための税財政改革は手付かずのままでした。そこで、小泉純一郎内閣が発足して、残された課題である税財政改革に取り組むことになりました。国の補助金の削減とそれに見合う国から地方への税源移譲、さらに地方交付税の削減を内容とする「三位一体改革」（国と地方の税財政改革）です。対象期間は04〜06年度で、「骨太方針2003」で骨格が示され、激しい議論の末、05年末に決着。この結果、4兆円の補助金削減、3兆円の税源移譲、5兆円の交付税削減が実現しました。

ただ、補助金削減の中身を見ると、多くは補助金の廃止ではなく、単に補助率をカットしただけという結果に終わりました。これでは、国の権限は減らないうえ、財政負担を地方に付け回したにすぎず、税源を移譲されても、地方が自由に使えるお金はほとんど増えません。地方の自主性を高める分権の理念からはほど遠いものです。しかも、交付税削減が大幅だったため、地方財政を直撃することになり、地方からは「分権改革に名を借りた国の財政再建に利用されただけ」との批判が噴出しました。

07年4月、政府の地方分権改革推進委員会（丹羽宇一郎委員長）が設置され、分権改革が再スタートしました。分権改革推進委は08年5月から09年11月まで4次にわたる勧告を出し、1都道府県内で完結する一級河川の管理権限の都道府県への移譲や国の出先機関（国土交通省の地方整備局など）の統廃合、法令による義務付け・枠付けの廃止・縮小などを提言しました。義務付け・枠付けとは、機関委任事務の撤廃後も自治体の事務の中身や実施方法を全国一律に縛っている個別の規制のことで、分権改革推進委は892項目の規制の廃止を求めました。

　ただ、分権改革推進委の勧告の実現は、09年8月の総選挙で政権の座に就いた民主党政権に委ねられました。民主党政権は「地域主権改革」（分権改革）を政策の「1丁目1番地」に掲げ、首相が議長を務める地域主権戦略会議を設置して改革の司令塔としました。また、総務相の諮問機関で

地方分権改革の歩み

1993年6月	衆参両院で地方分権推進決議
95年7月	地方分権推進委員会が発足
2000年4月	地方分権一括法施行
01年6月	地方分権推進委が最終報告
02年6月	骨太方針02、三位一体改革の推進決定
05年11月	三位一体改革に関する政府・与党合意
06年12月	地方分権改革推進法成立
07年2月	政府の道州制ビジョン懇談会発足
4月	政府の地方分権改革推進委員会発足
08年5月	分権改革推進委が第1次勧告
12月	分権改革推進委が第2次勧告
09年10月	分権改革推進委が第3次勧告
11月	分権改革推進委が第4次勧告
	民主党政権、地域主権戦略会議を設置
10年1月	地方行財政検討会議を設置
6月	地域主権戦略大綱を閣議決定
12月	関西広域連合が発足
11年4月	地域主権関連3法成立
8月	義務付け・枠付けを見直す第2次一括法成立
12年8月	大都市地域特別区設置法成立

ある地方行財政検討会議も新設し、地方自治法の抜本改正の議論を開始しました。民主党政権による地域主権改革の具体的な成果としては、まず地域主権関連3法の成立が挙げられます。これは、首相をはじめ主要閣僚と全国知事会など地方6団体の代表が重要課題について話し合う「国と地方の協議の場」の法制化、義務付け・枠付けを緩和する地域主権推進一括法（第1次）、それに地方議会の議員定数の上限撤廃などを盛り込んだ地方自治法改正の3つの法律です。特に、三位一体改革のときから随時開かれてきた国と地方の協議の場は、今回の法制化によって、協議結果を国会に報告し、合意事項を尊重しなければならないと定められ、地方の国政参画にとって大きな前進となりました。義務付け・枠付けの見直しは分権改革推進委の勧告を受けたもので、その後、第2次一括法も成立しています。

しかし、積み残された課題もあります。国の出先機関改革では地方整備局など3つの機関の事務と権限を地方の広域連合に移すための法案を閣議決定しましたが、国会提出はできないまま。地方の要望が強い厚生労働省のハローワーク（公共職業安定所）の地方移管は先送りされました。自治法抜本改正の議論も頓挫しています。このほか、大阪市の橋下徹市長が提唱する「大阪都構想」を後押しする大都市地域特別区設置法が成立、政令市と周辺市町村の総人口200万人以上の地域が市町村を廃止して東京23区のような特別区を設置できるようになりましたが、具体化はこれからです。

4　「まちづくり」──コンパクトシティーの実現

言葉の意味

「まちづくり」という平仮名の言葉が、国や自治体の公的文書、新聞・雑誌などで使われることが多くなりました。道路や公園、公共交通、住宅など都市基盤整備だけでなく、環境保全、景観などソフト的なものまで含めた都市（まち）の改善にかかわるあらゆる取り組みを指す言葉です。

これまで、それと似た意味の言葉として「都市計画」という言葉が多く

使われてきました。ただ、都市計画という言葉は「官主導の取り組み」というイメージが強かったのに対し、「まちづくり」という言葉にはそこに住む市民の目線に立った、あるいは「市民主体の取り組み」という意味合いが強く込められています。このように、「まちづくり」はまちの改善へ向けた広範な分野にまたがる地域の取り組みの総称ですが、その中でも、都市のヘソの部分に当たる中心市街地の活性化・再生を目指した取り組みを「まちづくり」の中軸に据える都市が多いようです。

中心市街地再生とコンパクトシティー

　中心市街地は近年、住民の急激な減少に伴い、「シャッター通り」といわれるほど商店街が疲弊しているケースが数多く見られます。その背景の1つには、郊外部での大規模小売店舗（大型店）や公共施設などの野放図な開発があります。このため、中心市街地の活性化を目的にした国の法律として、「中心市街地活性化法（中活法）」「改正都市計画法」「大規模小売店舗立地法（大店立地法）」の3つの法律が、1998年から2000年にかけて施行されました。これらを「まちづくり3法」と総称しています。

　歴史的経緯をたどれば、大型店の出店攻勢に対し中小商店を保護する目的でつくられた「大規模小売店舗法（大店法）」が、米国などから「参入障壁だ」などと非難を浴び、「原則、経済規制は廃止する」という国策の推進の中で1998年に廃止されたことが、3法の成立と深く結びついています。

　しかし、この3法は基本的に店舗面積1000m^2超の大型店の出店を自由化したのに伴い、空き店舗を埋めるためにやる気のある商業者に店舗を割安の賃料で貸し出す「チャレンジショップ事業」への補助金など、衰退した商店街の対症療法的な活性化策にとどまったため、中心市街地の衰退に歯止めをかけることができませんでした。

　そこで、2006年に「まちづくり3法」を見直しました。人口減少時代の到来、それに伴う自治体財政の中長期的な縮小などを背景に、中心市街地に商業だけでなく住居、公共施設などを集積させる「コンパクトシティー」を実現させることが見直しの大きなポイントになりました。これは1990年

代初めにヨーロッパ諸国を中心に「サステナブル（持続可能）な都市空間」の１つとして提起された概念で、単なる商店街振興策にとどまらない都市改造の動きとして欧米の都市で広がっています。コンパクトシティーは人口の減少に合わせて、これまで拡散していた住民の居住・活動空間を縮める「縮小都市」ともいえますが、「人間的な住みやすさ」も重視されるため、高層ビルが林立するような都市はコンパクトシティーとは見なされません。こうしたコンパクトシティー実現に向け、３法見直しでは公共施設を含め郊外の大規模開発を制限するため、都市計画法を再び改正したほか、中活法も改正しました。改正中活法は補助金のばらまきを防ぐため、市区町村が作成する活性化プランである「基本計画」を国が認定する仕組みを設けたのが特徴です。コンパクトシティーは歩ける範囲に買い物や娯楽、通院など生活に必要なさまざまな機能がある都市であり、そのためには歩行者の移動を支える路面電車やバスなどのまちなかを走る公共交通が欠かせません。改正中活法の基本計画認定第１号になった富山市が、中心部での路面電車の延伸・環状化計画を打ち出したのはそのためです。

　2012年11月30日現在で基本計画を作成したのは110市。このうち富山市を含め16市が11年度までに、およそ５年間の第１期基本計画期間を終了し、16市のうち半数の８市（富山市、青森市、金沢市、熊本市、大分・豊後高田市、長野市、富山・高岡市、岐阜市）は12年度を初年度とする２期計画を作成し、計画に盛り込まれた事業を順次実施に移しています。

まちづくり３法見直しのポイント

　＜改正都市計画法＞
- 大規模集客施設（延べ床面積１万m²超）の立地は商業地域、近隣商業地域および準工業地域に限る
- ３大都市圏・政令指定都市以外の地方都市では準工業地域に大規模集客施設の立地を禁じる特別用途地区を設定するよう求める

　＜改正中心市街地活性化法＞
- 市町村作成の中心市街地活性化基本計画については、国が認定する制度を創設
- 市町村は基本計画の作成にあたって、都市計画・商業の代表者らで構成する「中心市街地活性化協議会」を設置する

日本の都市が今後、コンパクトシティーの実現のために、どのような具体的な取り組みをしていくのか。都市間の競争が激化する中、自治体だけでなく、そこに住む市民の力量も問われているといえます。

IV
金融の課題

1. 金融機関の経営を考える

1 不良債権問題後の日本の金融

　日本の銀行は1980年代後半、世界でも最強といわれていました。しかし、その後バブルが崩壊し、不良債権問題が起きました。不良債権問題には2つの面があります。

　1つは銀行の健全性の指標である自己資本が毀損してしまったことです。バブル期には株式の含み益の一部を自己資本に算入できたのですが、株式の下落により含み益自体がなくなってしまいました。銀行は健全性に疑いの目を向けられるようになりました。

　もう1つは景気の悪化です。バブル経済の崩壊に伴って地価が下落し、それを担保にした融資が焦げつきました。銀行の余力が低下し貸し出しを絞った結果、金融面から景気に強い下押し圧力がかかりました。

　92年以降、日本の銀行は100兆円の不良債権処理を行いました。その間、政府は銀行に公的資金を投入し資本を強化することで、不良債権危機を乗り切りました。現在、3メガバンクは公的資金を返済し、経営は比較的安定しています。しかし、りそなホールディングスなど公的資金の返済が残っているところもあり、不良債権問題は完全に終わったとはいえません。

　不良債権問題の背景には資本の脆弱さ、リスク判断の甘さ、低収益性の3つの問題がありました。資本の脆弱さに対しては、増資で対応しようとしましたが、株安で思うようにいきませんでした。そこで合併や経営統合など金融再編を進め、生き残りを図りました。かつて23行あった大手銀行はいまや5グループに集約されています。

　リスク判断の甘さに対しては、管理強化を急ピッチで進めました。バブル時代に不動産などに融資を集中しすぎた反省から、たとえば不動産への

融資比率を全体の10％以内にするといった形でリスク管理を徹底しています。

問題は収益性です。銀行の調達金利と貸出金利の差を利ざやといいます。これが収益の源泉ですが、伸びないどころか、縮まっています。米国などでは利ざやが3％を超えていますが、日本は1％台半ばです。お金を貸しても儲からないため、健全な経営体にはなかなか戻れないのが現状です。

2 欧米金融危機で周回遅れはやや挽回

不良債権問題を抱えた日本の銀行は、国際的には「周回遅れ」に陥りました。周回遅れには2つの面があります。

1つは財務体力面です。邦銀は不良債権処理で資本が毀損したため、巨額の融資を維持し続けることができなくなりました。また経営が不安視され、欧米で円滑な資金調達がしにくくなりました。このため海外での資産を圧縮せざるを得なくなったのです。

もう1つは新しい業務への対応です。1990年代以降、欧米金融界ではリスク管理、ITの活用などで飛躍的な進歩がありましたが、不良債権対応にかかりきりだった日本の銀行はそうした新しい金融技術を十分に生かせませんでした。

その結果、80年代に国際市場で最強とまでいわれた邦銀は、90年代末には「周回遅れ」という、ありがたくないレッテルを貼られることになります。

その状況は2000年代に入っても続いたのですが、07年以降はやや変化が出てきました。欧米で金融危機が相次ぎ、その直撃を受けた欧米の有力銀行の体力が低下したのです。

まず07年に米国の信用力の低い個人向け住宅融資（サブプライムローン）が行き詰まります。住宅価格が右肩上がりで上がることを前提に信用力の低い個人に住宅融資をしていたのですが、住宅価格が下落し始め、借り手が返済できなくなりました。住宅融資を証券化した金融商品もつくられて

いましたが、その価格が下がり、証券化した金融商品を買っていた金融機関が大きな損失を抱えました。

その影響が銀行の体力を奪っていく中で、08年には米大手証券のリーマン・ブラザーズが破綻しました。多くの銀行が資金調達に苦しむ状況になり、米国政府はJPモルガン・チェースなど大手銀行に公的資金を投入しました。

一方、欧州では財政危機に陥ったギリシャ、ポルトガル、スペイン、イタリアの国債価格が下落しました。そうした国の国債を抱える銀行の評価が大きく下がり、一部で経営不安が取りざたされています。

日本の銀行は、サブプライムローン問題ではみずほフィナンシャルグループを除いて大きな損失は被りませんでした。欧州の国債保有も少なく、欧米の金融危機の直接の影響はあまり受けていません。

市場の評価を映す株式時価総額で見ると、日本の大手銀行は1980年代、世界でトップクラスでしたが、不良債権問題を受けて欧米の有力銀行に抜かれてしまいました。その後、金融危機で欧州の銀行が自滅した格好になっており、日本の銀行はドイツやフランスの銀行より上になっています。

ただ日本の銀行はサブプライムローン危機以降の金融危機の影響をあまり受けなかっただけで、国際的な競争力をつけたわけではありません。そのため急速に力をつけてきた中国の銀行や、金融危機の影響が軽微だったカナダやオーストラリアの有力銀行には抜かれ、世界的な地位は最大手の三菱UFJフィナンシャル・グループでも10位台半ばとなっています。不良債権問題のさなかは、トップ集団からまさに2周回遅れだったわけですが、それが1周回遅れ程度にまで挽回した状況といえるでしょう。ただトップの背中が見えない状況に変わりはありません。

3 安全志向の銀行経営――リスク回避

不良債権問題後、銀行は信用リスクを極力とらないようにする安全志向

の融資方針を徹底しました。りそななど一部を除き不良債権問題を克服したとはいえ、その原因になったリスクのとりすぎには慎重にならざるを得ない側面があります。

また国内ではデフレが長引き、景気が本格的に浮揚する動きにはつながりませんでした。それどころか、2008年のリーマン・ショックで世界経済が冷え込むと、日本は輸出が急減して景気が低迷します。さらにそこからようやく立ち直れそうになると、11年に東日本大震災が起き、景気は再度落ち込みます。

景気の低迷が長引く中で、優良企業は国内での設備投資を手控え、設備投資をする場合は海外というケースが多くなります。このため国内で優良企業からの資金需要は盛り上がりませんでした。

そうした状況で大手銀行は、比較的リスクの高い中小企業向け融資を抑制的に運用しました。かつての貸し剥がしと呼ばれるような強引な回収は批判を浴びたため、影を潜めましたが、もともとの融資期限が来たら、借り換えには応じないなどの方法で中小向け融資を減らしています。日本の銀行セクター全体では中小企業向け融資はピーク比で100兆円以上も減っています。

日本は「失われた20年」と呼ばれる停滞の時代が続きましたが、その背景には銀行融資の低迷もあります。銀行は需要がないと主張しますが、需要がある中小企業向けの融資に慎重だった銀行の姿勢も一因だったのは間違いありません。

こうした銀行の過度な慎重姿勢に業を煮やし、金融庁は「中小企業金融円滑化法」を導入します。利用者から融資条件の変更の申し出があったときは、それに応じるよう求めたものです。大手企業の場合、銀行は救済のため条件変更を受け入れることがありますが、個人の場合、優位な立場にある銀行はなかなか条件変更に応じませんでした。しかし不良債権問題時に公的資金を投入してもらいながら、社会的な責任を果たしていないとの批判が高まり、銀行が法律で条件変更の受け入れを強制された格好です。

この法律はリーマン・ショック以降の景気対策として大きな効果を生み

ました。ただ、危機が緩んだ後も金融庁は同法をずるずると続けました。いつまでも続ければ借り手のモラルが低下するほか、立ち直れない企業をただ単に延命するだけになり、かえって構造改革を遅らせる恐れもあります。結局は打ち切られますが、それまで延命した企業が急に破綻する恐れもあり、地方銀行などへの影響が懸念されます。

4 国債運用に活路

　融資が伸び悩む中で大手銀行が鮮明にしたのが、国債運用の強化です。不良債権問題の際に、政府は大手銀行に公的資金を入れて救済しました。銀行は決済や小口融資を担っており、「大きすぎて潰せない」ことが明確になった形です。そのため個人は、資産の保全を求めて資金を大手銀行の預金に集める姿勢を鮮明にし、銀行預金は増加傾向を保ちました。

　一方で景気の低迷が続いたのに加え、国内での貸し出し需要の低迷から、大手銀行は集めた預金の運用に困ります。このため集めた資金で国債の購入額を増やしていきます。

図表 ① ──────────── 貸出約定平均金利の推移

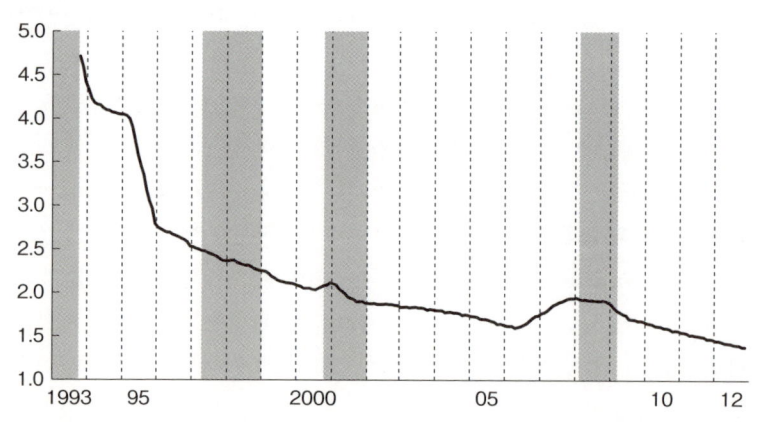

国債はバーゼル銀行監督委員会の自己資本規制で信用リスクがゼロとされていました。このため自己資本が比較的薄めだった邦銀にとって、弱い資本を心配することなく国債を増やせました。

　その結果、2012年になると3メガバンクの国債保有額は総資産の2割にまで達しています。最大手の三菱UFJフィナンシャル・グループの国債保有額が、かんぽ保険の保有額を上回るなど、銀行が国債運用機関化してしまいました。

　ただ、国債への傾斜にはリスクも伴います。

　1つは金利リスクです。日本では景気低迷を受けて超低金利が続いていますが、これが永続する保証はありません。金利が上がり始めれば銀行が大量に抱える国債価格が値下がりし、銀行が巨額の含み損を抱える恐れがあります。

　もう1つは信用リスクです。銀行監督当局で構成するバーゼル委員会は国債の信用リスクはゼロとしてきましたが、ユーロ危機ではギリシャ国債で一部決められた利払いができませんでした。国債の信用力が問われれば、やはり価格が急落し、銀行は大きな損失を被るリスクがあります。

　制度的にも銀行は国債保有のあり方の見直しを迫られています。欧米では金融危機を受けて、銀行に値上がり益を狙う投機的な有価証券の売買を抑えさせる規制が導入されています。そうした売買はトレーディング勘定で実施され、トレーディング勘定への規制が強化されるのです。

　実は、日本の銀行はそうした投機的な売買をトレーディング勘定ではなく、預金や貸し出し業務を実施する銀行勘定で実施しています。バーゼル委はトレーディング勘定だけ規制しても抜け穴があったのでは、規制効果が薄くシステムが安定しないと考えており、将来的には銀行勘定を使った投機的売買にも規制の網をかける方向です。そうなると日本の銀行も巨額の国債保有を維持しにくくなる見通しで、国債戦略は見直さざるを得なくなります。

5　収益は海外で

　不良債権問題を経た大手銀行は、国内で国債保有を増やす一方、海外融資を増やす姿勢を示し始めました。

　1980年代には邦銀は欧米で一定の存在感がありましたが、その後は、不良債権の重荷を背負い海外業務は縮小してきました。有利な条件で資金調達ができなくなったことも背景にあります。

　このため、邦銀の収益構造を見ると国内依存がかなり大きくなっています。米国のシティバンクなどは国内と海外の業務のバランスがほぼ同じくらいですが、メガバンクでは海外業務は30％にも達していません。

　国内では十分な利ざやが稼げないため、不良債権処理で一定のめどが立つと再び海外に目を向け始めたわけです。国内での貸出金利は１％台と史上最低水準に突入し、利ざやが３％もある米国の市場が魅力的に映っている面もあります。

　ただ、邦銀は海外での業務のノウハウが乏しいのが実情です。ほぼ20年、海外では業務を縮小してきたため、前向きの業務を手がけられる国際的なバンカーはほとんど育っていません。

　人がいなければ、有能な人材を引き抜いたり、有能な人材がいる金融機関を買ったりすることはできますが、邦銀にはその管理能力が伴わないことが少なくありません。日本の企業文化が、実力主義の欧米企業と大きく違い、買収しても有能な人材が逃げ出すことが多いようです。

　審査能力も高いとはいえません。とりわけ新しい業務や新興国での融資判断を十分にできる能力があるかについては疑問視されています。実際、みずほフィナンシャルグループはサブプライムローン関連業務を手がけようとして、6000億円もの損失を出してしまい、国際業務強化の戦略が逆に銀行の体力を奪う結果になりました。

　欧米の金融危機後、スリム化を目指す欧米金融機関は邦銀に資産を売ろうとしてきました。三菱UFJや三井住友は一部欧米銀行から資産を購入し

ていますが、購入した資産をきちっと管理、運営して利益が出る体制に持っていけるかどうかは依然不透明です。

　邦銀が長期戦略として海外展開を強化するのであれば、やみくもに資産を買うのではなく、地道な国際派人材の養成やアジアでのリサーチ能力の増強などから取り組む必要があります。

6　資本の弱さ、なお課題──バーゼル3の世界

　国際的な金融危機の後、欧米が中心になって自己資本比率規制を見直しました。自己資本比率規制はこの20年の国際的な銀行規制の中心となってきました。その精度を上げるために1993年に導入された1次規制を改定し、2次規制を導入したのですが、その直後にサブプライムローン問題が発覚し、2次規制を満たしているとしていた欧米の有力金融機関が大きな損失を出しました。

　それを受けて欧米の金融当局は金融規制の全体像の見直しプランをG20に持ち寄り、新しい規制体系を議論しました。その結果バーゼルの2次規制を抜本的に見直して、バーゼル3を導入することで合意し、2013年から段階導入することにしました。

　バーゼル3の柱は、①質の高い資本の維持、②流動性規制導入、③レバレッジ規制導入、④リスク資産への重い資本負荷、⑤大手への資本負荷追加、⑥景気循環などへのバッファー導入──など多岐にわたっています。

　その中で最も重要なのは、質の高い自己資本で見て十分な資本水準を積むことを求めた点です。これは普通株資本などで構成するコア・ティア1といわれるものですが、それがリスク資産の7％以上（バッファー含む）とすることを求めました。また、大手についてはそれにさらに1〜3.5％の上乗せを求めています。合計で8〜10.5％が最低水準になります。それまでのコア・ティア1は2％以上でしたので、厳しさは3倍以上になったといえます。

日本の銀行はこれまで十分な自己資本比率を確保しているといってきました。それは普通株資本など最も重要なコア・ティア１のほかに、優先株式、劣後債券、繰り延べ税金資産など資本として必ずしも万全ではないものを含んだ水準で、コア・ティア１は欧米に比べて低いのが実情でした。合法ではあるものの、会計上の抜け穴を使って最大限資本力を誇張して見せていたわけです。

　ところがバーゼル３は国際的に競争条件を平等にするため、そうした各国で異なる会計上の抜け穴を防ぎ、最も重要なコア・ティア１を規制の中心に据えました。新しいコア・ティア１で見ると、2012年9月末時点で、2019年までに達成すべき水準をクリアしているのは三菱UFJフィナンシャル・グループだけで、他のメガバンクは資本を積み上げる必要があります。

　金融危機の影響で、欧州ではドイツ銀行なども資本不足が指摘されるなど厳しい状況になってはいますが、だからといって邦銀が新基準で資本比率が低いままでいいはずはありません。

　資本が不足がちなメガバンクは、この先数年はいかに利益を挙げて、それを内部留保として積み上げ、自己資本比率を高めていくかが最大の経営課題になります。

　メガバンクの中には、新しいコア・ティア１が十分ではないのに欧米展開に積極姿勢を見せているところもあります。確実に利益が出る体制を築けるのならいいのですが、管理能力や審査能力がないのにやみくもに欧米戦略を強化すると後で大きな損失を被り、資本の積み上げができなくなる恐れがあります。

7　厳しさ増す地方金融

　地方の金融情勢は厳しさを増しています。地方経済は公共事業への依存が高いのですが、小泉純一郎政権以降、財政難を背景に公共事業は減っており、地方経済は推進力を奪われた格好になっています。

また比較的好調な県は大企業の工場を誘致して、輸出主導の産業を確立しました。静岡、愛知、北関東などが典型ですが、円高とそれに伴う中国への工場進出で、工場立地による県経済の振興が揺らいでいます。リーマン・ショックの後輸出が急減したことから、最も豊かな県の1つである静岡の雇用情勢が全国平均を下回ることもあったほどです。
　さらに少子高齢化は止まらず、農業は担い手の高齢化が深刻になっています。そうしたことが複合的に効いて、バブル崩壊以降、地方圏では一貫して地価が下がり続けています。
　前に述べたように、政府は世界的な金融危機を受けて金融円滑化法を導入しました。企業が融資条件の変更などを申し出たときには、それを拒絶せず、借り換えなどに応じることを求める内容です。これによって国際的な危機が疲弊の激しい地方に襲いかかることは避けられましたが、政府は借り換えた後の活性化につながるような策を打ちませんでした。
　そのため借り換えを受けた企業は、新たな活路を見出せたわけではありません。金融円滑化法の期限が切れれば、活路を見出せないまま、破綻する企業が相次ぎそうです。政策的なフォローアップがなかったため、破綻の先送りになった格好です。
　大手銀行では借り換えに応じる際、内部的なリスク管理上は要管理先と見なして引当金を積んでいました。ただ、地域金融機関では引当金を十分積んでいないところもあり、金融円滑化法の期限が切れれば経営が悪化する企業が増えるにつれ銀行経営も圧迫される見通しです。
　また今後、地域金融機関は広域化を進める見通しです。1つの県だけを地盤にしていたのでは縮小経営に陥りかねないからで、将来の道州制をにらみ近隣県への進出、近隣県銀行との提携・合併などの動きが出ています。
　広域化に対応できるのは、地方銀行の有力行だけです。このため地域金融機関は力の強い広域志向の地方銀行、県内に地盤をはるだけの地方銀行、第二地方銀行、信用金庫・信用組合に分化しつつあります。広域展開できない金融機関の経営は競争力の強い分野を明確にし、一定の市場を確保する努力をしないと、次第に厳しくなりそうです。

2. 金融政策と監督の動向

1　不良債権問題後の金融政策

　不良債権問題が一段落すると、日本銀行は市場に大量の資金を投入する量的金融緩和政策の解除を試みました。不良債権問題の際に金融政策は景気の浮揚と金融システムの安定の2つの役割を負わされていました。

　日銀の中には当座預金残高を目標とする量的金融緩和は金融システム安定には役立つが、景気浮揚への効果は未知数との考え方が多く、金融システムが安定したので一刻も早く解除したいと考えたわけです。

　日銀は当時、デフレが続く限りは量的金融緩和は解除しないとしていました。ただ消費者物価の下げ幅が縮み、2006年春には条件が整ったと解除に踏み切ったのです。

　ただ、06年夏に消費者物価の基準改定が予定されていました。5年に1度技術進歩などの影響による消費者物価の下落などを調整するもので、消費者物価に最も最新の経済情勢を映す努力です。

　日銀の審議委員がこの基準改定があっても、改定に伴う物価の下方修正幅は0.1％程度だと主張しました。それを受けて夏に基準改定があっても再びデフレには戻らないと見て日銀は量的金融緩和とゼロ金利を解除しました。

　ところがふたを開けてみると基準改定に伴う消費者物価の下落幅は、日銀の予想よりはるかに大きいものでした。日銀が物価予測を見誤り、その結果、デフレの最中に金融引き締めを実施してしまったわけです。

　日本経済は「失われた10年」から脱すべく徐々に力を蓄え始めていましたが、デフレ下の金融引き締めによって再び極めて脆弱な経済体質に逆戻りします。とりわけ回復が遅れていた地方経済にとって金融引き締めは重

くのしかかりました。

　そして日本経済が余力を失った中、07年に米国でサブプライムローン問題が起きます。日銀は危機に対して、米国の危機で直接の影響は軽微だと楽観的な見通しを表明していました。欧州に影響が広がるなどの金融危機が進行するのに、すぐには引き締めた金融を元に戻そうとはしませんでした。欧米が緩和に動く中、金利差が縮小し、円高が進みます。

　そうした中で米国では08年にリーマン・ブラザーズが破綻します。欧米経済は景気後退に直面し、日本の欧米向け輸出は急減します。金融引き締めで余力を失い、サブプライムローン問題の震度を読み違えた金融政策で円高を招いた日本経済はひとたまりもありませんでした。リーマン・ショック以降の景気の落ち込みは欧米よりも大幅なものとなりました。06年のデフレ下の引き締めという誤った金融政策が傷口を広げたともいえます。

2　資産買い入れ

　日銀はリーマン・ショック後、ようやく誤った金融政策を修正し始めます。リーマン・ショック後の2008年10月末に開いた金融政策決定会合では、無担保コール翌日物の誘導目標を0.5％から0.3％に引き下げようとしましたが、4人の審議委員が反対し、賛否同数となったため議長が議長判断で可決する事態に陥りました。

　さらに輸出の急減による景気後退色が色濃くなってきた同年12月には、無担保コール翌日物の誘導目標を0.1％に引き下げました。10月に景気の先行きを見通せなかった審議委員4人は賛成に回りましたが、別の1人の審議委員が反対しています。

　また利下げと合わせて長期国債買い入れをそれまでの月1.2兆円から1.4兆円に増やしました。買い入れは市場からで、厳密には日銀による引き受けにはあたりませんが、危機対策として日銀が国債の受け皿機関化する方向性が鮮明になりました。

このころから国会などで日銀批判が強まりました。日銀がデフレ下の引き締めなどで日本経済の余力を奪ったにもかかわらず、緩和転換は素早いとはいえず、しかもリーマン・ショック後の08年10月には緩和に半分の審議委員が反対するなど異常事態となったことが背景にあります。
　中央銀行の独立性は重要です。金融政策は専門的で、目先だけを考えがちな政治や役所からの圧力から独立した判断ができないと、中長期的な国の利益を損ねる可能性があるからです。
　ただ06年以降の金融政策は、日銀に中長期的な視点を欠いた面もありました。また日銀がその誤りを認めようとしなかったことから、独立性が脅かされる事態になりました。
　誤りを認めない日銀と、緩和要求を繰り返す政治家の綱引きが続く中で、日銀は2010年から小出しの緩和を繰り返すようになります。固定金利オペ導入などオペレーションの改善や、成長基盤強化支援の資金供給などです。それぞれは限られた分野では意味があるのですが、景気浮揚という本来の金融政策遂行の観点からの効果はあまり期待できません。政治からの圧力に、緩和をしたふりをして、かわすような金融政策がしばらく続きました。
　金融政策の観点から大きかったのは10年10月に決めた「資産買い入れ等の基金の創設」です。政治家からの株式や不動産の購入圧力を受けた日銀が指数連動型上場投資信託（ETF）や不動産投資信託（REIT）を買い入れるために設けた基金です。
　これ自体には大きな問題がありました。たとえばREITについては、不動産業界が政治家に日銀による購入を働きかけ、政治家から日銀に圧力がかかりました。しかも購入を決めたREITはスポンサーである不動産会社が不動産の処分に利用することがあるほか、保有している不動産は２流物件が中心となっていました。REITの購入が不動産価格の上昇につながる可能性は低く、不動産業界救済色が強かったといえます。
　そうした不透明な面もありましたが、日銀は不透明な購入の悪影響がほかに及ばないように基金については通常の金融政策とは別管理とすることにしました。その結果、米連邦準備理事会（FRB）がリーマン・ショック後、

オフバランスで基金を設けてMBS（モーゲージ・バック・セキュリティーズ）を買ったのと似たような箱ができたのです。

　FRBの基金は、当座預金残高を目標にした日銀とは異なりますが、買い入れを通して巨額の資金を市場に投入する一種の量的金融緩和でした。日銀は06年に解除した量的金融緩和について景気への効果は不透明としてきましたが、別の形で量的金融緩和を再開する道を開いたのです。実際、その後、この基金の総額を当初の35兆円から段階的に引き上げ、12年12月には101兆円としています。

　ただ日銀は、この基金による資産買い入れを量的緩和とは位置付けていません。06年までの緩和の景気浮揚効果がなかったとしていた手前、量的緩和の復活を正式には認めにくいのです。その結果、金融政策の目標があいまいで不透明になっています。

　日銀は基金を使った買い入れと、通常の金融政策を都合のいいように使い分けています。政治圧力を受けて基金による買い入れを増やす一方、通常の金融政策による資金供給量を減らしたりしています。その結果、日銀は強い緩和を実施しているとアピールしていますが、日銀の資産総額は、前回の量的緩和時のピークをなかなか越えませんでした。

3　インフレ目標政策

　日銀は2013年1月に物価目標政策の導入に踏み切りました。12年に発足した安倍晋三政権から脱デフレに対する取り組みが不十分と批判され、政治圧力に屈する形の導入となりました。

　物価目標政策は1980年代にニュージーランドがインフレを抑えるために導入したのが始まりとされます。物価目標を明確にすることによって市場のインフレ期待を抑える狙いがありました。それとともに明確な目標を掲げることで、金融政策の透明性を高める効果も期待できます。

　目標は政府が決めたり、中央銀行が決めたりして、その目標を達成をめ

ざして中央銀行が金融政策を遂行することになります。国際的には目標値は１～３％が多く、日銀は２％としました。ただ、これはあくまでも目標値で実際の金融政策運営は目標値の上限を上回っても金融緩和を続ける例があるなど、そのときのマクロ経済環境を最重視して実施されています。

　日本でも以前から、金融政策の安定性を高めるためにこの物価目標政策を導入すべきだとの議論がありました。日本ではインフレ抑制が目的ではなく、デフレ脱却を狙って導入すべきとの議論でした。

　それに対し日銀はデフレ下での物価目標策の導入は過度な緩和につながりかねないと抵抗してきました。物価目標策の導入を避けるために、まず「物価安定の理解」というあいまいな考え方を導入しました。日銀として安定物価を示しているのですが、それを金融政策とは必ずしも結びつけませんでした。その後、「物価安定のメド」という概念を導入しましたが、欧米の物価安定目標ほど踏み込んでいませんでした。

　そのため政界から達成できなかったときに日銀が責任を取らされるのを恐れて、責任回避色が強い逃げ腰の金融政策だとの批判が強まり、結果的に物価目標政策の導入を余儀なくされました。中央銀行の独立性の観点からは政治的圧力による押しつけは好ましいとは言えませんが、責任回避のあいまいな言葉を掲げる日銀の姿勢に問題があったのも事実です。

　日銀は今後、この物価目標を達成するために、2014年から期限を定めない資産買い入れ方式の導入も決めています。あらかじめ期限を切らず毎月一定額の資産を購入する政策です。しかし購入するのは短期国債が中心で、実質的な基金の積み増し効果は10兆円程度です。

　また2014年、2015年には順調にいけば消費税率が引き上げられることになっており、14年度、15年度の消費者物価上昇率は消費税率を引き上げない場合よりそれぞれ２％、１－２％程度上ぶれます。消費税率引き上げ分を含む消費者物価の上昇率は放っておいても14、15の両年度は２％を越える可能性が高そうです。今回の物価目標政策では消費税率引き上げ分の扱いは明示されておらず、今後の火種になる可能性があります。このため物価目標政策が安倍政権が期待する大幅な金融緩和につながるかどうかなお

不透明です。

4 国際的な金融規制強化とその影響

　欧米ではサブプライムローン問題、リーマン・ショックを受けて、それまでの金融規制緩和から規制強化へと大きくカジを切りました。

　規制緩和が行き過ぎて、金融機関が顧客を騙して儲けたり、実力を超えて信用供与したりして、金融はもろい状況で拡大を続けました。しかし、景気の実態を踏まえない信用供与の膨張は長続きせず、信用が崩れサブプライムローンやリーマン・ショックが起きました。

　金融が拡大していたので、危機の震度は、1930年代の金融危機に匹敵するほど大きなものになる恐れがありました。恐慌になりかねないと危機感を強めた欧米の中央銀行が潤沢な資金供給を敢行し、とりあえず危機の広がりを抑えました。

　金融監督当局としては一歩間違うと恐慌に突入しかねない状況は座視できません。そこで2009年にピッツバーグで開いたG20首脳会議で危機が二度と起きないように金融規制を厳しくする方向で合意したのです。

　ここでまず打ち出されたのが、自己資本の強化です。経営安定の基本になる自己資本が薄いまま、業務を拡大したのが危機の本質と考えたためです。また銀行の不透明な商品販売につながった証券化についても規制強化を打ち出しました。さらにデリバティブについては決済を集中させ、規制の大幅強化を打ち出しました。

　米国ではそうした動きと並行してボルカー元FRB議長が銀行の自己勘定による投機的取引の抑制、ヘッジファンドとの取引抑制などを柱とするボルカールールを打ち出します。それを包摂する形でドッド・フランク法が成立し、厳しい金融規制が導入されました。

　米国ではグラス＝スティーガル法で銀行と証券会社の兼営が禁じられてきましたが、1990年代にグラス＝スティーガル法は廃止され、大手金融機

関が銀行や証券業務を手広く手がける金融機関経営が定着しました。
　しかし、ドッド・フランク法は銀行から投資銀行業務の多くを切り離す効果があると見られ、方向としてはグラス＝スティーガル時代への後戻りを始めた格好です。英国でも商業銀行と投資銀行業務にカベを設ける方向で議論が進んでいます。投資銀行業務の中で実施された自己勘定による投機的な売買は銀行の好業績を支えてきましたが、それが規制され銀行の収益性の低下は避けられない状況です。
　また主要国の銀行監督当局で構成するバーゼル銀行監督委員会は、自己資本比率規制を全面的に見直し、2013年からバーゼル３の段階導入を始めました。最も重要な指標として普通株等自己資本比率を採用し、その最低水準をバーゼル２の２％から７％に引き上げました。大手金融機関にはシステミックリスクが高いとして、自己資本比率の上乗せを求めました。流動性に対応した資本を積むことも求めるなど、銀行の業務とそれに伴うリスクを、より幅広い視点から厳しく縛る方針を打ち出しています。
　日本は欧米金融危機に伴う影響は少なかったとしていますが、その前に大規模な不良債権問題に見舞われており、自己資本は米国の優良行に比べ見劣りします。そのため資本の拡充が最優先課題となっています。
　問題が大きいのは、日本の金融規制です。日本は欧米に比べ周回遅れといわれ、欧米をモデルに金融規制緩和で活性化を目指そうとしてきました。しかしモデルとしてきた欧米の金融規制緩和路線が否定された格好になっています。
　それに対して日本には、欧米がつまずいたのを日本が浮上する好機として、依然として規制緩和による活性化を模索する声が根強いようです。しかし緩い規制自体はG20自体で否定されています。欧米国際規制の動向を読み違え対応が遅れている面があり、早晩、日本の市場のあり方が国際的に問題になる可能性がありそうです。

5 消えない金融不祥事──AIJ、インサイダー、LIBOR

　1990年代、日本の金融資本市場は不祥事まみれでした。大手金融機関が、損失補填事件や総会屋への利益供与事件を相次いで起こしました。監督する立場の大蔵省や日銀が業者と癒着し、たとえば日銀高官が短観のデータを教える見返りに高額接待を受けたりしていました。

　政府はそうした不祥事の再発防止に取り組みました。行政と業者が癒着しにくいように、大蔵省から金融庁を独立させ、専門性を高めようとしました。日銀法を改正し、総裁の解任権をなくし、日銀の独立性を高めました。また金融庁は証券取引法を抜本改正し、金融商品取引法で監督体制を一新しました。金融に関するガバナンスが効くようにして、不正が起きにくい透明な金融市場をつくろうとしたといえます。

　ところが、不祥事はなくなりませんでした。

　接待汚職で逮捕者まで出した日銀では、新日銀法で選ばれた総裁がファンドに出資したり、傘下に銀行を持つノンバンクの株式や、REITの導入で金融色を強める不動産の有力会社の株式を保有したことが発覚します。出資も株式購入も総裁就任前ですが、就任時に届け出ませんでした。しかもファンドへの出資については、総裁任期の途中に解約するという投資行為を実施しています。政府による日銀総裁の解任権をなくしたことで、政府の日銀を監視する機能が低下し、日銀にモラルの低下が起きた可能性があります。

　金融庁は金融商品取引法で監督体制を抜本的に改善しました。従来は証券取引法など業者を規制する業者行政の考え方をとっていましたが、利用者保護の視点が欠けていました。そこで法体系を見直し、直接金融の時代に利用者が安心して取引できる体制を目指しました。ただ規制で過保護になると高度な商品が育たないため、投資家をプロとアマチュアに分け、アマチュアは徹底的に保護し、プロ向けには商品供給の自由度を高めました。

　金融商品取引法が施行された後、投資顧問のAIJは年金基金など投資家

から預かった資金を投機的な商品で運用し損失を出しました。しかしその事実を隠し、高い運用益を挙げていると偽って資金を集め続け、結果的に投資家を欺き、大きな損失を負わせました。

　AIJに関しては、あまりに高い運用成績を疑問視する声もありましたが、金融庁・証券取引等監視委員会はそうした声を放置しました。その結果、AIJの損失は広がり、被害を受けた顧客も増えていきました。

　金融商品取引法はAIJのような投資顧問業者も対象にしています。AIJの運用は怪しいとの指摘があったにもかかわらず、検査もせず見逃した金融庁・証券取引等監視委員会の怠慢が問題です。

　それとともに金融商品取引法自体の欠陥を指摘する声もあります。さまざまな業務への参入を許可制から届け出制に変え、参入を容易にしました。それ自体は金融業の振興に役立つのですが、不正を防ぐ措置も整えないと悪用されかねません。利用者保護の視点からはチェック機能の強化が欠かせないでしょう。

　また、2012年には野村證券など大手証券で多数のインサイダー取引が発覚し、野村はCEO（最高経営責任者）が辞任するとともに、業務改善命令を受けました。

　新規株式公開や増資をめぐって、担当者セクションから公開情報が漏れ、その情報をもとに事前に株式を購入する動きが頻発していました。その結果、増資など株式調達前に取引が異常に膨らみ、実際に増資が発表されると高値で売り抜けようとする取引で価格が下落するなど、株価が不正な行為で歪められていました。

　これについても実際に増資などがあったのは2010年で、メディアでさんざん不透明な点が指摘されましたが、金融庁・証券取引等監視委員会が処分をしたのは、AIJで監督のあり方が問題視されてからでした。

　制度的には、金融商品取引法は大手も中小金融機関も商品が同じなら同じレベルで規制することになります。従来の証券取引法では証券会社は主要プレーヤーとして特別に規制していた格好で、それによって幅広い商品を供給する大手証券には厳しい監視が効いていました。しかし中小と同レ

ベルの規制にしたことで、大手の行動は従来に比べて緩い縛りになった可能性があります。

海外では07年にサブプライムローン問題が起きています。これは金融危機の発端ととらえられていますが、デリバティブを使った複雑な金融商品を、それが理解できない一般大衆に販売する詐欺的な取引でした。

また12年には、国際的な金利の指標となっているロンドン銀行間取引金利（LIBOR）をめぐって不正があったことが発覚しました。英大手銀行のバークレイズが自らの信用力を高く見せるために、LIBOR算出のために提示する金利を低めに申告していました。米国の司法当局などが問題視し、巨額の罰金を科しています。

LIBORは世界の金融取引の基準ですが、その基準の設定は英国銀行協会（BBA）という銀行の集まりが決めます。しかし、それを監視する体制が不十分でした。そもそも基準を使って利益をあげようとする銀行が、自ら基準をつくるといういいかげんな体制だったのです。しかもそれが正しいかどうかをチェックするのも、同じ銀行ですので、実質的なチェックは機能しませんでした。

また、このLIBORに関して不正操作の多くは東京市場のトレーダーの指示で実施されたことが明らかになっています。不祥事を見抜けなかった金融監督のあり方も問われる見通しです。

金融界では規制緩和が進む中で、ルールは業界が自主的に決めることが少なくありません。しかし、それは業界の倫理観が確立していることが前提です。残念ながら、銀行界は2000年代に利益最優先に傾き、倫理観はうすれたようです。

日本だけでなく世界的に、金融不祥事は絶えるどころか悪質なものが増えています。それによって金融への信頼は確実に低下しており、早晩、そうした信頼の低下が取引の減少などの形で影響を及ぼす可能性があります。

3. マネーの流れを読む

1 個人金融資産の証券への流れ、停滞

　日本の個人金融資産は現在約1500兆円あります。その半分強が預金です。
　政府はこの個人金融資産を経済の活性化につなげようとしてきました。低成長と少子高齢化の影響で日本の財政は悪化し、財政は緊縮気味の運営を余儀なくされています。そのため民間に眠る巨額の個人金融資産を活用しようというわけです。
　具体的には1990年代後半の金融ビッグバン、2000年代になってからも金融商品取引法などで、制度環境を改善し、個人のお金を掘り起こそうとしました。
　ただ実際には預金の比率は減るどころか、やや増えているのが現状です。その理由はいくつかあります。
　一番大きいのは証券会社不信です。政府の後押しを受けた証券会社はさ

図表 ② 　　　　　　　　　　家計の金融資産の構成比（2012年9月末）

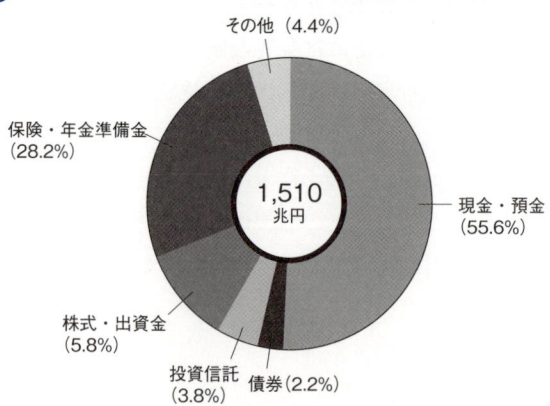

- その他（4.4%）
- 保険・年金準備金（28.2%）
- 現金・預金（55.6%）
- 株式・出資金（5.8%）
- 投資信託（3.8%）
- 債券（2.2%）

1,510兆円

まざまな投資信託などを販売しましたが、世界的に見て手数料が高めでした。銀行預金なら手数料がかからないのに、投信だと毎年手数料分コストがかかります。

　しかも証券会社が販売したのは、比較的リスクの高い商品でした。リスクの高い商品のほうが手数料が稼げるからで、高齢者にインド投信を販売するといった事態が横行しました。早めに投資した投資家は利益が出ましたが、損失を被った投資家も少なくありません。

　さらに為替市場では円高が進みました。そのため多くの投資家が外貨建て投信で損失を被り、投資信託への警戒感を強めました。ピーク時には残高が1兆円を超える巨大ファンドが数本ありましたが、最近では巨大ファンドはごくわずかです。

　また証券会社に新規株式公開（IPO）の株式を保有すれば利益が狙えるといわれ買ったものの、公開後、値段が大きく崩れ大損した投資家も少なくありませんでした。

　結果的に個人投資家の多くが資産を安全に保全できないことを体験し、証券市場から退出していきました。株式市場では大手金融機関がコンピュータを使って短い時間に何百、何千もの売買をする高速売買などが盛んになったことも個人が寄り付きにくくなった一因です。

　一方、預金の所有者は高齢者が多いのが現実です。1,500兆円の資産の60％は60歳以上が所有しています。高齢者の収入は年金しかないという場合も少なくありません。職を持っている方でも、年齢的に収入が増える見通しはあまりなく、また収入を得られる期間もそれほど長くはないわけです。そのため、高齢者は自分の資産を高いリスクにさらしたいとは考えません。

　個人金融資産は株式に流れず、預金にとどまったままです。ただ結果を見ると、株式は値下がり傾向が強いのが実情でした。政府にいわれて株式投資をした投資家は損失を被り、政府の意向を無視して株式から離れた投資家の損失は抑えられた格好です。

　個人はマクロで見ると預金にとどまった格好ですが、デフレが続く中で

最も価値を保てたのは現預金です。その面では、個人は証券会社からの働きかけを受けた政府の安易な口車に乗らず、懸命な選択をしたといえます。

2　変わる円の相対的地位

　国際的なマネーの流れで大きかったのは、欧州の債務危機（ユーロ危機）です。2007年のサブプライムローン問題でBNPパリバの関連ファンドが解約を一時的に停止するパリバ・ショック以降、欧州の金融機関は市場での資金調達が困難な状況に陥りました。リーマン・ショックでは銀行の健全性が危機的な状況に陥り、フランス、英国などが公的資金を投入し財政が悪化しました。

　一方、ギリシャ政府の簿外債務が発覚し、ギリシャ国債の返済が危ぶまれました。国債価格が下落し、それを保有していた銀行の経営が悪化しました。銀行と政府がともに危機を迎え、それに支えられているユーロへの過剰な期待が剥げ落ちました。

　もともとは欧州の統一通貨であるユーロが導入され、国際市場ではユーロがドルと並ぶ基軸通貨になるとの期待が高まりました。中央銀行などが外貨準備にユーロを組み込む流れを強め、07年までに国際通貨はドル・ユーロ時代になりました。

　かつて円はマルクと並んで準基軸通貨の地位を担っていましたが、ユーロへの期待が高まり、円の相対的な地位はどんどん低下しました。日本がゼロ金利を長期化させたため、日本国債の金利面での魅力が低下したこともあって円の人気が離散し、総合的に見て円は国際通貨としてポンドにも抜かれるありさまでした。

　しかしユーロ危機はそんな構図を一変させます。通貨を支える金融システムは不安定化し、ユーロ国債の一部が大幅に下がりました。それらに支えられていたユーロの基軸通貨期待が剥げ始めたのです。

　また、欧州は危機に伴う景気後退から抜け出すため、欧州中央銀行

(ECB) が金融緩和を進めました。その結果、ユーロはそれまで保っていた金利面での魅力も落ち、金利面からのユーロ安圧力がかかりました。

世界の中央銀行はユーロが基軸通貨になるという考え方を改め、外貨準備に占めるユーロの比率を下げ始めました。それに伴いユーロ高傾向は、ユーロ安に転じました。

その結果、ドルの基軸通貨としての地位が見直されるとともに、基軸通貨を補完する通貨として円やスイスフラン、英ポンドに再び脚光が当たりました。外貨準備のユーロを減らして、円の比率を引き上げる動きが出始めました。

こうしたユーロの相対的な地位低下は相場にも響きました。ユーロは下落を続け、逆に円が上昇しました。一時1ユーロ＝166円だったのが、12年には93円まで下落しています。

円は日本の少子高齢化など先行きの経済不安と低金利を背景に先安感が根強いのは事実です。しかし通貨はあくまでも相対的な価値として決まります。日本の将来性が明るくないのは事実ですが、予見可能な将来に欧州がそれ以上に悪いのであれば、円は相対的に高くなります。

今、日本の投資家は日本の先行き不安から円安観測が強いですが、実際には欧米経済はこれからより悪化するとの見方が多いのが現実です。このため、簡単に円高の構図は変わらないとの見方が出ています。

3 揺らぐ安全神話、ソブリン

ユーロ危機でもう1つ大きいのは、ソブリンといわれる投資カテゴリーへの見方が大きく変わったことです。ソブリンというのは債券投資や融資判断の際、債券の発行体や融資先が、国や国が出資し、その返済を国が完全に保証するような国に準じる機関の総称です。投融資する際に最も安全な対象と認識されてきました。

制度的にはバーゼル銀行監督委員会が1988年に発表した自己資本比率規

制案（バーゼル１）で、先進国の国債の信用リスクはゼロと見なすとしたことが、ソブリンの安全神話にお墨付きを与えました。

ソブリンは安全志向の高い投資家の絶好の投資対象になりました。世界的には欧州の銀行は同じ欧州連合（EU）域内の国債を大量保有し、日本でもソブリン物だけを組み込んだ投資信託が人気となりました。

しかし先進国だからといって、その国の国債が100％安全かというと、そうではありません。先進国以外では南米やロシアなどで国債がデフォルト（債務不履行）を起こすケースが出ていました。

そうした中で起きたのがギリシャ危機です。ギリシャが簿外で保有していた債務が表面化し、返済が危ぶまれたのです。そのためギリシャ国債の価格が大幅に下落したほか、アイルランド、ポルトガル、イタリア、スペインについても返済不能が疑われ、その国債価格が下落しました。

2012年にはギリシャ支援の一環として、銀行が保有していたギリシャ国債について銀行は債権を一部放棄しました。再建支援の自主的な放棄でデフォルトには当たらないとされましたが、現実にはギリシャが債務を履行できなくなったことに変わりはありません。先進国の国債で実質的なデフォルトが起きたのです。

このため国際的な投資家はソブリンの再評価を余儀なくされています。国だから信用リスクはゼロという理屈はもはや通用しなくなり、欧州の一部の債務国の国債が投げ売りされたり、ソブリン物を組み込んだ投信から資金が流出したりしています。

国だからつぶれないというのが幻想だったことに気づいた格好で、国債マネーはその信用評価の再構築を求められています。

4　嫌われたヘッジファンド

1990年代から外国為替市場で大きな影響力を持ってきたヘッジファンドが厳しい立場に追い込まれています。ヘッジファンドは規制の緩いオフシ

ョアセンターなどに拠点を置き、投資家から資金を集め高度な投資技術を駆使して為替だけでなく、証券、商品投資などをしてきました。

　高い利益を狙うため、リスクの高い商品への投資も少なくありませんでした。運用は秘密主義で銀行などに比べて情報開示は極めて少なかったのですが、高い運用成績をあげてきたため規模が大きくなりました。

　90年代にロングターム・キャピタル・マネジメント（LTCM）の経営が悪化しましたが、そのまま破綻させると金融システムが大混乱しかねないため、ニューヨーク連銀が音頭をとってウォール街の金融機関に救済させたことがあります。しかし、その後も金融機関はヘッジファンドの信用力を疑うことなく投資したり、ヘッジファンドにレバレッジ資金を融資したりしていました。

　それがサブプライムローン問題でつまずいたのです。サブプライムローン問題では、サブプライムローンを証券化した有価証券を集めて加工したデリバティブ商品に大きな損失が出て、実質破綻するヘッジファンドが相次ぎました。

　危機感を強めた米政府は、銀行のヘッジファンド取引規制に乗り出します。ボルカー元FRB議長が主導したルールでは、銀行の自己勘定でのヘッジファンドへの投資を厳しく規制するのに加え、銀行が融資などでヘッジファンドの業務を支援することも規制する方向を打ち出しました。

　ヘッジファンドの多くはオフショアセンターなどにあるため直接規制は及びにくいのですが、取引する銀行を通じていわば兵糧攻めしているのです。

　また、G20首脳会議のもとで金融安定を担当する金融安定理事会（FSB）は、シャドー・バンキングの規制づくりを始めています。シャドー・バンキングは、各国の銀行監督対象外のまさにヘッジファンドのような機関です。

　シャドー・バンキングが膨張したため、金融システム全体の安定を考えると監視を強める必要があると判断しました。その一環として一定の規模以上のヘッジファンドについては国際的な規制の網がかかる可能性が大き

く、ヘッジファンドの投資行動は大きく制約される可能性があります。一時は為替相場を左右するほどの影響力を持ったヘッジファンドですが、その全盛期は過ぎ去ったようです。

5 お金の規制強まる

　国際的なマネーの流れが拡大する中で、それを取り締まろうとする動きも強まっています。とりわけ2001年の米同時テロ以降、米国がお金の面から不正行為を取り締まる方針を強めていることが背景です。

　この動きには2つの側面があります。1つはテロの資金を根絶しようとする動きです。米国や国連がテロにかかわったとされるアルカイダの関係者などを明らかにし、そうした関連勢力との取引を禁じています。

　当初は9.11のテロ対策が主眼でしたが、その後、イランなど米国と対立する勢力との取引についても禁止する動きが広がっています。このため、日欧などイランと結びつきの強い国の金融機関がそうした地域での取引縮小を迫られています。

　もう1つはマネーロンダリング取締まりの動きです。米国は南米の麻薬製造に関する組織の取り締まりを強めており、そうした組織が違法な麻薬取引で得た資金を洗浄するような行為ににらみを効かせようとしています。これに関連しては北朝鮮についても、米国は麻薬、贋金づくり、核技術取引などを疑っており、その関連口座を取り締まったりもしています。

　さらに金融危機が起きる前まで、銀行の高収益体質を支えたのは税金の安いタックスヘブンを利用した取引でした。それ自体にも根強い批判がありました。そこに危機が起きると、決済を司る銀行を破綻させることは難しく、欧米とも公的資金を使って多くの銀行を救済しました。

　そのため欧米では厳しい銀行批判が起き、銀行税導入などに動いています。それと同時に公的資金を投入されながら、税金を回避しようとする銀行行動自体にも厳しい目が向けられました。

米国などはタックスヘブンと情報交換協定を結んで、タックスヘブンが脱税やマネーロンダリングに利用できないように監視を強めています。

　これに関しては日本の金融機関もケイマンで巨額の金融取引を実施しています。税金の安さを利用して、証券化の際のSPC（特別目的会社）を設立したりしています。日本ではこうした銀行による節税に対する世論の批判が強くないため、銀行は依然ケイマンを利用し続けています。

　ただ、国際的にはタックスヘブンを使う銀行への監視は強化され、そうした行動自体への批判が強まっていることから、節税マネーの流れには縮小圧力が強まる公算が大きいといえます。

6　うつろうマネー

　世界全体を見渡すと、金融危機を経てお金の流れは大きく変わりました。

　まずサブプライムローン問題以降、銀行は経営が悪化し、資本が傷ついたため、資産の圧縮を余儀なくされました。また証券化の仕組みが問題視され、資産担保コマーシャルペーパー（CP）など証券化を使った金融が機能不全に陥りました。そのため民間金融が収縮し、景気にストレスがかかりました。

　それに対して金融収縮のストレスを最小限に食い止めるため、世界の中央銀行は攻撃的な金融緩和に打って出ました。金利を引き下げるだけでなく、巨額の資産買い入れを実施しました。いわゆる量的金融緩和です。

　欧米はジャブジャブの資金であふれ返りました。ただ金融不全で景気の先行きも不透明なため、ジャブジャブにあふれた資金は安全性を求めてうつろいます。

　まず安全性が高いと見られる国債に流れ込み、米国債の利回りが1.5％を下回りました。ただ国債だから何でもいいというわけではありません。ユーロ危機が起きたため、危機が本格化したギリシャだけでなくイタリアやスペイン国債を敬遠する動きも出てきました。比較的信頼が置ける国債

に資金が集中したわけです。

　ジャブジャブの資金は国債市場だけでは受けきれず、株式市場や新興国市場にも流れ出しました。株式市場では国際的な展開をする企業の多い米国市場が選好され、景気減速・株高という状況が続きました。

　また欧米危機の波及が比較的遅れた新興国の市場も、あふれるマネーで潤っていました。2011年まで中国が比較的高い成長を続けていたのが背景ですが、その後、中国の減速を受けてマネーは新興国から引き始めています。

　世界的に見ると先進国の低迷が鮮明になり、それを補ってきた新興国も成長率が低下しています。各国の中央銀行は景気テコ入れのため緩和は続ける見通しですが、危機直後のような巨額の資金供給が続けられるわけではありません。このため長期的に見るとジャブジャブだったマネーは徐々に正常化に向かい、それに伴って国債や株式市場に流れていた資金が引きあげられていく可能性があります。

　景気の状況に比べてマネーで高めに維持されていた株価には下落圧力が加わります。一気に崩れれば景気に甚大な影響が出るため、中央銀行がジャブジャブのマネーをどういう形で、どういう速度で正常化するかが問われることになります。

V
株式・商品市場を読み解く

1. 株式市場の動向

1　昭和から平成へ──株式市場の劇的進化

　平成の株式市場について考えてみましょう。昭和という時代がバブル経済の中で終わりを告げ、平成の幕開けとともにバブル崩壊が始まり、その後今に至るまで株式市場の低迷が続いています。その中で象徴的なことが2つあります。1つは1989（平成元）年の大納会で、日経平均の市場最高値3万8915円を記録し、翌90年からほぼ一貫して下がり続け、いまだに低迷が続いている状況です。もう1つは、89年の4月、証券取引法が改正されてインサイダー取引規制が大幅に強化されたことです。現在、インサイダー取引は不正行為であるという知識は広く人口に膾炙（かいしゃ）していますが、驚くべきことにその歴史は25年ほどのものであり、昭和の時代にはインサイダー取引への意識が非常に弱く、後進的な市場だったわけです。

　当時の新聞には、インサイダー取引で儲けた人の話などが時々出ているほど、証券市場は無法地帯だったわけです。これでは健全な市場の形成はできないと、インサイダー取引規制の強化が昭和の最後の年に決まり、平成とともに導入されました。ここに1つ、平成と昭和の時代を分ける断絶があります。昭和の「早耳」と「風説」が支配する発展途上国型の株式市場から、ようやく平成になって情報開示や分析を重視する欧米先進国型に進んだわけですが、その歴史もたかだか25年ほどなので、依然としていろいろな問題が起きています。

　最近では企業の公募増資に関する情報が証券会社を通じて漏れていたことで、情報の伝達行為に対する処罰が違法ではないという問題も注目されました。

2 株式の所有構造の変化

　この20年間で一番変わった点は、株式の所有構造です。東京証券取引所などが出している投資部門別株式保有比率、つまり月々の株式市場の売買ではなく株主として何％株を持っているかというデータを見ると、外国人株主の上昇と金融機関の急減など非常に劇的な変化がこの25年の間に起きています。具体的に数字を挙げますと、会社、事業会社といった事業法人の持株比率が30％ぐらいから20％ぐらいまで落ちているほか、都銀、地銀などの銀行は劇的に下がり、15％から4％と、3分の1になってしまっています。その代わりに伸びたのが外国人株主で、4％から26％と約7倍に増えてます。

　このように株式市場のあり方が、事業会社が互いに株式を持ち合ったりメインバンクが事業会社の株を持って、株主としても債権者としても事業

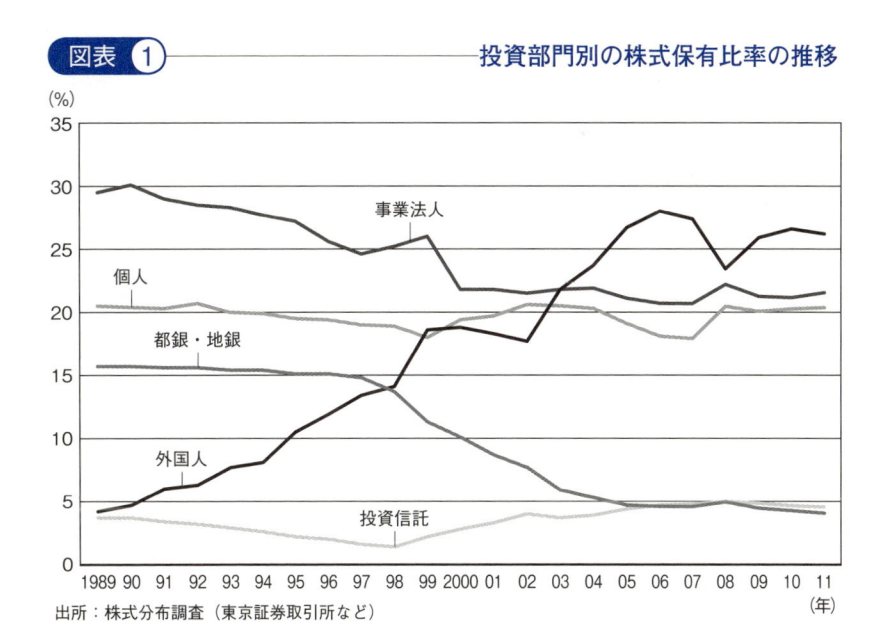

図表 ①　　　　　　　　　　　　　　　投資部門別の株式保有比率の推移

出所：株式分布調査（東京証券取引所など）

会社に支配力を行使する昭和スタイルから、いわゆるコーポレートガバナンス重視の外国人が市場の筆頭に躍り出た平成スタイルに変わったということです。昨今いわれていることに、日本が外国人株主に見放されているのではないかということがありますが、この25年の間に開放が進み、日本株式会社そのものも外資系企業に近づいたといえます。

　現在は、外国人株主による株の所有の拡大が、かなり末端の企業にまで及んでいます。時価総額順に外国人持株比率の上昇ぶりを調べたみずほ証券のデータによると、2003年度ごろまでは時価総額が最も大きなクラスの会社でのみ外国人持株比率は上がる傾向を見せ、それ以下ではほぼ横ばいという状況でした。それが04年度以降は、時価総額の順位にかかわらず、いずれの企業でも外国人持株比率が同様のペースで上昇していることが実証的に分析されています。したがって、これはもう大企業だけでなく上場企業全般の問題となり、外国人株主との接し方やIR活動に神経を使う企業が増えています。

3　バブルの崩壊と外国人株主増加の関係

　では、なぜこんなに外国人持株比率が急激に上昇したのでしょうか。これはバブル経済の崩壊とセットの話になります。きっかけは不良債権問題が起きて、銀行が事業会社の株を持てなくなり、売りに出したところから始まります。株が下がると事業会社の持ち株にも損失が出ますから、互いに持ち合っていた事業会社同士の株式を売却し合うということが、平成以後10年以上もだらだらと進んできました。

　この過程で、株価収益率（PER）や株価純資産倍率（PBR）といった、株式投資をするうえでグローバルに使われる指標が徐々に正常化していきます。逆にいえばバブル期の日本は、PERやPBRといった投資尺度が国際的に見て説明不可能なほど異常値をつけていたのです。

　異常だったのは、日本特有の株の持ち合いによって外国人株主がなかな

か入ってこられない状況にあり、内輪だけで企業の評価をしていたという面があったからです。それが不景気によって今まで互いに評価していた人たちが株を手放し始め、代わりに外の評価が入ることになってグローバルで正当な株価比較ができる環境が整ってきたということがいえると思います。

4　国際会計基準への適応で透明化される資本市場

　では、正当な株価比較ができる環境とはどのようなものなのでしょうか。この20年で起きた重要な変化として1つ挙げられるのは、会計基準や財務諸表の透明度が飛躍的に上がったことです。日本の会計基準は、いまだに国際的に遅れているとか不透明であるといった意見もあり、実際にまだ非常に劣後している部分もありますが、大きな方向性や重要なポイントについては、この20年間で相当キャッチアップが進んだと思われます。

　たとえば、今では当たり前になっている連結決算も、昭和の株式市場ではその考え方すら重要視されていませんでした。決算発表は単独決算が主で、それに付随する連結決算はあくまで参考情報でしかありませんでした。単独決算の発表後、2週間遅れで申しわけ程度に簡単な連結決算資料を配るのが当然だったのです。そういった発想自体が変わったことが、外からの投資を増やす非常に大きな要因となっています。

　また、決算発表の頻度も、中間決算と本決算しかなかったものが、今は四半期業績開示から正式に四半期決算になりました。土地や株式の評価についても、かつては含み損といった財務諸表に表れない損失を企業は常に抱えていましたが、これらの評価もその時々の公正な価値で洗い直して、決算のたびに出していこうという、公正価値会計主義あるいは時価主義といった考え方が日本に根づいてきました。

　以上のように、連結決算、四半期決算、時価主義といった主要な項目では、日本の株式市場あるいは資本市場は確実に欧米に歩調をそろえ、一部は導入のタイミングがヨーロッパよりも早いものもあります。したがって、今

の市場をとらえてあまり自虐的に遅れていると考える必要はありません。むしろ20年間で、確実に変わってきているという方向性に目を向けることが大事です。

5　外国人投資家の参入に怯える企業経営者

　こうして株式市場のインフラ整備や投資尺度などの改善によって、日本市場への外国人株主の参入がなだれを打って始まりましたが、この参入のスピードが、日本側の予測を超えて相当に速かったために尖鋭化していると思われる問題もあります。それは、外国人株主と日本型経営を標榜する経営者との対立です。
　日本の経営者側としてみれば、いたずらに外国人投資家に背を向けようとしているわけではなく、参入のスピードにとまどって、いったいどこまで侵食されるのかという一種の怯えのようなものを根本に抱いているのではないかと思われます。その怯えは、新聞などに見られる経営者の発言に数多く示唆されています。特に地方銀行のような保守的企業に、その思いが強いようです。外国人株主の比率が25％に達した地銀の頭取が新聞のインタビューで「これ以上買い進まれると経営に問題が起きてくるのではないか」などと、漠然とした不安を表明したことがあります。

6　種類も量も多い投資ファンドへの対応

　これは報道する側にも責任があると思います。外国人株主とひとくくりにいってしまったり、あるいは投資ファンドなどとわけのわからない日本語を使ってしまうことも、混乱に拍車をかけているのかもしれません。ファンドといっても、野村アセットマネジメントやフィデリティ投信のように普通の投資信託会社が売っている商品やミューチュアル・ファンドか

ら、ジョージ・ソロスが運営していたような何でもありの短期売買をしているヘッジファンドまであります。また、スティールパートナーズに代表されるような、企業経営にもの申して企業価値の向上に積極的に関与しようというアクティビストファンドや、丸ごと買い取って企業価値の向上を図るバイアウトファンドなど、さまざまな形で大量の外国人株主がこの20年間に押し寄せてきました。

　昭和が終わるころまでは、外国人株主の市場参入はもっぱらミューチュアル・ファンドでした。そうした牧歌的な時代の外国人株主から、ヘッジファンド、アクティビストファンド、バイアウトファンドなどまでが一気に押し寄せたうえに、株主の種類が多くその行動もさまざまであるということも、企業側の混乱に拍車がかかっている原因かと思います。

　金融リテラシーの向上という言葉をよく聞きますが、実は企業の経営者も金融市場のリテラシーはあまり高くないと考えられます。個人投資家のみならず、企業ももう少し考えたほうがよいかと思います。

　フィデリティのような伝統的な投資信託会社が、ガバナンスの担当者を採用して企業に対してものを言い始めていることや、反対に空売りばかりをしているヘッジファンドが、実は1つの企業の株を7年近く持っていること、あるいはスティールパートナーズのような行儀の悪いイメージのあるアクティビストファンドがビジネススクール流の事業プランをウェブサイトで公開していることなどの動きに見られるように、それぞれの株主が従来の手法やその性格付けを変えてきているにもかかわらず、受け入れる側の企業がそうした変化に追いついていないという株式市場の現状が、懸念材料として挙げられます。

7　投資の主役になりきれない個人投資家

　現在、非常に活発に市場を盛り上げている個人投資家について見てみましょう。先ほど挙げた投資部門別株式保有比率の統計を見ると、1989年度

におよそ20.5％だった個人投資家の比率は、2007年度には18.2％に低下しています。18.2％というのは、この数年前に出た、統計を始めて以来最低の水準18.0％に近い数字です。個人投資家の時代といってはいるものの、株式保有構造の面では主役にはなりえず、それどころか、次第にオーナーシップは低下しているということがいえるのです。

　代わりに投資信託による株主の比率は3.7％から4.9％に上昇していますが、これを勘案しても、直接間接を含めた個人の株式保有は、その印象ほどには劇的に増えていません。新聞などでは、ネット証券の口座が増えていることや、デイトレーダーが儲けた話などがよく報道されていましたが、日本を株式会社として見た場合には、その主役の座を占めることもなく、

図表 ②　　　　　　　　　　　　　　　　　　家計の金融資産の内訳

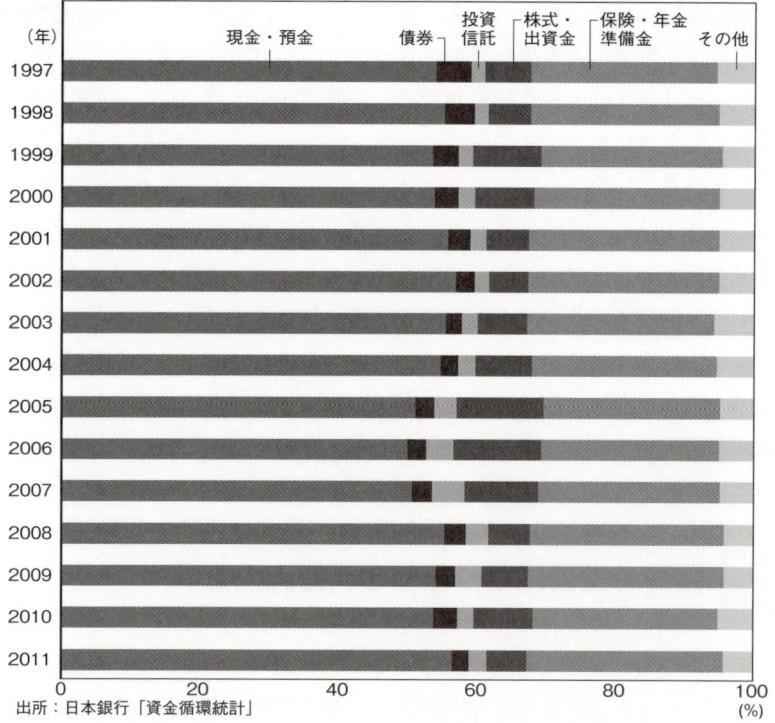

出所：日本銀行「資金循環統計」

むしろどんどん脇役に追いやられているのではないかと思います。

　また、日本銀行の資金循環統計によると、個人の金融資産の内訳に関しても、多少の増減はあるものの、やはり過去10年近く50％前後の比率を預貯金が占め、株式や債券、投資信託などの合計は10％から20％程度となっています。この程度のリスク性資産では、株価が上がったときに個人の持つ株券の比率が上がることや、債券型投信の人気が高まったときには債券保有の比率が高まるなど、その時々での増減はあったとしても、1998年の日本版ビッグバンのときにいわれたほどには、資金の預貯金から市場性資産へのシフトが起きていないと思います。

　日本人の家計や個人をリスク選好型とリスク回避型に分けたとしますと、このデータからは、リスク選好型の個人・家計とリスク回避型の家計・個人とが、はっきり分かれて固定化していることがうかがわれます。リスク選好型の家計や個人が、そのときそのときで株や債券、投信を回している一方、リスク回避型の家計や個人はじっと銀行や郵貯にお金を貯めている、という状況が続いていると思われます。今後この状況がどう変わっていくのかが、マクロの統計を見るうえでポイントとなると思います。

8　復活するか株式の持ち合い

　株式市場の主役は依然として外国人ですが、今、株式の持ち合いが復活しそうな気配があります。しかし今回の持ち合いには、昔とは違う点が2つあります。かつては、株式の持ち合いが簿価主義会計、あるいは取得原価主義に支えられていたため、株価が多少下がっても損失はあまり外に出ない時代が長く続きました。今は、持ち合いを強めた企業は評価損のダメージを相当に受けているはずです。それでもなお持ち合いを進めた場合でも、市場の主役に躍り出た外国人株主の相当に厳しい目がありますので、昔のようには戻らないという見方があります。

　株式持ち合いのもう一方の主役である銀行も同様に、時価主義の監視を

受けるとともに、新しくなったBIS（国際決済銀行）の自己資本比率によって保有できる株式の金額がさらに下がるというタガもはめられることになるので、持ち合い株の復活は非常に難しいと思われています。

さまざまな手かせ足かせのような監視が格段に厳しくなっているので、株の持ち合いには自ずから限界があるのではないかという見方もあります。その点だけを強調するとジャパンパッシング論に与(くみ)する結果ともなってしまうのですが、個別の機関投資家の動きを見ていると、必ずしも日本攻撃に加担している投資家だけではないことがわかります。

たびたび例示しているフィデリティ投信という投資信託会社は、約20年前から日本で活動していますが、過去最大級の日本株運用部隊を今東京に配備しています。また、カルスターズというカリフォルニア州にある全米有数の規模を誇る年金基金が、日本株に本格的に投資をしたいと日本の関係者を回って予備調査を行っています。

このように、真剣に投資のタイミングを計っている企業や実際に投資をしている人は確実に存在しています。日本を投資の対象としている人たちがいるということを踏まえておかないと、日本人が日本人に対して一番悲観的な自虐主義にはまって、日本株すなわち日本企業の魅力を必要以上に悲観してしまうのではないかと考えます。

9 日本の常識は世界の非常識だった時代

今まで述べてきた日本の現状を踏まえると、企業側にとって、外国人株主が増えたことなどから、日本の株式市場の常識が実は世界の株式市場の非常識だったことに気づいた点が多々あります。バブル期と対比して述べますと、企業財務の歴史にとってたいへん恥ずかしい事実がありました。バブル期の現象としてあったエクイティファイナンスもその1つです。エクイティファイナンスとは、増資も含めて新株発行による資金調達の方法ですが、当時、エクイティファイナンスは低利の資金調達方法で非常によ

い商品であると、証券会社も盛んに売り込み、そしてそれを鵜呑みにしたメディアも喧伝したのです。

　低利の根拠になったのは、単に株式の配当利回りと銀行の融資の金利を比べていただけのことだったのです。海外でのファイナンスは、為替スワップの組み方次第で金利を払うのではなくて、差益が手に入るため、ときとしてマイナス金利などというとんでもない事態を起こしたこともあります。

　このように昭和の株式市場は、井の中の蛙のような非常に狭い世界での金融の常識がまかり通っていた時代であって、エクイティファイナンスによって借入金を返済するのが先進的な企業の財務戦略として大流行していたわけです。それがバブル崩壊で株式市場が下落すると、今度は株価の下落はエクイティファイナンスのやりすぎによるものだと考えたのです。

　つまり、株式を発行しすぎたために株価が下がったのだと、もっぱら需給バランスの悪化の問題として株式市場の下落をとらえていたわけです。こうした解釈がまかり通ったこと自体、今振り返ればおかしなことだったと思われます。

　企業ファイナンスに明るい専門家はいつの時代にもいるものです。このときもどう考えるべきかについて声を上げる識者はいたのです。たとえば、1991年11月30日の「日経産業新聞」に寄稿した太陽神戸三井総合研究所の加藤雅人氏です。91年といえば、株式バブル、不動産バブルの崩壊が誰の目にも明らかになったころで、その段階で加藤氏は、「日本企業の資金調達──『資本コスト』の概念必要」と、そのものずばりの論を展開しています。87年から89年にかけて、日本企業のエクイティファイナンスの残高は56兆円に上っていたのですが、加藤氏はこの56兆円をだぶついているという議論ではなく、なぜ56兆円ものエクイティファイナンスを出してしまったのかに焦点を当て、その背景には資本コストの概念が欠落していたことがあると指摘しています。

　この指摘は、欧米の金融界では、何を今さらというほど当たり前の、初歩的な常識なのですが、当時の日本ではこの程度の常識も大勢にはならな

かったのです。ことほど左様に、かつてはひどい常識のうえで株を扱っていたことになります。企業の側にも、もちろんそういった意識がほとんどなく、行動にも移せなかったということです。

10 財務戦略のメニューを取り上げた規制

なぜ企業はこんなむちゃくちゃな資金調達をしたのでしょうか。まず第一に企業の資金調達の方法が昔と今とではまったく違っていた、ということがあります。昭和の時代、企業の資金調達には、株あるいは株がらみの債券、つまりエクイティファイナンスか、銀行借入しか財務戦略がなかったのです。

今では当たり前のようになっている金庫株の償却、つまり発行しすぎてしまった自社株式を自ら買い取ることによって資本コストをコントロールすることなども、当時は自社株買いが禁止されていたためにできなかったのです。自社株買いが解禁されたのは1994年です。また、銀行借入に代わる普通社債の発行についても、昔は適債基準、財務制限条項というものを大蔵省が決めていて、一定の高い格付けをされていないと社債は発行できないというルールがありました。大半の企業は社債を発行することもできずに、ひたすら銀行から融資を受けるかあるいは株を発行するかという、非常にプリミティブな財務戦略しか持っていなかったのです。

そもそも許されていたメニューがほとんどなかったわけですから、資本コストをコントロールすることや資本戦略をトータルに考えるといったことにまったく対応できない状況が続いていたという、悲劇的な状態だったのです。

今は日本版ビッグバンを経て規制が緩和され、資本調達のメニューは米国並みにそろってきました。規制を続けていた行政の無知と怠慢が、日本経済の傷を深める原因になったともいえます。

平成と昭和の時代の間に株式市場の断絶があると冒頭に述べましたが、

さらにいえば20世紀と21世紀の間にも大きな断絶があります。2000年以降に株式市場が洗練された方向に向かい、企業がその財務戦略を考えるメニューがそろったという意味でも、株式市場はまさしく新時代を迎えたと考えられます。新時代を迎えてから10年足らずの非常に若い市場であるがゆえに、今はまださらなる成長過程にあることを考えても、グローバルで認められるような市場の形成にピッチを上げて取り組まなければならないといえます。とにかく今は、日本の株式市場の歴史はまだ浅いという認識が必要です。

11 ROEに頼りすぎる日本企業の経営

　日本企業の財務や資金調達面が、この20年の間、どのような状況にあったのかについて、もう少し細かく見たいと思います。日本企業が、今も昔も何かにつけて口にする経営指標があります。ROE（株主資本利益率）という経営指標です。このROEが10％という数字を、いずれの日本企業も呪文のように唱えています。

　2008年のリーマン・ショック後に、金融機関を中心に米英企業が借金漬けだった実態に焦点が当たりました。ROEは自己資本をどれだけ有効に使って利益を挙げているかを見る経営指標ですが、同じ利益を挙げるならば、借金が多いほうが高めに出ます。米欧企業は借金（レバレッジ）に頼ったROE経営をしていたのです。

　一方、日本企業はバブル崩壊後に借金の返済（デレバレッジ）をしてきたのですから、ROEは低めに出るという傾向がありました。

12 必要となる本業と市場戦略の併用

　こうした状況にあるにもかかわらず、日本が米国とROE（株価資本利

益率）を比べようとしていること自体、おかしなことなのです。ちなみに、ゴールドマン・サックスが日本の借金（レバレッジ）を米国並みの4倍にした場合の試算をしたところ、利益率はそのままでも、現在およそ10倍弱のROEが約14倍まで高まってしまうという数字が出ています。

こうした策は小手先のものではありますが、そのくらい数字は上がってしまうのです。レバレッジを高めるには、借金を返すだけではなく、たとえば自社株を買って株式を減らすことによってもできます。実は、2007年は自社株買いが過去最高の年でした。企業が自社株買いをしている背景には、もちろん一義的には株主への利益還元もありますが、大きな流れとして、低くなりすぎたレバレッジをもう少し高めようという財務戦略からの行動にも見えます。

しかし、日本には本当にまじめな企業が多く、"本業志向"が強いですから、こういう財務戦略のために数字合わせをすることには、なかなか抵抗が強いと思われます。

08年1月に、松下電器産業の経営方針発表がありました。松下電器は、パナソニックへの社名変更ばかりがニュースになっていましたが、あくまで売上高、営業利益率の改善を通じてROEを上げていくことを経営目標に挙げていました。本業のコストを下げて採算をよくすることこそ本道で、財務は補完・黒子であるということです。

海外の企業は本業の強化も日本以上に行って、本業プラス財務戦略で株式市場において勝負してくるわけです。そういう意味でも、日本企業の劣勢はまだまだ覆らないと思います。

最近、日本株が低迷していますが、企業の財務戦略である資金調達の面から見ると、このレバレッジ不足が大きな理由となっています。レバレッジ不足になれば、債権者や株主に過大なリスクを負わせることになるので、株主にとっては改善を要求したい点となります。

これに対して米国の企業は、債権者のほうに過大なリスクを負わせている過剰負債の状況にありました。サブプライム・ローン問題で企業の信用力も大きく揺らいだのですが、背景には企業の借金漬けという構造があり

ます。米国の今後の課題は過剰なレバレッジを適正化することにあるのでしょうが、日本はやはり負債の活用すなわちレバレッジ戦略が重要になると思います。レバレッジはエクイティではないので株式とは関係ないと見なしがちですが、負債をうまく活用している企業は、株式市場でも実は注目されるという点を認識することが、今後のポイントではないでしょうか。

13 証券業務を取り込んだ銀行

　平成の株式市場と昭和の時代とを比べて劇的に変わった点を考える際、先ほど述べた市場のオーナーシップの変化のほかに、実は証券会社、あるいは証券という言葉を取り巻く金融機関のあり方も相当劇的に変わっていることが挙げられます。
　1989（平成元）年時点で証券会社は、まず野村、大和、日興、山一という4大証券があり、それに続く準大手証券が10社、さらには中堅8社があって、またその下に地場証券がたくさんありました。
　それが25年後はどうなったでしょうか。野村證券、大和証券は今もありますが、日興證券はシティグループの子会社になり、さらに三井住友フィナンシャルグループに転売されました。山一證券は破綻によって姿を消しました。それに続く準大手証券や中堅証券では、岡三証券とコスモ証券など一部を除いて銀行グループに吸収されてしまいました。
　昔は証券業務は証券会社だけが行い、銀行は銀行業務しかできませんでした。ところが今は、銀行グループが証券会社を取り込むことによって、銀行という業態の中で証券業務を行う状況が普通になりました。ちなみに、証券会社も法律的には銀行業務を行うことは十分可能なのですが、銀行業務というのは大規模な装置産業という面もあり、なかなかそこまで踏み込んで行う証券会社は少ないのです。
　つまり、この25年の間に銀行業務しか行っていなかった銀行が、証券業務も行うようになったということが一番重要な点です。かつては証券業

務＝証券会社の専権業務だったものが、今は証券業務と証券会社が必ずしも一致しなくなっている、という点で非常にわかりにくくなっているわけです。

たとえば投資信託や関連の証券商品を買おうとした場合に、初めて買う場合はいったいどこで売っているのか戸惑うこともあるようです。投資信託という証券関連商品は、もちろん銀行の窓口でも買えますし、証券会社でも買えますし、ゆうちょ銀行でも買えます。そのうえ最近は、そういった金融機関を経ずに通販感覚で運用会社から直接買うこともできるようになりました。

要するに、証券会社＝証券業務、そして証券関連の商品を売っているところという図式が完璧に崩壊して、証券という言葉が、証券会社を指すのか、証券業務のことなのか、あるいは証券関連商品のことを指すのかが、わからなくなってきているのです。逆にいうと、証券というものが金融の至るところにちりばめられ、金融システムの変更も証券を切り口に起こっていると考えることもできます。

14 インターネット証券の今後

もう1つ、平成の証券市場を考えるとき、特筆すべきことがあります。それは過去5、6年の間に急速に成長してきたインターネット証券という新たな形態です。店舗を持たずに株式や投信などを売るネット証券が急成長を遂げてきたのには2つの要因があります。1つはインターネットの普及と大容量化です。インターネット自体は1990年代の半ばには日本でもかなり使われていましたが、当時はダイヤルアップ型の通信速度もやり取りする情報も限られたオモチャみたいな存在でした。最近は家庭でも大容量で非常に処理速度の速いインターネット環境になってきたこともあり、株式売買が自由にすばやくできる環境が整ったのです。

そしてもう1つは、株式売買委託手数料がとても下がり、何度売買して

もあまりコストがかからなくなりました。ちなみに株式売買委託手数料は、日本が世界で一番安いといえるほどの水準になり、インターネットの普及率が世界でトップクラスであることと合わせると、ネット証券は日本の強みをある種生かした業態ではないかと思います。

また、ネット証券は実は非常に装置産業化しており、なおかつ証券会社だけではなくて、銀行や保険の販売といった他の金融商品の販売にもすぐに応用が可能な形態です。この形態が証券の境界を、さらにあいまいにするのではないかと思います。

15 金融商品取引法の登場──まとめ

2007年に金融商品取引法という法律が施行され、それまで証券市場を規制していた証券取引法という法律はここに吸収されました。「証券取引」から「金融商品取引」へ。名称の変更が平成時代の株式市場の構造変化を端的に表しています。

統制色の強かった前近代的な昭和の株式市場は証券会社、特に4大証券の影響力がとても強かったため、証券会社を規制していれば証券市場も規制・監督することができました。平成になってからは銀行や保険会社、ファンドなどさまざまな金融仲介者が証券市場に参入し、デリバティブ（金融派生商品）を組み合わせた預金や年金型の保険、個人向けファンドなど自由な金融商品を提供しています。販売チャネルも証券会社だけでなく、銀行や郵便局の店頭、インターネットなど多種多様になりました。

また主に証券会社が株式売買をつないでいた証券取引所も、最近は金や温暖化ガスの排出量を取引したり、クレジット・デフォルト・スワップ（CDS）という企業の信用力そのものを取引する金融商品を清算したりする場としても重要になってきました。

こうした時代にあって、主に証券会社や証券会社が取り扱う商品だけを規制する証券取引法では、市場を監督するうえでも、投資家を保護するう

えでも不十分になっていました。そこで銀行や証券、保険、ファンドなど業種や業態による規制ではなく、そうした金融市場の仲介者の行為、すなわち金融商品の取引に横串を刺す形でつくられた新しい法律が金融商品取引法なのです。

　07年ごろから日本を含む世界の市場を襲った経済危機も、金融市場の新しい現実を改めて気づかせてくれるきっかけとなりました。サブプライム・ローンという米国の住宅ローンの焦げつきが、なぜ銀行だけでなく証券会社や保険会社、ファンドの経営まで揺るがしたのか？　なぜ米国市場の問題が一瞬にして欧州や日本に伝播したのか？　細かな仕組みは書きつくせませんが、要するに金融取引が銀行、証券、保険、ファンドという縦割りの業種・業態を越え、グローバルに広がっていたからにほかなりません。

　平成時代の日本市場がもっぱらお手本にしてきた米国でもこうした新しい現実に即して、証券市場と商品市場の規制を統合するであるとか、業種・業態を越えた大手金融機関の監督を一元化するなどの方策を考え始めました。その意味で日本の金融商品取引法は、目指す方向性において先進的な要素も含んでいます。

　リーマン・ショックの後、米国では「ドッド・フランク法」が成立し、融合状態にあった金融業態の間に一種の壁をつくる発想が強まっています。金融機関に高リスク取引を禁ずることにより、銀行のヘッジファンド化にも歯止めをかけようとしています。

　英国でも金融サービス機構（FSA）が解体され、金融機関の監督は中央銀行の傘下に収められることになりました。銀行や証券会社も金融システムを構成する重要な要素である以上、金融政策と金融監督は一元化すべきとの実験的な発想に基づきます。

　米国や英国も経済危機後の金融秩序を確立するために、試行錯誤ともいえる動きを続けています。そうした動向を冷静に見極め、日本の金融市場を活性化させていく知恵を自分の頭で考えていく必要があります。

2. 商品市況の見方

1 経済の活力を測る体温計

　商品市況は、格別経済に関心を持っていない人には縁遠いように感じられるかもしれません。しかし、経済を構成している重要な要素の1つ、経済を見る場合の手がかりとして無視できないものです。

　取引・売買されるものは一般的に「商品」と呼ばれます。これを広義の商品とするなら、「商品市況」といわれる場合の商品は広義の商品ではなく、もっと限定された狭義のものを意味しています。たとえば、自動車やパソコンなどの価格を商品市況という言い方では呼びません。最近ニュースなどで話題となっているものでいえば、原油、ガソリンや小麦など穀物の高騰や値下がりがまさに商品市況の上昇や低下と呼ばれるものです。

　つまり農産物などの一次産品、基礎的な原材料で、同一商品間で品質などの格差が少ないもの、したがって大量の取引が可能なものがここでいう商品です。たとえばA社のガソリンとB社のガソリンで品質差はありません。メーカーやブランドで価値の差がないものをいいます。多くの場合は生活や産業の基礎資材となっているものです。

　これらの価格が全体としてどんな水準にあるか、またその動きがどんな方向性にあるかを示しているのが商品市況です。では、その商品市況はどんな意味で重要なのでしょうか。

　経済学の教科書では、価格は需要と供給のバランスで決まるといわれます。これは自由な競争市場を前提にした議論で、現実の社会ではそのような前提が成り立つかどうかは難しい問題ですが、その議論はひとまず置いて一応教科書的な公式が成り立つ市場を考えてみましょう。

　先ほどいったような狭義の商品の場合、自由な競争市場がより成立しや

すい特性があります。なぜなら特定のメーカーが自社の製品に特別な付加価値を要求することができないからです。ある商品に対する需要と供給がどうなっているかが価格の決め手になるといえます。商品の需要と供給はまさに経済状況の反映だと見ることができるので、さまざまな経済状況が反映されて価格があると見なすことができます。

　一般的に経済が活況な場合、モノに対する需要は増え、価格は上がる傾向になります。逆に、経済が低調なときは需要は減り、価格は下がります。こうしたことを含めて一言でいえば、経済の活力を測る体温計のようなものが商品市況です。そのため、景気の指標の１つとして商品市況は位置付けられています。

2　国際商品をどう読むか

　こうした商品を考えた場合、その中身は２つに大別できます。１つは鉄鋼や合成樹脂、印刷用紙など国内の素材産業が生産・販売しているいわゆる素材です。さまざまな産業で原材料として使われる中間材ととらえられるものです。この市況は、まさに国内の景気のバロメーターとなるものです。

　もう１つは一般的に「国際商品」と総称されるもので、原油や銅など非鉄金属、穀物などの粗原料といわれるものです。国際商品の市況は世界の経済や景気を反映していると見なすことができます。日本ではこうした国際商品の多くを輸入に依存しているのが、特徴的な経済構造になっています。また素材産業などにとっての原料となっていることが多く、2000年代に入ってから価格が大幅に高騰した後、米国発の金融不安を引き金に08年後半に軒並み値下がりに転じ、その後中国など新興国の需要拡大を背景に再び上昇傾向をたどったことで注目されています。そこで以下では、この国際商品を中心に解説していきます。

　国際商品の特徴を挙げると、まず貿易が自由であるのを前提にすれば、原則として世界で一物一価です。「ドル建て商品」で、原則として価格は

米ドルで表示され、ドルで決済されています。また多くは欧米での先物市場で価格が決まり、それに基づいて取引価格も決まっています。英語では単に「コモディティー」（商品）と呼ばれています。

03年から08年にかけて国際商品価格が大幅に上がったのにはさまざまな複合した理由がありますが、単純化していえば、中国など新興国の経済成長で、原材料の需要が急増し、供給とのミスマッチが顕著になってきたためです。日本の戦後の経済成長の経験を振り返って考えてみてもわかるように、成長の初期段階ではこうした基礎的な原材料の消費が大きく増大する傾向にあります。しかも新興国はいずれも人口大国であるだけに、その影響がとりわけ大きくなっています。

そもそもこうした国の成長の出発点には、米ソの冷戦構造の崩壊によるグローバリゼーションがあったことを忘れてはなりません。経済のグローバル化のもとで国際商品価格の大幅な上昇という現象が現れてきたのです。世界の政治や経済と国際商品市況とはつながっているのです。

この国際商品市況の水準を見る際に何を参考にすればいいのでしょうか。現在その代表的な指標とされているのは、米国のロイター・ジェフリーズCRB指数（1967年平均＝100）です。

英米企業が共同で算出している商品価格指数で、原油、金、銅、小麦など19品目で構成しています。かつて国際商品指数の代表は英国のロイター指数でしたが、これはポンド建ての価格指数だったため、ポンドの衰退とともに国際指標としての地位は失われてしまいました。覇権国の推移、基軸通貨の交代とともに国際商品指数も変化するということです。

3　さまざまな国際商品

国際商品の中で代表的な商品を次にいくつか取り上げてみましょう。
　①**原油**　最大の国際商品といえば、原油です。世界の経済に与える影響という点でも最大であるのはいうまでもありません。石油のような重要な

資源に対する支配権を誰が握っているかは、世界政治そのものだといえます。かつては英米の石油メジャーが価格を支配していましたが、1970年代の石油危機とともに石油輸出国機構（OPEC）が支配権を握りました。しかしそれも長続きせず、80年代以降は先物市場が価格形成を担うようになりました。

　現在、世界の原油価格の指標とされるのは、米国の先物市場NYMEX（ニューヨークマーカンタイル取引所）の米国産原油WTI（ウエスト・テキサス・インターミディエート）やロンドン国際石油取引所（ICE）の北海ブレント原油の価格です。日本で使われている原油はWTIではなく、主に中東産の原油ですが、WTIやブレントを基準にして世界の原油の価格が決まるので、結局WTIなどの価格が日本が買う原油の価格を決めているといってよいでしょう。

　特定の生産者や流通業者、あるいは石油販売会社などが価格に大きな影響力を持つのではなく、誰もが取引に参加できる先物市場が価格形成の場となる仕組みは、経済の民主化を意味するものだといえます。

　しかし、先物市場特有の問題点もあることは否めません。先物市場では生産や流通にかかわりのない純粋な投機家の売り買いが価格を左右する傾向があります。2008年に原油価格が1バレル＝147ドルまで高騰したことで大きなニュースになりました。1980年代から90年代にかけて1バレル＝20ドル前後が普通だったので、7倍超です。石油専門家の中には投機的な買いが価格を大きくカサ上げしていると非難している人もいます。確かに2008年前半の高騰とその後の急落は投機資金が大きな役割を果たしましたが、先行きの需給見通しが品薄であった面も否めません。

　世界で投機のもとになるマネーが巨大化しています。マネーの常で、上がりそう（儲かりそう）な市場を目がけて殺到するのは止められません。現在、商品（資源）に対する投資人気が盛り上がったのは間違いありませんが、やはり大枠では需要と供給の力関係が価格を決めていると見るほかありません。いずれ需給を反映した適正価格に収斂すると冷静に見るのが正しいでしょう。

最近の特徴としては、採掘技術の進歩で非在来型のシェールガスやシェールオイル（頁岩層＝シェールから採掘した天然ガスや石油）が採取できるようになり、米国の原油生産が増えていることです。この影響でWTIの価格が北海ブレントよりもやや安値で推移する傾向が強くなっています。

　②**貴金属**　貴金属の代表は金です。金は古来マネーとして扱われてきた長い歴史があります。現代ではマネーの役割はやや失われましたが、依然究極のマネーという認識は消えていません。「商品」と「通貨」という2つの顔を持つという人もいます。特に世界の政治・経済に対する不安が芽生えてくると、金の魅力が人々をとらえるようになります。これを「不安係数」と呼ぶ人もいます。金とは不思議な商品です。「金は（金融政策を担う）中央銀行の通信簿」といった人もいます。金の価格は需給だけでは論じられないところです。ある意味で投機・投資の人気が価格を決めるといってよいでしょう。1つ確かなのは、ドルの下落（ないしは下落の懸念）は金価格を押し上げる傾向があることです。最近の金価格の上昇局面ではその傾向が見られます）。

　③**銅**　銅を筆頭とする非鉄金属は、英国の先物市場、LME（ロンドン金属取引所）が伝統的に価格の指標市場となっています。19世紀後半以来という長い伝統が支えているといえます。英国はこれらの金属の流通市場にすぎないのに、今も世界の価格を決める市場となっています。植民地帝国主義の遺産といってよいでしょう。

　日・米・欧のような先進国では経済が成熟し、銅の需要は伸びないと見られてきましたが、中国など新興国の成長が需要を伸ばしています。銅は電線の材料などインフラ投資、建築・住宅投資には欠かせない金属です。日本では海外から銅鉱石を買って、地金に製錬しますが、この分野でも中国の台頭が著しく、鉱石価格が大幅に上がっています。銅の価格も上がっていますが、鉱石を買う条件が年々厳しくなり、国内の非鉄製錬会社は海外で自前の鉱山を確保することが至上命令となっています。

　④**小麦**　小麦、トウモロコシ、大豆などの穀物は米国のシカゴ商品取引所が指標市場となっています。米国は穀物の大産地であるとともに、世界

への供給基地となっています。シカゴ市場は、米国の国内の価格を決める市場であると同時に世界の価格を決める市場でもあります。

　2006年から08年にかけて小麦を筆頭に穀物価格の高騰が目立ちました。人口増、所得増による食糧需要の増加に加え、原油高に伴うエタノールなどの代替燃料用の需要が増えた一方で、土地に限りがあるため供給はあまり増えません。穀物の高騰は構造的ともいえます。また世界的な気象異変が穀物生産に打撃を与えてもいます。日本のような食糧輸入国にとって、穀物価格の高騰は今後重大な問題になってくる可能性があります。

VI
現代の科学技術をどうとらえるか

1 科学技術と正しくつきあうには

　先進各国だけでなく世界中で、科学技術は私たち人類の社会活動や生活基盤と深く結びつき、もはや何人も分けたがえたり無視して暮らすことはできなくなっています。日本も戦後の高度経済成長を経て最先端の科学技術を生み出し利用する段階にまで発展し、あまたの恩恵を享受してきました。しかし、その根底を覆すかのような衝撃的な出来事が日本を襲いました。2011年3月11日に発生した東日本大震災と、それに伴う巨大津波、東京電力・福島第1原子力発電所の爆発事故です。

　地震予知を可能として研究してきた地震学者たちは今回の震災発生を予想できず、米国スリーマイル島原発や旧ソ連チェルノブイリ原発のような事故は日本では絶対に起きないと主張してきた電力会社や原子力の関係者らは、ひたすら「想定外」を唱え責任を逃れようとしました。メディアに登場する科学者、技術者たちはまちまちの見解を示すだけで、事故拡大を防ぐことはできず、放射性物質の飛散に対する防御や避難支援などもすべて後手に回りました。自然の力のすさまじさを見せつけられ、科学技術に対する国民の信頼は大きく損なわれる結果となったのです。

　一方で、12年のノーベル生理学・医学賞は、あらゆる組織に成長するiPS（人工多能性）細胞を開発した山中伸弥・京都大学教授に決まり、日本の科学技術の成果が高く評価されました。経済が沈滞し世界で存在感の薄れがちな日本に明るい話題をもたらしたといえます。山中教授だけでなく、世界で活躍する日本人科学者は多く、失望するほど日本の力が衰えているわけではありません。

　2010年6月、7年間約60億キロメートルの航海を経て地球に帰還した宇宙航空研究開発機構（JAXA）の探査機「はやぶさ」も、大きな話題となりました。全長がわずか500メートルほどの小惑星「イトカワ」を観測するとともに試料も採取して地球に戻る、世界で初めてのプロジェクトでした。燃料漏れやエンジン故障などのトラブルに見舞われながらもプロジェ

クトリーダーの川口淳一郎教授ほかメンバーの誰もがあきらめず、4年の当初計画期間を大幅に超えて帰還に成功しました。学術的な成果を挙げるだけでなく、一連のできごとが一般市民の共感を呼び、数々の出版物が登場し映画も作製されました。

　科学技術を過信したり必要以上におとしめたりする極端な考え方では、現代の科学技術はうまくとらえることができません。現状を正しく分析して長所と短所を探り出し、課題の解決に向け進むべき方向を決め実行する。その作業の検証と評価を通じてさらに軌道を修正していく。日本の科学技術にはこうした対応が求められ、それが人類への貢献となり、日本の発展にもつながると思います。

2　社会や生活を支える科学技術

　人類の歴史の中で現代は、すごい勢いで新しい知的生産物が創出されている時代といえます。かつての農業革命や産業革命をしのぐ大変革のまっただ中にいることは間違いありません。

　たとえば、情報通信技術は情報の発信と収集の機能を飛躍的に高めました。スマートフォンとインターネットを使い、いつでも世界の主要なニュースを手に入れられます。最近のパソコンは1970年代のスーパーコンピュータをしのぐ性能となり、デスクワークの風景を一変させました。ソーシャル・ネットワーク・サービス（SNS）を利用して世界中に友人をつくり、話したいとき、可能な場合には動画も添えて伝言をやり取りできます。

　80年代に、女子高校生を対象に行われたある消費者調査で、「将来欲しいものは何か」を聞いたところ、「個人用の電話」という回答が1番だったことがあります。当時やっと商品化された個人用の電話は米モトローラ社製で、ショルダーバッグほどの大きさでした。需要の大きいデジタル製品は、いったん実用化が始まると小型化・軽量化が一気に進みます。瞬く間に手のひらサイズになり、爆発的に社会に定着していきました。20年前

にこれほどの情報化社会が到来すると考えていた人は、ほとんどいなかったのではないでしょうか。情報通信分野の技術革新は本当にすごい勢いで進んでいます。

　エネルギー分野でも、"脱・化石燃料"を軸に新しい技術がどんどん実用化されています。代表は自動車エンジンで、ガソリンエンジンと電池を併用するハイブリッド車や電気自動車の普及率が徐々に高まっています。燃料消費率が最も高い自動車は、トヨタ自動車のハイブリッド車「アクア」で１リットル当たり35.4キロメートルになります。生産から利用、廃棄までの製品のライフサイクルを通じて、二酸化炭素（CO_2）の排出量をガソリン車とハイブリッド車で比較すると、ハイブリッド車のほうが30％ほど少なくなるとの試算もあります。電力貯蔵の効率が高い２次電池や、水素を燃料にして発電時にCO_2を排出しない燃料電池の研究開発も、世界で研究開発が活発になっており、日本のメーカーも実用化を目指して世界をリードする成果を出しています。

　家電製品の省エネルギー技術も日本の得意技で、たとえば1995年製と2005年製の製品の消費電力を業界平均で比べた調査では、家庭用エアコンで約４割、大型冷蔵庫では約７割という結果が出ています。日本の火力発電所に設置されている発電タービンはエネルギーを活用する効率がほぼ50％と、世界最高値を誇ります。

　医療の分野では、03年にヒトゲノム（人間の全遺伝情報）の配列を読む作業がほぼ完了したことを受けて、個々人の持っている遺伝情報に基づいた診断や予防、治療方法を検討する「パーソナライズド・メディスン（個別化医療）」の波が押し寄せています。同じ薬でも人によって副作用が出たり出なかったりします。この違いを遺伝情報から探り出し、副作用が少なくより効果的に治療できる投薬方法を考え出すことが、少しずつですが可能になってきました。また、小さな粒子状で非常に選択性の高い薬をがんなどの病巣だけに送り届けるDDS（薬物送達システム）の研究も活発です。特定のがんに対しては、「分子標的薬」といって、患者にだけ出現するたんぱく質を目標に薬が取り付いて治療する道が開けました。

生体の仕組みは極めて精緻で複雑ですが、最先端の生命科学の研究成果はこうしたなぞを解き明かし、効果的な薬剤を生み出しています。たとえばインフルエンザ治療薬の「タミフル」や「リレンザ」は、インフルエンザ・ウイルスが人の細胞に取り付き、増殖して飛び出していく仕組みを解析し、それを阻害するように分子を設計した代表的な薬です。近い将来、一人ひとりの遺伝情報が安価に解読できる時代が訪れるのは間違いありません。米国のバイオ企業は、1人1000ドルで解読する技術の開発に猛烈に取り組んでいます。薬の開発は容易ではありませんが、各患者に合った薬、あるいは治療方法が広まっていく期待は膨らんでいます。

　社会に大きな変革をもたらす新しい科学技術の芽は、大学や公的研究機関、企業の研究現場で生み出されています。その研究内容のすごさや新規

図表 ①　2011年度技術トレンド調査の上位10件

順位	研究開発者	成果の概要	評価点 （15点満点）
1	東北大学	HDD、記録密度7倍に。新型の磁気ヘッド	11.66
2	東京大学、コニカミノルタエムジーなど	軟骨映すX線装置開発、透過時の「ずれ」検出	11.14
3	大阪大学、広島大学など	塗れる電子素子開発、軽量・薄い液晶に道	10.89
4	日立製作所など	新原理のトランジスタ、電流使わず情報処理、超省エネに道	10.67
4	東京工業大学	セメントから半導体ガス。低エネルギーで電子放出、有機EL・太陽電池に利用も	10.67
6	東大、水産総合研究センター	天然ウナギの卵発見。世界初、マリアナ沖で、完全養殖へ前進	10.5
6	NEC、東北大、奈良先端科学技術大学院大学、横浜国立大学	ネットの情報、賛否を分析・表示、信頼性判断に有用	10.5
6	理化学研究所	神経形成に命令役遺伝子、脳で解明	10.5
6	阪大、理研など	甘草の医薬成分、生成酵素遺伝子を発見、工業生産に道	10.5
10	京都大学、NEC、科学技術振興機構	室温で磁力ゼロに、コバルトに電圧、メモリーに応用も	10.42

出所：日本経済新聞社「2011年度技術トレンド調査」上位10件の研究開発成果

性、実用化との距離などはわかりにくいのが現状です。

　なかなかよい評価方法はありませんが、日本経済新聞社で「技術トレンド調査」と題して分析したことがあります。11年度（10年12月〜11年11月）の主要な技術開発成果203件を対象に調べたところ、磁気記録容量を大幅に高める読み取り用ヘッド技術がトップになりました。東北大学のグループが開発した「CPP-GMR素子」という方法で、1平方インチ当たり5テラ（テラは1兆）ビット級の信号読み取りに見通しをつけました。現在、主流のTMR素子は、04年ごろに実用化され同0.75ビットほどの読み取り能力に達していますが、理論的に同1テラビット程度が限界といわれています。CPP-GMR素子は試作段階でその5倍相当の性能を出し、後継技術として極めて有望なことを示しました。

　技術トレンド調査ではほかに、東京大学とコニカミノルタエムジー、科学技術振興機構などが共同開発した新しいエックス線撮影装置、大阪大学と広島大学のグループが開発した、塗って素子にできる有機半導体などの研究成果が注目されました。日本企業の先端技術がアジア新興国に追いつかれ産業競争力の低下が心配されていますが、研究段階ではまだ優れた芽がたくさんあり、見込みある研究成果を実用にうまくつなげて強い事業を生み出すようにしていくことが重要だといえます。

3　日本の科学技術政策

　欧米に追いつこうと経済成長を遂げてきた日本は、1990年代からフロントランナーとしての科学技術政策を展開する方針に転換しました。ものをつくって輸出で得たもうけで国を発展させていくだけではなく、科学技術の資産に基づいて経済成長を目指し、世界の頭脳との交流を深め、人類全体への幸福に貢献し国力につなげていく、先進国型の歩みを始めたのです。

　象徴的な出来事は、95年に議員立法で成立した科学技術基本法です。5年ごとに基本計画を策定し、国の科学技術振興の基本方針を定めます。96

| 図表 ② | 科学技術基本計画の推移 |

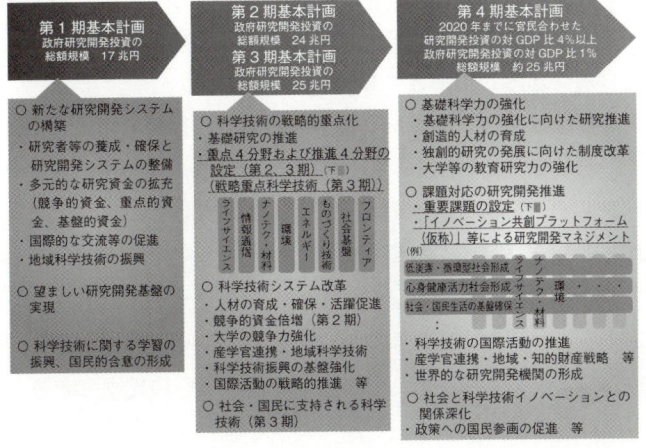

第1期基本計画 政府研究開発投資の総額規模 17兆円
- 〇 新たな研究開発システムの構築
  ・研究者等の養成・確保と研究開発システムの整備
  ・多元的な研究資金の拡充（競争的資金、重点的資金、基盤的資金）
  ・国際的な交流等の促進
  ・地域科学技術の振興
- 〇 望ましい研究開発基盤の実現
- 〇 科学技術に関する学習の振興、国民的合意の形成

第2期基本計画 政府研究開発投資の総額規模 24兆円
第3期基本計画 政府研究開発投資の総額規模 25兆円
- 〇 科学技術の戦略的重点化
  ・基礎研究の推進
  ・重点4分野および推進4分野の設定（第2、3期）（下図）
  （戦略重点科学技術（第3期））
  ［ライフサイエンス／情報通信／ナノテク・材料／環境／エネルギー／ものづくり技術／社会基盤／フロンティア］
- 〇 科学技術システム改革
  ・人材の育成・確保・活躍促進
  ・競争的資金倍増（第2期）
  ・大学の競争力強化
  ・産学官連携・地域科学技術
  ・科学技術振興の基盤強化
  ・国際活動の戦略的推進 等
- 〇 社会・国民に支持される科学技術（第3期）

第4期基本計画 2020年までに官民合わせた研究開発投資の対GDP比4%以上　政府研究開発投資の対GDP比1%　総額規模 約25兆円
- 〇 基礎科学力の強化
  ・基礎科学力の強化に向けた研究推進
  ・創造的人材の育成
  ・独創的研究の発展に向けた制度改革
  ・大学等の教育研究力の強化
- 〇 課題対応の研究開発推進
  ・重要課題の設定（下図）
  ・「イノベーション共創プラットフォーム（仮称）」等による研究開発マネジメント
  （例）［低炭素・循環型社会形成／心身健康活力社会形成／社会・医療生活の基盤領域／ライフサイエンス／ナノテク・材料／環境］
  ・科学技術の国際活動の推進
  ・産学官連携・地域・知的財産戦略 等
  ・世界的な研究開発機関の形成
- 〇 社会と科学技術イノベーションとの関係深化
  ・政策への国民参画の促進 等

出所：内閣府資料

〜2000年の第1期に始まり、現在は11〜15年の第4期に入っているところです。基本計画では財政難の中予算確保を大きな目的にしており、第1期では17兆円を、第2期では24兆円、第3期に25兆円を投じる計画を明記しました。第4期の予算額は第3期と同額の約25兆円を盛り込んでいます。現実には第1期を除いて計画通りの予算額は実現していませんが、計画の改定作業時には財務省と科学技術関係府省がせめぎ合う焦点の1つとして取り沙汰されます。

　第2期と第3期には戦略的なテーマをトップダウンで政策として打ち出し、重点分野・推進分野を設定しました。重点分野には「情報通信」「ナノテクノロジー・材料」「ライフサイエンス」「環境」の4課題を、推進分野には「エネルギー」「ものづくり技術」「社会基盤」「フロンティア」の4課題を掲げました。

　同時期、世界的にも同じような研究課題に予算を重点化する動きがあり、方向は決して間違っていたわけではありませんが、研究者や研究機関は重点配分される予算を獲得しようと、どれかに関係する課題を提案するよう

になります。この路線を10年続けた結果、研究テーマが似た傾向になったり、結局何を重点にしているのかがあいまいになったりして反省する意見も出てきました。また分野ごとに壁ができてしまい、横断的な研究開発を抑制してしまう懸念も出てきました。

　第3期からは「社会・国民に支持される科学技術」の推進をうたうようになり、いわゆる「イノベーション（革新、変革）の創出」を強調するようになりました。「課題解決型」といういい方もしています。第4期ではこの流れをより強調して、医療・健康分野の「ライフ・イノベーション」と環境分野の「グリーン・イノベーション」の2つのイノベーションを目標に設定するとともに、東日本大震災の影響を受けて内容を急遽見直し、「震災からの復興、再生の実現」に科学技術を大いに役立てようという考えを前面に打ち出しています。

　第3期から第4期にかけて政権が変わり、科学技術政策にも影響が及びました。自民・公明両党による連立政権時代、25年を目標にイノベーションを推進する長期計画「イノベーション25」を策定し閣議決定しましたが、09年に政権が民主党に移り、この計画は形骸化しました。

　民主党政権は税金の無駄遣いを洗い出す作業の中で行政刷新会議による「事業仕分け」を始め、その中で研究開発の進め方や大学改革の方向性などを俎上に載せました。文部科学省の国立大学運営費交付金の支出や日本学術振興会による若手研究者を支援するプログラム、理化学研究所が富士通と共同で開発する次世代スーパーコンピューターの開発のあり方、各府省傘下の研究開発法人の意義など、数々の予算措置が対象になりました。「学術予算を短期的な視点で打ち切る討論は許されない」とか「政治的なショーだ」などとの批判が出る一方で、「予算作成過程が国民に見えるようになってよかった」あるいは「研究者は税金の使い道を国民に説明してこなかったことを改める機会になってよい」などと支持する意見もありました。

　この議論も受けて、首相が議長を兼ねる政府の総合科学技術会議のあり方が見直され、「総合科学技術・イノベーション会議」に改組するとともに、

関係閣僚と有識者議員を2人ずつ増員する法案がまとまりました。しかしこの案も12年12月の衆議院解散で廃案になり、実現しなくなりました。衆議院選挙で民主党が敗退した結果、政権は再び自民党に戻り、総合科学技術会議の改革・強化策はもう一度練り直されます。
　自民・公明の連立政権から民主党政権へ交代する際、緊急経済対策の一環とし企画された「最先端研究開発支援プログラム（FIRST）」も、計画そのものは維持されましたが中身が二転、三転しました。「これぞ」という30人ほどの中心研究者を公募で選び、研究グループに年間10〜30億円を5年間にわたり供給する超大型の研究開発支援制度で、2700億円の予算が組まれました。民主党政権は予算規模を1500億円とほぼ半減したうえに、500億円を選抜した若手研究者に広く配布する助成制度に設計し直したのです。中心研究者に配分される予算額は大幅に減るため、当初の研究計画を短期間のうちに改める作業が続きぼやく声も聞かれましたが、選ばれた研究者はさすがに対応も素早く、ひとまず順調に動き出しています。30人の中には、さまざまな細胞や組織に成長するiPS（人工多能性）細胞を開発した山中伸弥・京都大学教授も含まれています。12年のノーベル生理学・医学賞を受賞し、FIRST関係者にとって、自慢のプログラムに箔がついた格好になり、喜びもひとしおのようです。
　一方、産業界の研究開発は全体の投資額は伸び悩み気味で、内容も基礎的な分野から撤退し応用重視へと大きく変化しています。自社の得意分野にテーマを絞り込みながら、戦略的に必要な課題に対しては外部の頭脳を活用するオープンイノベーション型のやり方に転じています。従来、おつきあい的な形式だった産学連携は、事業計画と一体になった経営戦略に位置づけられています。ですから、産業界も国に対して産業競争力強化やイノベーション実現に期待をかける提言や要望が多くなってきました。たとえば、経団連が12年にまとめた提言『「イノベーション立国・日本」構築を目指して』では、投資の拡充や基盤の整備、人材の育成などについて具体的な要望を提示し、積極的に推進を求める22件のプロジェクト例も明示しました。

図表 ③ FIRSTの中心研究者一覧

中心研究者（所属）	研究課題	研究費総額（提案額）
合原一幸（東京大学）	複雑系数理モデル学の基礎理論構築とその分野横断的科学技術応用	19億3,600万円（32億2,800万円）
審良静男（大阪大学）	免疫ダイナミズムの統合的理解と免疫制御法の確立	25億2,000万円（36億円）
安達千波矢（九州大学）	スーパー有機ELデバイスとその革新的材料への挑戦	32億4,000万円（50億円）
荒川泰彦（東京大学）	フォトニクス・エレクトロニクス融合システム基盤技術開発	38億9,900万円（50億円）
江刺正喜（東北大学）	マイクロシステム融合研究開発	30億8,700万円（50億円）
大野英男（東北大学）	省エネルギー・スピントロニクス論理集積回路の研究開発	32億円（50億円）
岡野光夫（東京女子医科大学）	再生医療産業化に向けたシステムインテグレーション―臓器ファクトリーの創生―	33億8,400万円（50億円）
岡野栄之（慶應義塾大学）	心を生み出す神経基盤の遺伝学的解析の戦略的展開	30億6,800万円（50億円）
片岡一則（東京大学）	ナノバイオテクノロジーが先導する診断・治療イノベーション	34億1,500万円（50億円）
川合知二（大阪大学）	1分子解析技術を基盤とした革新ナノバイオデバイスの開発研究―超高速単分子DNAシークエンシング、超低濃度ウイルス検知、極限生体分子モニタニングの実現―	28億7,700万円（50億円）
喜連川優（東京大学）	超巨大データベース時代に向けた最高速データベースエンジンの開発と当該エンジンを核とする戦略的社会サービスの実証・評価	39億4,800万円（50億円）
木本恒暢（京都大学）	低炭素社会創成へ向けた炭化珪素（SiC）革新パワーエレクトロニクスの研究開発	34億8,000万円（49億9,100万円）
栗原優（東レ）	Mega-ton Water System	29億2,400万円（49億6,800万円）
小池康博（慶應義塾大学）	世界最速プラスチック光ファイバーと高精細・大画面ディスプレイのためのフォトニクスポリマーが築くFace-to-Faceコミュニケーション産業の創出	40億2,600万円（49億9,900万円）
児玉龍彦（東京大学）	がんの再発・転移を治療する多機能な分子設計抗体の実用化	28億7,600万円（50億円）
山海嘉之（筑波大学）	健康長寿社会を支える最先端人支援技術研究プログラム	23億3,600万円（50億円）
白土博樹（北海道大学）	持続的発展を見据えた「分子追跡放射線治療装置」の開発	36億円（50億円）
瀬川浩司（東京大学）	低炭素社会に資する有機系太陽電池の開発～複数の研究群の連携による次世代太陽電池技術開発と新産業創成～	30億6,700万円（50億円）
田中耕一（島津製作所）	次世代質量分析システム開発と創薬・診断への貢献	34億円（50億円）
十倉好紀（東京大学）	強相関量子科学	31億円（50億円）
外村彰（日立製作所）	原子分解能・ホログラフィー電子顕微鏡の開発とその応用	50億円（50億円）
永井良三（東京大学）	未解決のがんと心臓病を撲滅する最適医療開発	34億6,400万円（50億円）
中須賀真一（東京大学）	日本発の「ほどよし信頼性工学」を導入した超小型衛星による新しい宇宙開発・利用パラダイムの構築	41億400万円（50億円）
細野秀雄（東京工業大学）	新超電導および関連機能物質の探索と産業用超電導線材の応用	32億4,000万円（48億3,900万円）
水野哲孝（東京大学）	高性能蓄電デバイス創製に向けた革新的基盤研究	28億4,300万円（50億円）
村山斉（東京大学）	宇宙の起源と未来を解き明かす―超広視野イメージングと分光によるダークマター・ダークエネルギーの正体の究明―	32億800万円（50億円）
柳沢正史（米テキサス大学）	高次精神活動の分子基盤解明とその制御法の開発	18億円（49億800万円）
山中伸弥（京都大学）	iPS細胞再生医療応用プロジェクト	50億円（50億円）
山本喜久（国立情報学研究所・米スタンフォード大学）	量子情報処理プロジェクト	32億5,000万円（50億円）
横山直樹（富士通研究所）	グリーン・ナノエレクトロニクスのコア技術開発	45億8,300万円（50億円）

注：肩書は助成開始当時。

図表 4 　主要国研究費の政府負担割合の推移

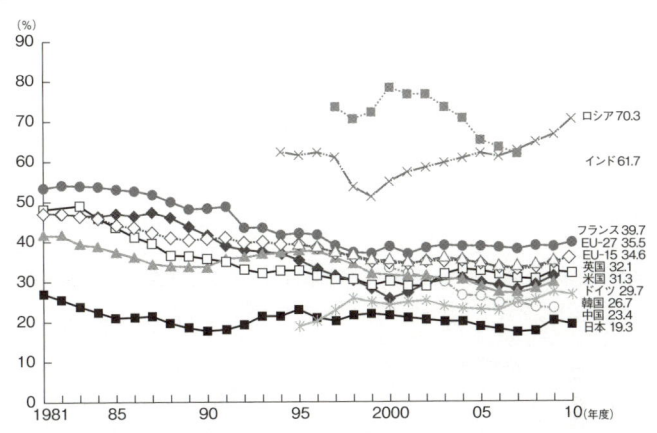

（グラフ：1981～2010年度の主要国政府負担割合の推移）

- ロシア 70.3
- インド 61.7
- フランス 39.7
- EU-27 35.5
- EU-15 34.8
- 米国 32.1
- 英国 31.3
- ドイツ 29.7
- 韓国 26.7
- 中国 23.4
- 日本 19.3

資料：総務省統計局「科学技術研究調査報告」およびOECD「Main Science and Technology Indicators Vol. 2011/2」をもとに文部科学省作成
注：国防研究費を含む。
出所：「2012年度科学技術白書」

図表 5 　G8、中国および韓国における研究費と対GDP比率

国　　名	研究費 （億ドル）	対GDP 比率（％）	年　度
日本	1,626	3.67	2011
カナダ	243	1.74	2011
フランス	500	2.25	2010
ドイツ	863	2.82	2010
イタリア	243	1.26	2010
ロシア	328	1.16	2010
英国	391	1.76	2010
米国	4,016	2.90	2009
中国	1,790	1.77	2010
韓国	532	3.74	2010

出所：総務省「2012年度科学技術研究調査」

　日本の研究開発投資額は17兆3800億円（2011年度）と、米国、中国に続き世界で3番目の大きさですが、およそ8割を企業部門で占めていま

図表 ⑥ ——「イノベーション立国・日本」構築に向けた22の具体的プロジェクト

1. 資源・環境・エネルギー制約の克服

(1) 革新的な創エネルギー技術
① 太陽電池の高効率化・低コスト化
② 火力発電の高効率化とCCS(CO_2分離・回収・貯留)
③ 原子力発電の安全性向上
④ バイオマス（微細藻類を利用した燃料）

(2) エネルギー・資源の高効率利用技術
① 次世代高効率空調・冷凍システム
② 炭素繊維による材料の軽量化
③ 次世代自動車の高性能化(リチウムイオン電池)
④ グリーンパワーエレクトロニクス
⑤ モーターからのレアアース回収および省・脱レアアース
⑥ 有機系基幹原料のソースの多様化
⑦ アンモニアを利用した発電システム

(3) エネルギーマネジメントシステムの構築
スマートグリッド（HEMS、BEMS 等）

2. 高齢化に対応した健康長寿社会の実現

(1) 予防医療（先制医療）
バイオマーカー（体内変化を測る生体物質）に関する研究開発の促進
(2) テーラーメイド治療
遺伝子・たんぱく質レベルの解析に基づくテーラーメイド治療に関する研究開発の促進
(3) 医療ニーズの高い疾患に対する革新的医薬品・医療機器
がん・認知症等の難治性の病気に対する革新的な医薬品や超早期診断を可能にする診断機器等の開発促進
(4) 次世代医療・健康システム
医療情報の電子化や医療機関間の ICT ネットワーク化の促進

3. 安全・安心な経済社会の構築

(1) レジリエント（強靭・柔軟）な ICT 基盤の構築
① 災害予測およびモニタリングシステム
② 災害時でもつながる情報通信ネットワーク
③ クラウドの活用を通じた個人の行政情報等管理システム

(2) 災害対応ロボットと運用システムの整備
被災地で使用する機動力のあるロボットや、劣悪な環境で復旧を行う無人化施工ロボット等の技術開発促進、および運用体制の整備

4. フロンティア戦略の推進

(1) 準天頂衛星システムの構築
準天頂衛星 7 機体制を実現し、自律測位衛星システムを構築
(2) 海洋エネルギー・資源の開発
メタンハイドレート、石油・天然ガス等の探査・掘削を促進。メタンハイドレートは2020年度の商業化実現に向けた産出試験を着実に推進

出所：日本経団連

す。このため政府が投じる科学技術予算は、国内総生産（GNP）に対して0.7％にとどまります。英国の0.6％よりは高いのですが、米国の0.9％やドイツの0.8％、フランスの0.9％にやや届かず、韓国の1.0％には及びません。資源の乏しい日本にとって科学技術は国の存続に重要な戦略的投資案件といえ、大学や公的な研究機関に基礎的な分野の研究を委ねる比重を高

めている産業界は、政府に対し「少なくとも1％以上に高めるべきだ」と強く訴えています。

産学官で実質的な成果を生み出していくには、普通の方法による連携ではうまくいきません。事前の考え方のすり合わせ、目標や役割分担の明確化、濃密な意思疎通と遂行への強い意欲などいくつかの条件が必要です。そんな事例がどんどん生まれれば、日本が目標に掲げる先進国型の科学技術・イノベーション立国が実現するのではないでしょうか。

4　世界の科学技術動向

科学技術は国境を越えて人類が連携して取り組むべき活動であるとともに、国や地域が覇権を求めて独自に強化を図る活動でもあります。とりわけ世界の各地で科学技術・イノベーション振興政策を基軸に経済成長を果たそうとする動きが活発になり、社会とのつながりを意識した政策は目白押しといえます。

一番典型的な国が米国です。産業競争力をつけた日本に対し、1985年当時のレーガン大統領政権が策定した競争力強化に向けた「ヤング・リポート」はあまりにも有名です。2004年には、その第2弾ともいうべき「イノベート・アメリカ」という報告書が作成されました。これは米国が今後も科学技術大国として競争力を維持するために何が必要かを指摘しました。IBMのCEO、パルミサーノ氏が作成に当たった委員会の共同議長を務めたため、通称「パルミサーノ・リポート」とも呼ばれています。この中で一番注目される部分は、若い人たちを長期的に教育していく政策を強調した点です。特に理数系の教育を重視しています。さらに、投資の活発化や社会インフラの整備などを重点項目に挙げました。

12年に再選を果たしたオバマ大統領も、科学技術振興に積極的な姿勢を打ち出しています。ノーベル物理学賞を受賞したS・チュー・エネルギー省長官のもとで新エネルギーや省エネルギー関連の研究を加速させまし

た。ブッシュ前大統領が拒絶してきた、胚性幹（ES）細胞応用研究への政府研究費助成についても解禁する決定を下し、再生医療につながる研究開発が活発になっています。09年に発表した「国家イノベーション戦略」を11年に改訂し、イノベーション基盤への投資、競争環境の整備、優先課題への取り組みの３つの政策のもとで、持続的成長と雇用創出を目指しています。研究開発費を対国内総生産（GDP）比で３％とし、クリーンエネルギーの研究開発費に10年間で1500億ドル投資する数値目標などを掲げています。

　こうした状況は米国だけでなく、欧州やアジアの新興国・地域にも見られる現象です。欧州連合（EU）は2000年に「リスボン戦略」を打ち出し、統合によって米国やアジアに対抗する経済エリアを確立していこうというビジョンを鮮明にしました。科学技術分野では以前から「フレームワーク計画」をまとめ、さまざまな推進プログラムを展開し、07年から13年までは第７次のプログラムに取り組んでいます。情報通信、健康増進、運輸、ナノサイエンス・ナノテクノロジー、環境などが中心となる研究テーマで、７年間の予算総額は約505億ユーロ（５兆8000億円）といいます。14年以降の研究開発に対しては「ホライゾン2020」という構想をまとめ、基礎研究からイノベーションまでを継ぎ目なく支援できる体制の整備を加速しようと唱えています。優れた研究の支援と人材を育成する「卓越した科学」、革新的な中小企業を支援する「産業の主導権」、保健衛生分野で地球規模の課題解決を目指す「社会的な挑戦」の３つのプログラムが優先度の高い柱になるもようで、総額800億ユーロを超す投資の拡充が検討されています。ただ、域内の経済停滞で予算がこれからどのように組まれていくのかが注目点となります。

　近年、発展が著しい国は、中国でしょう。10年にはGDPで日本を抜いて世界第２位に躍進しました。科学技術分野でも世界トップ級の実績を挙げつつあります。03年には独自の技術で有人宇宙船「神舟５号」の打ち上げに成功し、米国と旧ソ連に次ぐ自国だけで有人宇宙飛行に成功した国となりました。国防科学技術大学が開発したスーパーコンピュータ「天河１

図表 ⑦ ― 中国科学院が決めた重大科学技術

1. 未来の先進的な核分裂のエネルギー変換
2. 量子情報通信と量子計算
3. 高温超電導とトポロジカル絶縁体の研究
4. 宇宙科学
5. 有人宇宙飛行と月探査プロジェクト
6. 深海の科学探査装備の中核技術の研究開発と海洋でのテスト
7. 低ランク石炭のクリーン・高効率・多段利用
8. 幹細胞と再生医療の研究
9. 分子モジュール育種イノベーションシステムと現代型農業モデルプロジェクト
10. 重要な新薬の開発と重大疾病予防コントロールを巡る新戦略
11. 気候変動に対抗するための炭素の排出量・収集量の認証と関連の問題
12. 深部における資源探査の中核技術の研究開発と応用モデル
13. 燃料電池
14. メチルアルコール由来のオレフィン
15. 石炭由来のエチレングリコール製造

出所：2012年1月17日付、人民日報海外版

図表 ⑧ ― 10年後の韓国経済をリードする10大有望技術

1. リアルタイム音声自動認識
2. 微生物燃料電池
3. スーパーインフルエンザワクチン
4. 超電導送電技術
5. バイオプラスチック
6. がんバイオマーカー分析技術
7. スピントランジスタ
8. デジタルホログラフィー
9. 「4G＋」移動通信
10. 環境配慮型の天然原料農薬

出所：韓国科学技術企画評価院の発表資料

　A」は10年11月の世界ランキング「Top500」で中国としては初めて世界1位の座を射止めました。深海調査船でも、世界で最も深く潜水できる日本の「しんかい6500」をしのぐ性能を実現しました。主要学術誌への論文発表もすでに日本を追い抜き、米国に次ぐ件数に達しています。国際特許出願でも日本に肩を並べる水準に近づいています。今後重点化していくテーマを見ても、すでに先進国並みの内容になっています。

　こうした活動がまだ一部の大学や国家の研究機関に限られ、企業や社会全体に波及していないため、世界をリードするイノベーションを起こしていません。今後、民主化や環境保全などの重要課題で大きな壁にぶち当たる懸念があり、このまま成長を続けられるかどうか不透明な面はありますが、科学技術への投資は継続していくでしょう。20年までに「革新創造国」を目指す中長期科学技術発展計画を進めており、科学技術予算額は日本と比べても遜色ないほどに膨らんでいます。

　中国と共同研究する日本人研究者には、「昔は日本の研究費の潤沢さが

うらやましがられたが、最近の中国のトップ研究者は予算が増えてそんな思いをしなくなったようだ」と話す人もいます。やがて科学技術の世界で重要な地位を占める可能性は高いでしょう。

　韓国やシンガポールなど国土が狭く資源の乏しいアジアの国々では、経済成長のためには科学技術の振興が最重要との認識が強く、日米欧と競うような政策を打ち出しています。重要な拠点を新設して予算を重点配分しているため、日本の研究施設と比べても決して劣りません。そこに海外の有力研究者をスカウトして、世界トップの科学技術成果を出そうと挑んでいるのです。さらに今後はインドの成長も予想されています。まだ明確な科学技術振興政策は出ていませんが、数学に強い伝統がありますし、英語圏ということで情報通信関連の人材の供給源としても注目されています。

5　日本の活動と国際比較

　日本の科学技術は基礎研究で世界的な成果が出ているけれど、実用化の段階で他の国に見劣りするケースが見られる——。最近、こんな分析がよく聞かれるようになりました。別ないい方をすれば、「ノーベル賞を受賞する研究者は登場するけれど、世界市場で勝てる企業が減ってきた」といった感じなるでしょうか。

　確かにスイスの国際経営開発研究所（IMD）や世界経済フォーラム（WEF）が毎年発表する競争力の世界ランキングでは、かつてトップ10の常連だった日本はこのところ中位に甘んじています。政府の累積債務の大きさや規制緩和の進捗度、国内サービス業の生産性や女性の就業率の低さといったいくつかの指標が評価を下げている面はありますが、科学技術に関連する国際的な地位もそう盤石ではない傾向が出始めています。

　国連の世界知的所有権機関（WIPO）と欧州経営大学院（INSEAD）が、世界141ヵ国・地域を対象にイノベーションの推進力を調べた「グローバル・イノベーション・インデックス」で、日本は、12年に前年の20位から

図表 ⑨ —「グローバル・イノベーション・インデックス」の主要国の順位推移

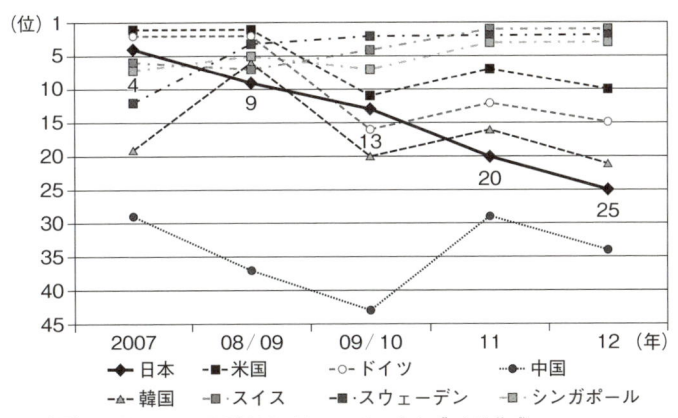

出所：INSEAD、WIPO "Global Innovation Index" より作成
注：2008年は9月、2009年は10月発表の順位

25位に順位を下げました。07年から下がり続けている点はあまり気持ちのよいものではありません。上位には、スイスやスウェーデン、シンガポールなどの比較的人口の少ない国が並んでいます。

こうしたランキングにはそれぞれが注視する指標を集計するため必ずしも客観的な結果となっていない批判はありますが、評価内容を分析して課題や問題点を洗い出し、改善に生かすことは重要ではないでしょうか。大きな流れとして日本の存在感が徐々に薄くなっているのは間違いなく、どのような国にしていくのかビジョンを定めて強化していく姿勢を打ち出していく必要はあるでしょう。

国際比較が簡単なデータの例として、主要な科学雑誌に掲載される論文数とその引用回数があります。日本の科学技術分野は論文を通してみると世界の上位に入っていますが、シェアはやや下がり気味です。米国が圧倒的に強い状況は変わりませんが、中国の躍進は著しく、すでに日本を上回る数の論文を発表し引用度の高い注目論文の本数も増えています。日本が「アジアで1番」とはもはや言えなくなっているのです。

大学の国際ランキングも最近はやりの現象です。英国の高等教育専門雑

図表 ⑩ ─────────── 論文発表上位国の状況

(A) 論文数

国・地域名	論文数	シェア	世界ランク
米国	308,745	26.8	1
中国	138,457	12.0	2
ドイツ	86,321	7.5	3
英国	84,978	7.4	4
日本	76,149	6.6	5
フランス	63,160	5.5	6
イタリア	52,100	4.5	7
カナダ	50,798	4.4	8
スペイン	43,773	3.8	9
インド	43,144	3.7	10
韓国	40,436	3.5	11
オーストラリア	36,575	3.2	12
ブラジル	31,592	2.7	13
オランダ	28,759	2.5	14
ロシア	27,840	2.4	15
台湾	23,883	2.1	16
トルコ	21,886	1.9	17
スイス	21,774	1.9	18
ポーランド	19,518	1.7	19
スウェーデン	18,812	1.6	20
イラン	17,268	1.5	21
ベルギー	16,234	1.4	22
デンマーク	11,466	1.0	23
オーストリア	11,301	1.0	24
イスラエル	10,849	0.9	25

2009年～2011年（平均）　論文数　整数カウント

(B) Top10%補正論文数

国・地域名	論文数	シェア	世界ランク
米国	46,972	41.0	1
英国	13,540	11.8	2
ドイツ	12,942	11.3	3
中国	11,873	10.4	4
フランス	8,673	7.6	5
カナダ	7,060	6.2	6
日本	6,691	5.8	7
イタリア	6,524	5.7	8
スペイン	5,444	4.7	9
オーストラリア	5,178	4.5	10
オランダ	5,143	4.5	11
スイス	4,186	3.7	12
韓国	3,094	2.7	13
スウェーデン	2,859	2.5	14
ベルギー	2,645	2.3	15
インド	2,470	2.2	16
デンマーク	2,045	1.8	17
台湾	1,944	1.7	18
オーストリア	1,752	1.5	19
ブラジル	1,692	1.5	20
イスラエル	1,405	1.2	21
フィンランド	1,381	1.2	22
シンガポール	1,306	1.1	23
ポーランド	1,272	1.1	24
ロシア	1,243	1.1	25

2009年～2011年（平均）　Top10%補正論文数　整数カウント

出所：科学技術政策研究所「科学技術指標2012」

誌「タイムズ・ハイヤー・エデュケーション」や英国の大学評価会社「クアクアレリ・シモンズ」、中国の上海交通大学の３機関が、独自の指標で毎年ランキングを公表しています。日本で最高位の東京大学はタイムズで見るとだいたい20番台。次いで、京都大学や大阪大学、東京工業大学、東北大学などがトップ100～130大学の中に入るというのがこれまでの傾向です。

　日本の大学は、研究の指標で世界の上位大学とそれほど遜色のない評価

図表⑪ 欧米と比較した日本の産業競争力

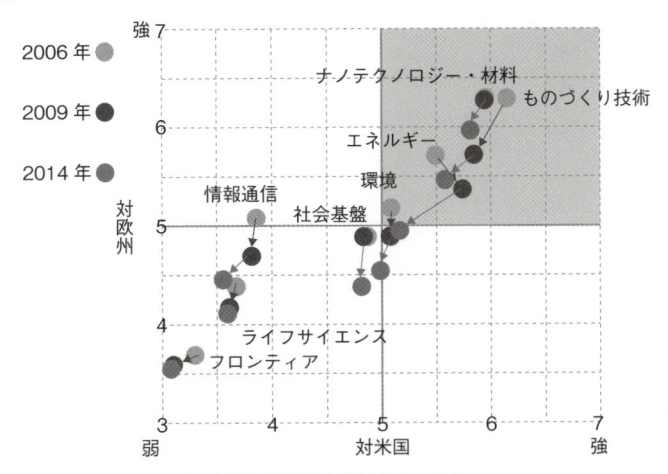

出所：科学技術・学術審議会先端研究基盤部会の資料

を受けていますが、国際化の指標では不利な条件が多く、順位を下げる結果となっています。「ランキング結果に一喜一憂する必要はない」という指摘はもっともですが、世界に調査結果が知らされて不当な扱いを受けるようになれば問題です。日本の大学はきちんと意見やデータを示して正しい姿を認めてもらう努力が必要かもしれません。

　国内の科学者、技術者を対象に、日本の産業競争力の強さを定期的に調べているデータがあります。欧米に対して「材料」や「ものづくり」の分野は比較的強く、「ライフサイエンス」や宇宙や海洋の開発を表す「フロンティア」では弱いと認識しています。ちょっと気になるのは、競争力が年々低下している点で、原因をしっかり分析して、この傾向が事実であるのなら早急に手を打たなければいけません。

　日本には力強い項目もあります。1つは世界有数の研究施設を整備してきたことです。たとえば、原子レベルで物質の構造を解析できる大型放射光施設「SPring-8」や大強度陽子加速器施設「J-PARC」などは、日本の強い材料研究を支える最先端の研究拠点です。世界から視察が絶えま

図表 ⑫ ─── Top500で1位になった日本のスーパーコンピュータ

年	名前	開発団体	計算速度（回／秒）
1993	数値風洞	航空宇宙技術研究所（現・宇宙航空研究開発機構	2,800億
96	CP-PACS	筑波大学、日立製作所	6,140億
2002	地球シミュレータ	海洋研究開発機構、NEC	41兆
11	京	理化学研究所、富士通	8,162兆

せん。2012年には究極の顕微鏡ともいわれる、エックス線レーザーを用いた物質の観測施設「SACLA」が完成し、利用を開始しました。化学反応をパラパラ漫画のような分解写真風に観察でき、材料開発などに威力を発揮すると期待されています。

　事業仕分けで注目されたスーパーコンピュータ「京」も11年に整備されて、計算性能の世界ランキング「TOP500」で目標にしていた1位を射止めました。理化学研究所と富士通の共同開発で、目標を定めて英知を結集すれば世界を凌駕する成果を生み出せることを示したよい例といえます。12年には米国の別の機種にトップの座を譲りましたが、企業の研究者でも簡単に使えるよう体制を整えて利用を開始しました。研究開発のスピードを高め、事業の競争力向上につなげることが関係者の願いです。

　世界に名だたる研究者を輩出していることも心強い材料です。最初でも触れましたが、12年にノーベル賞を受賞した山中伸弥・京大教授は、整形外科を目指した医師から幹細胞分野を代表する研究者となり、日本にも研究者育成の土壌が残っている証しとなりました。ノーベル賞記念講演会でユーモアあふれる話で聴衆を魅了し、すがすがしい人柄も好印象を与えました。08年のノーベル賞では日本ゆかりの4人が受賞し、社会全体を明るくする話題となりました。南部陽一郎博士と下村脩博士の2人が米国で長く研究生活を送った事情を差し引いて考える必要はあるかもしれませんが、「日本人には創造的な研究ができない」という根拠なき風評を払拭する事例といえましょう。

　ノーベル賞以外でも高く評価される研究者は増えています。科学情報サ

図表 ⑬ ──── 自然科学分野での日本人のノーベル賞受賞者

年	分野	受賞者（受賞時の年齢と所属）	授賞理由
1949	物理	湯川秀樹（42、米コロンビア大教授）	核力の理論的研究に基づく中間子存在の予言
65	物理	朝永振一郎（59、東京教育大〈現・筑波大〉教授）	量子電磁力学の基礎的研究
73	物理	江崎玲於奈（48、米IBM研究員）	半導体におけるトンネル現象の実験的予言
81	化学	福井謙一（63、京都大教授）	化学反応におけるフロンティア電子理論
87	生理学・医学	利根川進（48、米マサチューセッツ工科大教授）	免疫機構の分子生物学的解明
2000	化学	白川英樹（64、筑波大名誉教授）	電導性ポリマーの発見と開発
01	化学	野依良治（63、名古屋大教授）	キラル触媒による不斉水素化反応の研究
02	物理	小柴昌俊（76、東京大名誉教授）	天文物理学特に宇宙ニュートリノの検出に対するパイオニア的貢献
02	化学	田中耕一（43、島津製作所研究所主任）	生体高分子の質量分析法のための緩和な脱着イオン化法の開発
08	物理	南部陽一郎（87、米シカゴ大名誉教授）	素粒子物理学における自発的対称性の破れの発見
08	物理	小林誠（64、日本学術振興会理事）益川敏英（68、京都産業大教授）	自然界に存在する少なくとも3世代のクォークの存在を予知する対処性の破れの起源の発見
08	化学	下村脩（80、米ボストン大名誉教授）	緑色蛍光たんぱく質の発見
10	化学	鈴木章（80、北海道大名誉教授）根岸英一（75、米パデュー大特別教授）	有機合成におけるパラジウム触媒クロスカップリング
12	生理学・医学	山中伸弥（50、京都大教授）	成熟細胞、初期化され多様性を獲得しうることを発見

ービス会社のトムソン・ロイターが注目される論文を書いた研究者を表彰していますが、日本からも毎年多くの研究者が対象になっています。有機金属錯体の開発で先陣を切った北川進・京都大学教授、植物のストレス耐性を獲得する分子生物学的な解析で成果を挙げた篠崎一雄・理化学研究所植物科学研究センター長、次世代の省エネ半導体技術と目される「スピンエレクトロニクス」分野で活躍する大野英男・東北大学教授らがその代表例です。

海外で活躍する研究者もいます。ドイツのマックスプランク研究所で宇宙物理学研究所長を務める小松英一郎氏は、米プリンストン大学とテキサス大学に在籍した期間、宇宙背景放射の観測と分析を進め、宇宙の年齢を137億5000万歳と確定する実績を挙げました。米カリフォルニア大学教授の中村修二氏は、日本の企業在籍時に実用的な青色発光ダイオードの開発に成功し、スカウトされました。
　「若い研究者が海外に出て活躍しようとしない」などと先行きを心配する指摘がありますが、悲観するほど引きこもっているわけではありません。親に負担を求めたくないという金銭的理由やポスト不足を背景にした国内の就職難などがあり、適切な施策があれば若者はどんどん飛び立っていきます。そういう環境の整備が大切なことはいうまでもありません。

6　これからの科学技術

　これからの科学技術のあり方は、国を支えていく牽引役としての側面とともに、地球規模の諸問題を解決し社会の利便性を高め市民の教養を豊かにしていく、人類共通の知的基盤という役割に大きな期待が込められ、科学技術は実に多面的な機能を果たさなければいけません。研究者個人の興味を起源に研究開発に取り組むことは極めて大切な条件で、その多様性を確保していくことは国や大学が注意を払っていかねばなりません。
　しかしそれだけの動機付けで研究することは、特定の才能あふれた研究者にだけしか許されないことかもしれません。常に社会の中にある科学技術活動であることを意識し、そのための評価やチェックを受けるのが科学者、技術者として当然となってきた時代といえるのです。
　文部科学省の科学技術政策研究所が定期的に行っている消費者の科学技術に対する意識調査では、「社会的課題の解決・解明にどのような科学技術が貢献して欲しいのか」について期待度を見ています。上位には「資源・エネルギー問題の解決」「高い水準の医療の提供」が常に入っています。

図表 ⑭ ─ 社会的課題の解決・解明に科学技術が寄与することへの期待（〜10位まで）

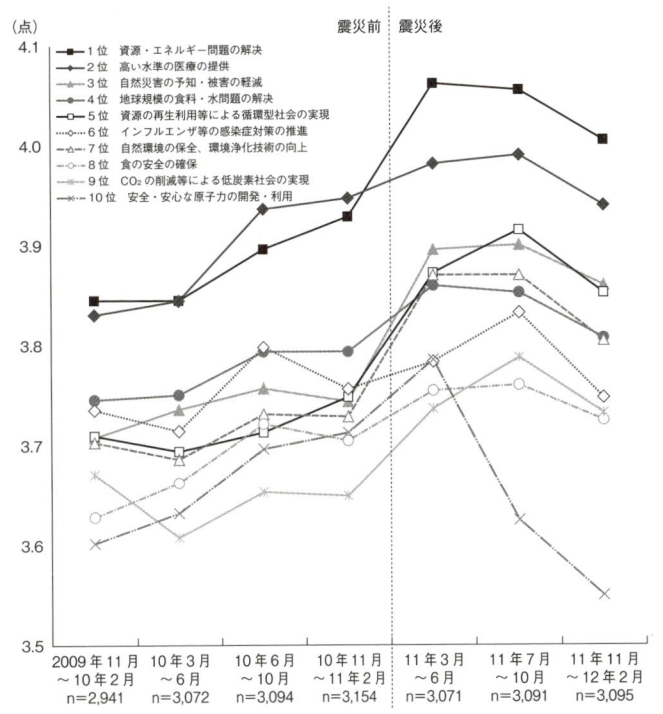

(点)

凡例：
- 1位　資源・エネルギー問題の解決
- 2位　高い水準の医療の提供
- 3位　自然災害の予知・被害の軽減
- 4位　地球規模の食料・水問題の解決
- 5位　資源の再生利用等による循環型社会の実現
- 6位　インフルエンザ等の感染症対策の推進
- 7位　自然環境の保全、環境浄化技術の向上
- 8位　食の安全の確保
- 9位　CO_2の削減等による低炭素社会の実現
- 10位　安全・安心な原子力の開発・利用

横軸：
- 2009年11月〜10年2月　n=2,941
- 10年3月〜6月　n=3,072
- 10年6月〜10月　n=3,094
- 10年11月〜11年2月　n=3,154
- 11年3月〜6月　n=3,071
- 11年7月〜10月　n=3,091
- 11年11月〜12年2月　n=3,095

（震災前／震災後）

注：課題ごとに、1点（期待しない）、〜3点（ある程度期待する）、〜5点（強く期待する）までの5段階の得点で期待度を質問している。
調査では、合計21の課題を提示し、本図では、全調査期間を通じた平均で上位10位までとなったものを掲載している。
出所：科学技術政策研究所「月次意識調査」

　こうした課題解決に向けた研究開発の推進は確かに優先度が高いといえます。しかし、目的志向ばかりが強い科学技術に重点的に投資していては、さらに次の課題に備える知識を蓄えられないでしょう。長期的な視点と短期的な目標達成、トップダウン型の重点課題と多様なテーマを尊重する学術研究……。限られた資源をどうやって配分していくかは、その時々の社会、市民、政府がきちんと判断していくようにならなければいけません。

　高度で細分化した科学技術は、専門家でさえも分野が違うと内容を理解しにくくなっています。俯瞰した見方ができる政策や企画立案に向いた人

材や分野の違う人に優しく語りかけられるコミュニケーターの育成も重要になるでしょう。

　医療や社会制度との整合性も避けて通れません。一例として出生前診断の可否が議論されています。不治の病を持つ子どもの誕生を避ける気持ちはわかりますが、不正確な診断技術のもとでの安易な実施は生命の尊厳を損ないますし、母体や家族への肉体的・精神的な影響を及ぼす恐れもあります。何より医療制度的に何も基準がない状況が社会的な混乱を招きます。

　急速に進む情報技術の分野では、扱える人とそうでない人の格差（デジタルデバイド）が生じ、社会的にも不利益を被る事態が起きようとしています。遺伝情報の解読では個人の生体情報が取得できるようになり、人によっては知りたくもない病気になるリスクの高さなどが判明します。こういう情報をいかに保護していくかが問題になります。

　最先端の科学技術と社会の接点ではいつも溝ができてしまいます。法律や経済、政治、宗教など、人文・社会系の専門家たちと議論しなければいけない問題が次々と出てくるでしょう。こうした対話に真正面から向き合っていく姿勢が求められるでしょう。

　国内84万人の全分野の科学者が加盟する日本学術会議は、2005年に、「日本の科学技術政策の要諦」という声明をまとめました。環境と経済を両立させる科学技術の推進が重要と指摘し、そのための国家戦略を明示して、教育の改革、民主社会の実現、国の安全保障の確保など10項目の課題を達成していくべきだと訴えています。まっとうな世界観を持ち、確固たる信念を胸に刻んで実践していくことは、しっかりした国家を築き、近隣諸国の信頼を得て、より多くの国民が幸せな生活を送るために欠かせない条件です。科学技術はそのためにも重要な役割を果たし、ないがしろにしてはいけないのです。

VII
危機に瀕するグローバル経済

1. 変化の潮流を理解する

1　リーマン・ショックと世界同時不況

　2008年9月15日、米国の投資銀行リーマン・ブラザーズが米連邦破産法11条の適用を申請し、経営破綻に追い込まれました。それまでグローバル経済の表舞台や裏舞台で大活躍していた米国の大手の投資銀行が破綻したことで、世界の金融市場に激しい衝撃が走りました。これを引き金に世界中の株価が暴落し、08年秋から、日米欧の先進国はもちろん新興国や途上国までも巻き込んで、世界は同時不況に陥りました。

　ニューヨーク株式市場は、世界貿易センタービルに飛行機が突っ込んだ01年9月の世界同時多発テロ事件以来、7年ぶりの大幅下落を記録しました。翌日の世界の主要市場も軒並み急落しました。これを「リーマン・ショック」といいます。世界中のお金の動きが止まり、まるで世界の需要が「瞬間蒸発」したような強烈な衝撃でした。企業の生産活動は鈍り、モノが売れなくなり、したがって、企業で働く人々の所得は下がり、消費も低下しました。猛烈な悪循環が始まったのです。

　実体経済から乖離して金融資本や投機マネーが暴走したことで、第2次世界大戦以来、米国を中心に繁栄してきた世界の市場経済そのものが崩壊したと見る向きもあります。「市場主義の終焉」や「グローバル経済の誤り」を指摘する人も少なくありません。

　リーマンを襲った問題の本質とは何でしょうか。リーマン・ブラザーズは投資銀行です。投資銀行とは日本では聞きなれない名前ですが、証券会社の1つの形態だと考えてください。企業の株式や債券の発行を手伝ったり、売買の仲介をするだけでなく、企業と企業を引き合わせてM&Aを仕組んだりするのが仕事です。

その米国の投資銀行の代表格、全米で第4位、創業から160年近い歴史を持つリーマンは、不動産の証券化業務を得意としていました。このため住宅ローンに関連した金融資産を大量に抱えていました。ところが、米国の住宅バブルの崩壊で、保有資産が一気に劣化してしまったのです。
　その中でも特に問題だったのが、「サブプライム・ローン」と呼ばれる住宅ローンに関連した資産でした。サブプライム・ローンとは優良顧客（プライム層）以外の借り手に貸しつけられた融資金のことです。米国の住宅ローン会社は、普通の住宅ローンの審査には通らないような信用度の低い人向けにもお金を貸し、その債権を証券化して細かく分けた金融商品を、米国内だけでなく世界中の機関投資家や個人投資家に販売していました。
　住宅の価格が上がり続ければいいのですが、07年夏ごろからローンの返済が滞り始め、ついに米国の不動産バブルがはじけました。サブプライム証券を組み入れて世界中に販売されていた金融商品の価値も、一気に劣化してしまい、世界経済の全体を覆うように信用収縮の連鎖が起きました。
　つまり、銀行などの金融機関は、自分が持っている金融資産の価値が減ってしまったので、貸し出しの余力がなくなったのです。銀行による資金供給の力が衰えれば、当然、お金が足りなくなって困る企業や個人が出てきます。こうして経済全体の活力が失われていきました。これがリーマン・ショックの第2幕ともいえる「世界金融危機」です。
　もちろん、サブプライム関連の債権を抱えていたのはリーマンだけではありません。リーマンが破綻した最大の理由は、米政府や米連邦準備理事会（FRB）がリーマンの公的支援を拒否したことです。巨額の財政赤字を抱える米政府は、公的支援で赤字が拡大すれば、通貨ドルが暴落してしまうと恐れたのかもしれません。当時の米政府の判断の妥当性については、賛否両論ありますが、いずれにしても、08年9月のリーマンの破綻を引き金に世界的な株価暴落、信用収縮が起きたことは、間違いありません。
　金融市場の機能不全に歯止めをかけるため、各国の政府と中央銀行は必死で対策を打ちました。公的資金を使って金融機関に資本注入したり、損失の補償をしたほか、政策金利を下げ、流動性供給を増やして、お金のめ

ぐりをよくしようと努めました。それでも、金融危機は実体経済に波及し、世界中で需要が収縮しました。自動車も家電も売れなくなり、こうした製品をつくるための設備への投資も減りました。日米欧の先進国経済は軒並みマイナス成長に陥り、デフレ懸念も広がりました。

これほど大きな危機に発展してしまったため、先進国だけの力では到底、問題は解決できません。このため、インドや中国などの新興国を加えた主要20ヵ国・地域による「G20金融サミット」など、これまでのG7・G8に代わる新たな枠組みで、世界同時不況に歯止めをかける努力が始まりました。それでもまだ、世界経済の行方は不透明な状態が続いています。

2 克服できないユーロ危機

米国発の危機は欧州にも飛び火しました。それまでユーロ圏ではギリシャなどの財政赤字問題がくすぶってはいましたが、景気が一気に悪化する中で、単一通貨ユーロで結束していたはずの欧州が抱える、さまざまな問題があぶり出されました。

2009年10月には、ギリシャが財政赤字の金額を過小に申告していたことが発覚しました。本当はユーロ圏のルールとして守らなければならない財政の規律があるのですが、ギリシャ政府は嘘をついていたのです。これを受けて「どうもユーロ圏が怪しい」という不安が金融市場で高まり、信用が揺らいだユーロ圏各国の国債は売られ、通貨ユーロの相場は下落しました。ユーロ危機の始まりです。10年5月にはEUがギリシャへ1100億ユーロの第1次支援を決め、11年7月には1090億ユーロの第2次支援も決めました。さらに同年10月には支援額を修正し、1300億ユーロに引き上げました。しかし、一度火がついた市場の不安には焼け石に水でした。結局、ユーロ圏各国は、何度も交渉や会議を重ね、危機脱出の糸口が見えてきたのは、ようやく12年半ばになってからです。

ギリシャは人口が日本の10分の1の小さな国で、GDPはユーロ圏全体

の3％に満たない規模です。そんな小さな国の財政赤字がなぜ問題かといえば、ギリシャが内包する問題が単一通貨制度そのものの信頼を揺るがしたからです。通貨を1つにする代わりに、本来であればユーロ加盟国は財政の規律を守るという約束を果たさなければなりません。内緒で赤字を垂れ流して、いつか破綻するかもしれない国の国債を、誰が買うでしょうか。ギリシャは国債発行で市場から資金を調達できなくなり、ますます資金繰りが難しくなりました。こうなるともうユーロ圏の他の国々がお金を出して助けるしかありません。

しかし、ドイツなど経済が好調な国の国民は、「なぜ怠け者のギリシャ人を助けるために、私たちの税金をつぎ込むのか」と反発します。一方、ドイツなどからの要求で財政を再建するために緊縮財政や公務員のリストラなどを強いられてたギリシャ人は、「なぜドイツ人が我々の仕事を奪うのだ」と怒ります。仲間同士であるはずのユーロ圏の中で、諍いが始まったのです。

考えてみれば、南欧のギリシャ人と、働き者のドイツ人では国民気質も産業基盤も違います。経済の競争力が同じであるはずはなく、まったく同じ条件のもとで経済を運営するのは無理があります。たとえばドイツが好況で物価が上がっているからといって、ユーロ圏の中央銀行である欧州中央銀行（ECB）が金融を引き締めれば、景気が悪いギリシャはさらに経済不振に陥ってしまいます。そこで需要を創出しようとギリシャ政府が財政支出を増やせば、財政赤字は悪化してしまいます。金融政策は統一したのに財政政策は各国ばらばらのままという、ユーロの制度自体が矛盾をはらんでいたといえます。

ギリシャ危機が導火線となり、その先にあるユーロという制度そのものが爆発する危険が顕在化しました。単一通貨制度が崩壊し、ギリシャもドイツも再び自国の通貨のドラクマやマルクに戻るという観測も出ました。欧州各国の首脳や国際通貨基金（IMF）、ECBなど膝をつき合わせて議論を重ね、債務国を助ける仕組みを整えることでなんとか合意に達しましたが、対応は後手後手となりました。市場の不安はスペインやイタリアにも

波及しましたが、特にスペインは銀行の不良債権問題が顕在化し、公的資本の注入が必要な事態に発展しました。

ユーロ危機の本質は、一言でいえば「政治が経済を甘く見た」ものといえるでしょう。通貨統合とは、もともとは戦争を再び起こさないための工夫でした。第2次世界大戦まで隣国同士が戦った悲痛な経験に基づき、いわば安全保障の装置として、単一通貨制度や市場統合、経済統合の制度が築かれてきたのです。もともとが政治的な動機でしたが、実際の市場経済はそう簡単には機能しなかったということです。欧州統合の半世紀のうちに経済のグローバル化が進み、一国の金融市場の不安は瞬時に他国に伝播します。ギリシャ危機は、小国ギリシャだけの問題ではなく、スペイン、イタリア、さらにフランスにまで発展しました。そのスピードに現代の政治家の対応は追いつくことができないでいます。

3 世界の国々を3つに分類

大きな流れでとらえると、世界経済は1つの節目を迎えています。欧州は力を失いつつあります。米国もリーマン・ショックから完全には立ち直っていません。日本はデフレから脱却できないでいます。では、誰が世界経済をリードするのでしょう。「先進国」と「途上国」の2つに分けて考えてきた、これまでの見方を変えなければならない局面に入りました。

今後は、新しい視点から眺めなければ、世界の動きをとらえることができなくなります。それはなぜでしょうか。

「先進国」でもない「途上国」とも呼べない、両者の中間に位置する新興の国々の動きがたいへん複雑になり、しかも、世界全体の経済を大きく左右する力を持つようになっているからです。2008年のリーマン・ショック以来、先進国だけでは世界経済の問題を解決できないことが、一段とはっきりしました。

何をもって中間の国というかは、いろいろな尺度があります。国内総生

産（GDP）、つまり、経済の規模を尺度とする場合、人口で測る場合、あるいは世界の政治・経済に与える影響力で見る場合……。それぞれによって「中間」の概念も変わってきます。そこで注目されたキーワードが「BRICs」です。

BRICsは、もともとは米国の証券会社ゴールドマン・サックスによる造語ですが、世界中に定着しました。ブラジル、ロシア、インド、中国、この４ヵ国の頭文字を並べたものです。BRICsを、まとめて１つのグループと考えると、世界の経済に及ぼす影響を的確に読めるのではないかという意図でつくられました。この４ヵ国が今、世界経済の動向を左右する大きなカギを握っているのは確かです。

4　衰え目立つ先進国の牽引力

世界をリードしている先進国といえば、すぐに日米欧の３極が挙げられます。最も大きいのが米国です。次いで欧州ですが、最近は約30ヵ国に加盟国を増やした欧州連合（EU）が、米国と並ぶ大きな経済圏になりました。そしてその後に日本が続きます。この日米欧３極を先進国と考えるのが、これまでの常識でした。毎年開かれる主要国首脳会議（Ｇ８サミット）や、主要国中央銀行総裁・財務相会議（Ｇ７）などは、今でも、ほぼ日米欧の国々だけで構成されています。しかし、これらの先進国の経済だけを見ていても、世界経済の全体はわからなくなってきました。

たとえば、2008年夏から、米国経済の減速が急速に進みました。きっかけは、先述のサブプライム・ローン問題です。所得がそれほど高くなく、信用力が低い消費者層のために組まれたサブプライム・ローンという住宅ローンを返済できない人が続出して、07年から焦げつきが顕在化し始めました。サブプライム・ローンを扱っていた金融機関は、不良債権を抱える格好になり、ひいては米国経済全体に影響を及ぼし、成長の伸びが鈍るという状況に陥っています。

経済協力開発機構（OECD）の予測では、米国の12年の成長率は2.2％、13年は2.0％にとどまります。14年には2.8％に上向くとしていますが、とても世界経済を牽引するほどのパワーはありません。

　ユーロ圏も、12年はマイナス0.4％、13年はマイナス0.1％と経済の縮小が続き、ようやく14年になって1.3％程度の弱い成長軌道に戻る見通しです。スペインの銀行の不良債権処理が進むなど、ユーロ危機が解決するのは、かなりの時間がかかるというわけです。

　ちなみに日本の成長率の見通しは、12年は1.6％、13年は0.7％です。14年も0.8％程度にとどまるといわれています。日米欧を含め、韓国なども入れた先進国全体の成長率も同様に不調です。OECDは先進国の集まりということになっていますが、先進国の世界経済を引っ張る力はかなり衰えていくと予測されています。

5　目覚ましい新興国パワーだが

　衰えを見せ始めた先進国に代わって台頭してきたのが、先述したBRICs 4ヵ国を中心とした新興国です。これらの国々は、新しい「経済大国」と呼んでもよいくらいに活力があり、中国もブラジルもロシアも、今後も経済成長が続く可能性が高いと見られています。

　しかし、ここで少し落ち着いて考えてみなければいけないことがあります。衰えの見えた先進国に代わって活力のある新興経済国が出てくれば世界経済は安泰なのか、今起きていることは単なる主役交代なのか、という疑問です。

　リーマン・ショックの当初、米国経済が仮に大きく減速しても、中国が元気なうちはアジアの経済にそれほどの影響はない、という見方が広まりました。日本経済もそれほど心配しなくてよい、米国経済が減速しても中国経済が年率2桁に近い成長を続けているかぎり危機には至らないという、やや楽観的な考え方です。

これを「デカップリング論」といいます。「デカップル」は、2つ以上の要素が結合していない、あるものとあるものがつながっていない、切り離すという意味です。
　このデカップリング論は、一時期かなり支持されたのですが、結果的に誤りだったという見方が大勢です。つまり、やはり世界は切り離せない。それは「リカップル論」とも呼ばれましたが、よく考えてみれば当たり前の話かもしれません。グローバル経済の中に、「自分の国だけは安全」というような聖域はもうないのです。
　世界経済一体論の信憑性を端的に表したのが、リーマン・ショックとユーロ危機です。先述の通り、サブプライム・ローン問題の震源地は米国でした。ところが、ここに「金融の証券化」という問題がからみます。貸したお金を証券化し、細かく分けていろいろなファンドに組み込んだものが世界中に散らばる。これは、「セキュリタイゼーション」といって金融業の証券化の1つの側面ですが、そのリスクは、実際にお金を借りて住宅を建てている場所にとどまらず、世界中に拡散することになります。これがリスク拡散とも呼ぶことができる現象です。米国経済のリスクが世界経済全体につながっているという1つの証拠といえます。
　米国の経済に異変があれば、欧州ももちろん無縁ではなく、日本も無縁ではない。そんな厳しい現実を、リーマン・ショックは指し示しました。
　米国の金融機関や欧州の金融機関が、サブプライム・ローンの焦げつきにより財務内容が悪化して騒がれた際、当初、日本にはあまり影響がないといわれていました。しかし、どうもそうではないことが次第にはっきりしてきたのです。日本の金融機関も、サブプライム・ローン問題の打撃をかなり受けています。お隣の中国にいくら勢いがあっても、米国の経済問題はやはり日本の金融機関に影響を及ぼすと考えるべきでしょう。
　そう簡単に世界は分断されない、デカップルされないということです。したがって、先進国もBRICsが代表する新興国も、それに続くASEAN諸国などのアジア経済圏も、その他の途上国をも含めて、やはり均等に世界中を見ていく必要があります。グローバリゼーションが進んだ現代では、

世界に聖域も安全地帯もありません。恩恵もリスクも、等しく世界中に広がっていきます。

6 ソブリンウェルス・ファンドは救世主か

　リーマン・ショックとユーロ危機を受けて、世界の経済成長は衰えました。その中で、カギを握るのはやはりアジア地域の動向だと思われます。
　欧米各国が苦しむ中に、まるで救世主のように現れてきたのが「ソブリンウェルス・ファンド」と呼ばれる金融勢力です。ソブリンとは、もともと国家や君主といった意味ですから、「国家マネー」とでもいいましょうか。新聞では「政府系ファンド」などと紹介されています。略して「SWF」と表記することもあります。
　SWFとは、中国やシンガポール、ロシア、あるいは中東の産油国など、勢いのある新興経済大国が、抱えている外貨（主にドル）を上手に運用しようとしてつくった基金です。今、世界でドルを大量に持っている国は、実は先進国ではなくてBRICsを代表とする新興途上国なのです。
　そのSWFが、サブプライム・ローン問題で体力の衰えた米欧の金融機関、たとえばシティグループ、UBS、モルガン・スタンレーといった名だたる銀行や証券会社の支援に乗り出しました。驚くほどの巨額の出資や融資で、米欧の金融機関を窮地から救ったのです。これは過去数年間の世界の金融界で最も劇的な出来事だったといえるでしょう。
　というのも、先進国が自国内の問題で大変な窮地に陥ったときに、これまで自分たちが、「非民主的な運営」とか、「情報開示が不十分だ」などと非難してきた国々のファンド、いわば「悪玉ファンド」に助けられたことになるからです。この瞬間、助けた側の新興途上国の政府系ファンドは悪玉から「善玉ファンド」に変わり、結果として、シティグループ、UBSも助かったということです。
　特定の国家が自国の利益を追求するためのファンドですから、外国企業

をただで助けるわけではありません。支援を受けた側には「借り」ができることになります。米欧の先進国は自分たちの力だけでは国内の企業を助けることができず、新興国の力に頼ったことになります。事実、ユーロ危機で国債発行による資金調達が難しくなった欧州の国々は、中国などの新興国を詣でて、資金供与を仰ぎました。国家が管理するファンドから借りる場合は、当然、見返りが要求されるでしょう。

　それが政治や外交の面での代償なのか、純粋なビジネス面での見返りなのか、ケースバイケースで正確な実体はわかりません。こうした取引は水面下で行われるのが常です。しかし、為替相場を恣意的に安く誘導しているといった中国に対する欧米からの批判や圧力が、リーマン・ショックとユーロ危機後に、トーンを落としたのは事実です。中国を筆頭とする新興国は、米欧の経済危機を足がかりに着実に国際政治の舞台でも発言力と影響力を高めています。その力の先兵となっているのが新興国各国のSWFだといえるでしょう。

7　市場の透明性を守る先進国の立場

　このように現在は、先進国が政治的にも経済的にも世界を引っ張り、それを新興国や途上国が一生懸命に追いかけるという従来の構図が崩れています。逆に、局面によっては、新興経済大国に先進国が助けられるという状況すら生まれています。世界同時不況下でも、中国の財政出動による内需刺激策に世界中から大きな期待が集まっています。この流れの行方が、こらからの世界経済を読むうえで重要な焦点になるでしょう。

　もちろん日米欧の3極の先進国も、BRICsを先頭集団とする新興経済大国を頼りにしてばかりもいられません。グローバル化した経済とは、自由市場に基づく自由貿易の舞台であり、市場原理が正しく働く土俵でなければならないからです。どこか特定の国や地域が支配権を握るのは健全ではありません。モノやサービスの貿易だけでなく、マネーの動きも、できる

かぎり自由であるべきですし、マネーがどう使われ、どのような理由で株や土地を買ったり企業を買収したりするのかという情報も明確に示されるべきです。

さらに、そうした経済の上部構造ともいえる政治の体制は、自由経済を支えるためにも、独裁国家や封建国家ではなく、民主主義が望ましいのはいうまでもありません。選挙によって国民に選ばれた政権でなければ、世界に対する責任の一端を担う政策の透明性を担保できない、それが日米欧をはじめとする現在の先進国の主張です。世界経済への影響力が急速に強くなった新興国は、必ずしも民主主義国家とは限りません。新たなパワーを持った新興国と先進国とのせめぎ合いが、世界経済の1つの焦点になってくるでしょう。自由や民主主義を唱える先進国の発言力が相対的に低下していくのが心配です。自由で透明なグローバル市場ではなく、国家が管理した不透明な国際経済の姿になりかねません。

8 プーチン氏によるロシアの復活

先進国に対抗する1番手に名乗りを上げているのが、ロシアのプーチン大統領です。ロシア内では圧倒的な人気を誇っていますが、外に向かう"プーチン政権"はEUを批判するなど、「こわもて」の側面もあります。ロシアとEUは国境を隔てて向き合い、にらみ合う位置関係にあります。そこは常に外交上の緊張をはらんでいます。

かつて米ブッシュ政権がEU諸国に、ロシアから撃たれるミサイルを迎撃するミサイル防衛システム（MD）の配備を進めたことに対し、ロシアは、米国と欧州の「帝国主義」だと強く反発し、非常に強い言葉で非難したことがあります。米欧とロシアの「対立」、新たな冷戦時代と呼ぶ人も出るほどの緊張関係だと見る向きもありました。

ロシアは大産油国で、天然ガスや石油などの資源を握っています。EUはエネルギー供給の相当部分をロシアに頼っています。エネルギー供給の

源、ガスや原油の元栓を握っているロシアの力は、欧州にとっては非常に恐ろしいものがあるわけです。大統領としてロシアを仕切っていたプーチン氏は2008年に任期を終え、新大統領の座にはプーチン氏が指名したメドベージェフ氏が就任しました。しかしその後再び2012年5月にプーチン氏自身が首相から大統領に返り咲き、名実ともに再び大国ロシアの最高指導者となりました。

なぜ、これほどまでにプーチン氏に人気があるのかを考える必要があります。その理由の1つは、世界の原油価格の高騰にあります。08年末の金融危機まで原油高が続き、世界中の国々や人々が困りましたが、産油国であるロシアには大量の輸出代金が流れ込んできました。その結果、ドルとユーロの両方の外貨資産が膨らみ、たいへんな資金力を手にしました。この外貨はもちろん、先述したソブリンウェルス・ファンド（SWF）として、外国への投資に活用しようとしています。旧ソ連時代のような軍事力ではなく、グローバル経済の中で資金力を握ったからこそ、BRICsの一角として非常に発言力が強まったのです。

ユーロ危機で、単一通貨制度の仲間の中で一番の「劣等生」であるギリシャがユーロ圏から離脱する可能性がささやかれています。その事態を密かに喜んで見ているのはロシアかもしれません。ロシアは「EUが支援できないなら、我々が助ける」とばかりに、ギリシャへの資金供与や国有資産の買い上げを申し出ています。地理的にも歴史的にもギリシャはロシアに近く、第2次世界大戦の直後には英国のチャーチル首相や米国のトルーマン大統領が、「ギリシャをロシア側につかせてはならない」と危機感を抱いていたほどでした。欧州の安全保障の問題もからみ、ギリシャ支援をめぐる問題で、ロシアは需要な地位を占めています。

さらに、米国が主導する環太平洋経済連携協定（TPP）に触発されるように、プーチン大統領は極東方面への関心を強めています。2012年秋にウラジオストックで開いたアジア太平洋経済協力会議（APEC）首脳会議の議長は、プーチン大統領でした。「ロシアはアジアの一員」だと印象付け、エネルギー資源をテコに、海外から投資を呼び込んで、これまで遅れてい

た極東地域の開発を進めようとしています。台頭する中国と対抗する意図も透けて見えます。

9 国家資本主義が世界を動かす

　ロシアの国民にとっては、自国のこうした状態は非常に誇らしいことです。外部からは、独裁色が強く、報道の自由も制限され、選挙といってもプーチン氏ばかりがテレビに映れば人気が出るのは当たり前だと見えます。なんだか息苦しい国のようにも映ります。

　ところが、ロシア国民にしてみれば、冷戦構造の崩壊とともに、ソ連という国がなくなり、単なる途上国の1つにまで凋落してしまった屈辱に、長い間、耐えてきたわけです。多くのロシア国民は、大国としての自信喪失、アイデンティティーの喪失感に襲われていました。そこに、原油高の追い風とプーチン氏という非常に強力な政治指導者が登場したことによって、「ロシアが再び大国に復活した」という誇らしい思いがあるのです。

　多くのロシア国民は、ロシアの栄光を回復してくれた強い指導者として、プーチン氏を支持しています。このプーチン氏が君臨しているかぎり、ロシアという国では経済復興にその強いリーダーシップが発揮されるでしょう。民主化や市場原理、あるいは市場の透明性などについては、優先順位を落とすことになる可能性が高いといえます。

　こうしたロシアの姿を見て、BRICsを中心とする新興大国の中では、民主化や市場主義の徹底よりも経済成長を優先するという考え方が、一種の「常識」になるのではないと思われます。

　かつて東南アジア各国を席巻した「開発独裁」とまではいきませんが、民主主義と市場経済を基本とする日米欧の先進国をモデルとするのではない、新しい経済発展のパターンです。中国も含めて、これらは「国家資本主義」とも呼ばれ、新興国の経済運営モデルになりつつあるようです。

　いうまでもなく、こうした思想は日米欧の先進国が進める世界経済のあ

り方とは趣を異にするものです。ですが、今世界的な経済危機の中で、こうした新しい考え方や経済発展モデルが、実際に世界を動かし始めているのも事実なのです。

10 東アジアで経済連携

　共産党の一党独裁体制である中国はいわゆる民主主義国家ではありませんが、中国の経済が伸びることによって、日本や東南アジア諸国連合（ASEAN）などの国々は恩恵を受けることができます。日本のことを考えてみましょう。日本は出生率が下がって、だんだん人口が少なくなっています。つまり、小さくなっていく国なのです。

　日本は輸出で経済力を保っている国だから、輸出の伸びが止まったら内需を膨らますようがんばらなければならない、という議論が、しばしばなされます。しかし、この議論は少しおかしい面があります。次第に小さくなっていく国なのですから、どんなにがんばっても内需は自然に減っていくでしょう。内需を伸ばそうといっても、パイ自体が減っていくわけですから、相当な難題といえるでしょう。むしろ外需をもっと増やす方法を考えるべきなのです。日本はグローバリゼーションの中で、外国との共存共栄によって、生き残っていくしかないのです。

　グローバリゼーションの荒波の中で勝ち残るためには、中国やASEANを中心とする東南アジア、それからもう少し広げてオーストラリア、インドといった東アジアの国々との連携を強めていくことが大切になります。今後、中国やASEANを中心に、インド、オーストラリアを含めた大きな経済圏をつくり、その中で日本企業が自由、活発に活動できるような経済連携を結べば、日本経済はまだ成長を続けることができるはずです。内に籠らないで、外に打って出る国際的な視野で、政策や企業経営を考えなければ、日本経済の成長の芽は摘まれてしまいます。

11 FTAが広げる世界経済の連携

　そこで登場してきたのが、「FTA」という政策手段です。これは、自由貿易を推進する通商政策の一種です。先述したように、米国、欧州への輸出だけを考えていては、日本は今以上の成長は望めません。ですから、東アジアの国々と仲良くして、東アジアの中に大きな経済圏をつくっていくことを考えなければなりません。そのときにカギを握るのがFTAなのです。

　FTAとは「フリー・トレード・アグリーメント」。つまり「自由貿易協定」のことです。日本ではEPA（経済連携協定）という呼び方もしますが、FTAという言葉は世界中に定着し、世界貿易機関（WTO）の協定の中にも出てくるものです。米国も欧州もこの用語を使います。

　FTAは、具体的にいえば、貿易のコストをできるだけ下げるために、締結国の間で関税を相互撤廃するという約束事です。日本から中国やASEAN、またその逆の場合にも、貿易をするときには必ず関税がかかります。FTAの「フリー」は「ゼロ」という意味でもあります。基本的には、すべての取引にかかわる関税をお互いにゼロにしようというのがFTAです。

　FTAは、基本的には2国間で結ぶものです。しかし、仲間を増やして複数の国々で協定を結ぶ場合もあります。その代表例が環太平洋経済連携協定（TPP）です。TPPでは米国が中心となって、シンガポールやマレーシア、チリなど2013年初めの時点では11ヵ国が貿易自由化の交渉を進めています。

　一方、WTOは、加盟国である世界約150ヵ国や地域が一斉に参加して、貿易を自由化する多国間の交渉を進めています。これは、多角的通商交渉（ドーハ・ラウンド）と呼ばれています。ドーハ・ラウンドは2001年から交渉が始まっていますが、なかなかうまくいきません。150ヵ国もあれば、それぞれに利害関係が違いますので、うまくいかないのは当たり前です。

　わかりやすいように、たとえ話をしましょう。小学校の学級会で運動会

の種目を決めるとします。クラス全員でワイワイ、ガヤガヤ話し合っても、まったくまとまりません。徒競走がいいという人、棒倒し競争をしたいという人、中には絶対に騎馬戦をやりたいといい張る人もいます。

　結局、話し合いでは決まらなくて、多数決に持ち込みますが、それでも意見が割れて1つも答えは出ません。いつまでたっても結論が出ないまま議論が繰り返されます。こうなると、みんなで話し合うのをやめて、一人ひとり好きな者同士がグループをつくることにして、別の種目を採用するほうがずっと簡単です。

　そのときクラスの中に、魅力的な人気者がいるとします。たとえば「アメリカ君」です。アメリカ君は「韓国君」に対して、「もうみんなで話し合うのはやめて君と僕の2人だけで徒競走をやろう」と提案します。2人だけの間の取り決めです。これがFTAです。相手をピンポイントで決めて、まず2国間で仲間をつくるという方法をとることです。

　アメリカ君と韓国君の組に、「オーストラリア君」も入れて3人でグループをつくろうと輪を広げていくかもしれません。現在のTPPはまさにこのようなお友達グループといえるでしょう。このように徐々に仲間の輪を広げていけば、最終的にはそのクラス全員が1つのグループに入ることになるかもしれません。

　一方、クラスの中には、米国君とあまり仲のよくない「欧州君」がいるとします。欧州君は「メキシコ君」や「アラブ首長国連邦（UAE）君」たちなどと、別のグループをつくっていきます。そうすると、政治家の派閥のようなものが、クラスの中にできる可能性もあります。FTAとは本来、このように自分の仲間以外の他者を差別する、という側面があります。

　一時的には派閥ができてクラスが割れる状態に陥るかもしれませんが、みんなが、いつまでたっても、てんでんバラバラでいるよりは、少なくともいくつかの塊にはなっているわけです。いつか派閥同士が手を結べば、最終的にはクラスが1つにまとまる可能性もあります。

　このたとえが示すように、WTOでは、一時的には不平等、あるいは差別的な状況が生まれるかもしれませんが、最終的には世界貿易の自由化、

世界経済の自由化に寄与する可能性があるという希望的な考えのもとで、FTAという手段が認められているのです。

12 FTA競争の中核にASEAN

　WTO交渉が、利害を異にする150ヵ国に上る国々の参加で、調整に手間どるようになってきました。その結果、米国や欧州はFTA（自由貿易協定）という手段に走りました。FTAは今、世界の潮流の1つになっています。その流れに乗り遅れてはならないと、日本も2007年ごろからFTAの輪を次々に膨らませようと必死でがんばっています。

　日本のFTA戦略の対象は、主にアジアの国々です。日本に先駆けて、中国もFTAを推進してきました。最大の焦点である地域は、ASEAN（東南アジア諸国連合）です。ASEAN加盟10ヵ国は、すでにASEAN域内での貿易自由化に取り組んでいます。ASEANの国々は、一つひとつは小さい経済規模でありますが、固まれば大きなパワーになります。このASEANを、自分の仲間に引き込もうという戦いが、中国、韓国、日本の間で起きています。

　先行したのが中国です。中国はいち早くASEAN全体とFTAを結びました。中国はとにかくASEANへの影響力を高めようと、日本に先駆けて貿易交渉を成立させたのです。韓国もそれに続きました。日本はかなり出遅れて、07年になって、やっとASEAN全体とのFTA交渉を妥結させました。08年に発効しましたが、その効果はまだはっきりしない面があります。

　13年からは、ASEAN10ヵ国を中心に日中韓3ヵ国とオーストラリア、インド、ニュージーランドの合計16ヵ国が加わる東アジア地域包括的経済連携（RCEP）の交渉も始まります。先述のTPP交渉はASEANの一部の国しか参加していませんから、交渉をリードするのは米国です。これに対してRCEPではASEANが中心の座席に座ることができるため、ASEAN各国にはTPPよりRCEPを重視する声もあります。何よりもTPPは、目

指している自由化の水準が高いため、まだ発展途上のASEANの多くの国々は交渉に加わることができないのです。

13 TPPで迷う日本

　ASEANは、日本の製造業のいわば裏庭です。賃金や土地代が高い日本国内で製品をつくるとコストが高くつきますから、多くの日本企業がASEAN各国に進出して、技術を移転し、投資をし、大小さまざまな工場をつくっています。

　代表的な例がトヨタ自動車です。トヨタはタイをアジアの生産拠点と位置付け、今までのタイ１国への累積投資額は1000億円を軽く超えているとされます。タイの工場では、IMV（イノベーティブ・インターナショナル・マルチパーパス・ビークル＝革新的国際多目的車）というプロジェクトを立ち上げて、日本や米国でつくっている車種とはまったく違う自動車をつくり、IMVの型の車をインドや中東諸国などの新興国に売る戦略をとってきました。

　要は、ASEANという場所が、日本の製造業にとって、国際的な経営戦略の上で重要な製造拠点となっているということです。部品から完成品まですべての工程をタイで行うのではありません。ASEANの国々に張りめぐらせたネットワークを利用して、マレーシアで部品Aをつくり、シンガポールでは部品B、フィリピンでは部品Cというふうに、ASEANの中をさまざまな部品がめぐって、最終製品はタイで組み上げるといったビジネス展開の形をとっています。

　このように、付加価値の高い部品は日本国内でつくりますが、たとえば最終的にテレビを完成させるのはASEANなのです。つまり、日本から付加価値の高い部品を輸出して、電子基板やスイッチ、電線コード、パッケージ、リモコン、テレビのボディーなどをASEANの国々でつくり、最終的に組み立てる場所はマレーシアやタイ、インドネシアであるという太い

流れがあります。

　ASEANと日本を含めた大きな東アジア地域で、部品や半製品がグルグルと回って動いている様を想像してみてください。ここで関税や関税以外の障壁を低くして貿易を円滑にすれば、全体の製造コストはさらに下がるでしょう。これが、東アジアを重視する日本のFTA戦略の考え方です。問題はそれをどうやって実現するかです。日本はASEANとのFTAで中国や韓国に出遅れましたが、今ではさらに米国やEUもASEANに注目しています。米国はTPP構想を掲げて東アジアに参入してきましたし、EUもASEANとのFTA交渉に熱心です。しかし、日本は国内の調整ができず、TPP交渉への参加問題で大きく揺れ動きました。

14　21世紀型の貿易自由化でアジアに切り込む米国

　米国が主導するTPPは、他のFTAとかなり違う性格があります。それは単なる関税撤廃だけでなく、非関税障壁と呼ばれるさまざまな分野で貿易を自由化しようとしている点です。TPPは「高い自由化の水準」といわれますが、その「高い」の意味は、関税を削減する幅や品目数が「多い」「大きい」という意味ではありません。関税以外の、たとえば、政府調達、知的財産権の保護、投資ルール、貿易円滑化、技術障壁、原産地規則、検疫、通関手続き、各種サービスなどの自由化についても協議しています。

　20世紀型の通商交渉は、関税の引き下げ交渉でした。自国の市場や産業を外国の産品から守るためには、高い関税をかければよいので、たとえば農業の競争力が弱い日本は、コメや小麦などに高い関税をかけて、外国産が流入しないようにしています。これを関税による市場保護といいます。ASEAN諸国の場合は、自分の国の中で自動車産業や鉄鋼産業を育成したいので、自動車や鉄鋼製品に高い関税をかけるケースが多いのです。どんな国にも弱点がありますから、弱い分野を関税で守ります。先進国も事情は同じです。これをお互いに譲り合って、痛みを分け合って、相互に関税

を撤廃して自由化を進めるのが、これまでの通商交渉の典型でした。

　ところが、今は違います。関税の撤廃がどんどん進み、先進国ではもう、たいして取り払うべき関税が残っていないのです。交渉はギブ・アンド・テイクですから、譲るべき関税（ギブ）のカードが手元になければ、相手の市場開放（テイク）も得られません。関税撤廃の余地が次第に小さくなるにつれ、20世紀型の貿易自由化は限界が見えてきているのです。

　TPPはもちろん新興国に多く残る関税撤廃を促しますが、同時に、〇〇％の関税というような数字で表せない障壁を撤廃していこうとしています。たとえば政府調達という交渉分野では、政府の公共事業や資材調達で、国内の企業だけが有利にならない手続きにするとか、外国企業が同じ条件で入札できるような仕組みを導入することが考えられます。これらは関税率の交渉と違って「ルールづくり」ですから、単純に数字上の取引だけでなく、膝をつめた協議や知恵の出し合いが必要になります。

　TPP交渉の中で最も重要な分野は、「競争政策」と「投資」でしょう。競争政策とは、日本では独占禁止法に基づき、市場の公正な競争を確保する政策のことです。既得権益者に阻まれて、外国の企業や新規参入企業が不利にならないようにする仕組みづくりともいえます。

　投資は、外国の企業がやってきて工場を建てたり、新しいビジネスを始めたりする場合の投資の決まりごとを作る交渉です。ここでも投資を受け入れる国が、外国企業に投資を認める条件として、技術移転を課したり、販売や輸出に注文をつけたりすることがないようにルールをつくろうとしています。

　現実問題として、中国をはじめ新興国では、外国企業に事業を認可する見返りに、最先端の技術を教えるように迫ったり、国内企業との合弁を義務付けたりすることが多いのです。外国の市場、特に途上国や新興国に参入して、その国の中で事業をするということは、企業にとってとてもリスクが大きく、難しい判断になっています。これを何とか自由にできないかという試みが、TPP交渉の中でなされています。

2. 主要国の経済状況を見る

1　格差問題に悩む米国経済

　これまで、世界経済全体の大きなうねりを概観してきましたが、個別にしっかり見ておかなければならない国がいくつかあります。

　まず、世界最大の経済大国である米国の動きからは、目を離すことができません。サブプライム・ローン問題とリーマン・ショックの後遺症が、いつまで続くのか。住宅・不動産の債務処理が長引けば、米国経済の本格的な再生は果たせません。消費者も住む場所の問題が解決しない限り、サイフのひもを緩めないでしょう。

　格差問題も大きな焦点です。2012年11月の大統領選挙では、格差の是正などを訴えてオバマ大統領が勝利し、富裕層が支持した共和党のロムニー候補は票が伸び悩みました。巨額の報酬を得る金融ビジネスへの反発から起きた「ウォール街を占拠せよ」のデモは、貧富の格差が拡大する米国社会の変質を象徴しています。

　当面のポイントは、第2期オバマ政権が打ち出す経済政策と米連邦準備理事会（FRB）の金融政策の中身でしょう。不動産不況が落とした影が投資や個人消費にどれほどの影響を及ぼし続けるか、情報技術（IT）業界を軸とする米国の成長産業が米経済をどの程度引っ張っていけるのかが、焦点となります。政府は手をこまねいているわけにはいかず、リーマン・ショック後は財政出動で公共事業による需要創出に努めていましたが、米国の財政は危機的な状況にあります。

　13年の初めからは以前、共和党政権時代にブッシュ大統領が実施した減税の期限が切れ、実質的に増税となります。一方で、財政危機を乗り越えるために政府支出の大幅な削減が予定されています。つまり、大増税と財

政緊縮が同時に襲いかかるのです。これが「財政の崖」と呼ばれる米国経済のリスクです。

　民主党と共和党は、減税措置の延長が必要だという認識では一致していますが、オバマ大統領は高額所得者に対する減税延長を拒否しています。共和党は高額所得者も含めてすべての所得層に減税を延長するよう主張して譲りません。2012年末に大枠では決着しましたが、議会との交渉など、さまざまな困難をどう打ち破るか、オバマ政権の政策運営の手腕が問われる局面は続きます。

　FRBも相次ぐ量的金融緩和（QE）を実施し、景気の底支えに必死です。ドル相場を押し下げて米国の輸出企業を間接的に助けたり、失業率の低下、株価の上昇などの効果がありました。ところが、中央銀行が流動性を増やし、お金がどんどん金融市場に流れ込むと、副作用も生じます。何かの拍子にインフレが起きる心配は高まります。また、食糧やエネルギー・鉱業資源などに投資マネーが流れ込み、商品相場の高騰を招く危険もあります。

2　不透明な中国「国家資本主義」の行方

　2013年は中国経済にとっても大きな曲がり角になります。10％前後の高い成長を続けてきた中国ですが、ユーロ危機やもたつく米国景気の影響で、成長率は伸び悩んでいます。2012年秋に政権交代を経て、習近平総書記のもとで共産党指導部の顔ぶれは大きく変わりました。習総書記は1人当たりの国民所得を20年までに10年比で倍増させるなどの政策目標を掲げています。市場経済の体裁をとりながら、国家が国営企業などを通して経済運営する中国の方法は、「国家資本主義」ともいわれます。その行方は不透明です。

　2000年代の中国は躍進を続け、日本を抜き、米国に次いでGDPが世界第2位の経済大国となりました。08年の北京五輪が中国景気の節目になるともいわれていましたが、開催後の景気の大幅減速もなく何とか乗り切る

ことができました。オリンピックは、中国が世界に向かって見せる大きな「ショー」でした。開催まで建設需要が増大し、その他の付随したさまざまな産業需要もあって、経済面では確かに伸びていきました。金融政策面でも、少なくともオリンピックまでは国の威信をかけても好景気状態を続けるだろうといわれていました。

　問題は、そのオリンピックの後に世界同時不況が起き、さすがの中国にも強烈な逆風が吹いたということです。それがリーマン・ショックであり、ユーロ危機です。中国は輸出を頼りに経済成長を続けていましたから、米欧の経済不振は大きく響きます。

　中国経済の高成長が持続可能かどうかは、議論が分かれます。課題は山積しています。リーマン・ショックを受けて、中国は財政支出で需要を支える手段だけに頼るのではなく、銀行融資を増やして景気の下支えを図りました。この結果、地方では採算性を度外視したインフラ投資などが増え、不良債権が大量に発生しているという見方があります。北京五輪や上海万博などの前後に各地で実施した大型建設プロジェクトも、過剰投資として負の遺産になる懸念があります。不動産や製造業でも実需を超えて投資や生産が拡大する「バブル」の状態が随所に見られます。これから大きなショックをなくし、ソフトランディング（安着陸）できるかどうか。新体制のカジとりは難しいところです。

　先進国と同様に、中国でも格差問題が顕在化しています。工業化が進む都市部と農村部の所得格差は大きく、国民の間に不満が高まっています。人口が増加していた胡錦濤指導部の時代とは異なり、15年ごろをピークに生産年齢（15〜64歳）の減少が始まります。かつて人口膨張を抑制するためにとった「一人っ子政策」のツケが回ってくることになります。若者を中心に農村部から都市部に労働力が流入し、これまでは労働力の不足は感じさせませんでしたが、今後は労働力が不足する可能性があります。そうなれば労賃は上がり、世界の企業から見れば生産拠点としての中国の魅力は薄れます。

　実際に、日本の繊維産業などでは、中国でつくって日本や米欧で販売す

る方式が定着していますが、中国の人件費高騰によって低コスト生産のうまみが見いだせなくなり、製造工場を移すという外国企業の動きが相次いでいます。尖閣諸島の領有権をめぐる日中対立の影響で、日本企業は中国での活動がしにくくなっていることも、脱中国の動きを加速させています。

その移転先はベトナムなどASEANの新興国が多いのですが、ベトナムを通り越してラオスやカンボジア、そして民主化が進んだミャンマーに向かう企業もあります。労働集約型の産業では、すでにASEANの中でも経済的に遅れている国々に工場移転を進めています。そういう状況になったとき、外国からの投資で成長を維持してきた中国の経済成長が果たして今まで通りの高水準で続くかどうかが注目されます。

中国政府は、外国資本を招くための政策をいろいろと打ち出してくるでしょう。今までのような外資頼みではなく、自国の企業を育てていけるかどうかが焦点になってきます。そのためには何といっても技術が必要です。中国製品はどこにも負けない立派な製品だということを、世界に示さなければなりません。11年に起きた新幹線の衝突事故や、08年に起きた殺虫剤入りギョーザ問題のように、中国でつくったものは信用できないと世界に印象付けてしまうと、非常に深刻な事態を迎えるといわざるをえません。玩具や雑貨についても同じことがいえます。過去には、欧州では中国製の玩具の安全性が問題になりました。

こうした一連の事件から、「中国製の製品は安いけれども品質が良くない」、さらに「品質が良くないだけではなくて安全ではない」という認識が広がると、中国製品への信頼を回復するのは難しくなります。

問題が起こったときの対処はもちろん、問題を起こさないことが肝心です。信用を世界に向かって勝ち取ることが、中国経済の持続的成長を支える重要な要素であるのは間違いありません。

また米国などは、国営企業が幅を利かせる中国の「国家資本主義」を見習って、世界の新興国や途上国が中国式の経済発展モデルをとることを心配しています。政府が巨大な国営企業を後押しして、グローバル市場で暴れ回れば、米欧や日本の民間企業では太刀打ちできなくなるかもしれない

からです。人民元の相場を意図的に下げて中国からの輸出を支える為替政策にも、米欧から批判が高まっています。経済大国となり、グローバル経済の一員となった以上、これからは「途上国だから」と大目に見られることはなくなるでしょう。中国には国際ルールに沿った振る舞いが求められ、それがまた中国の経済政策の幅を狭めることになるかもしれません。

3 グローバル経済との接合を探るインド経済

　もう1つ、見逃せないアジアの大国にインドがあります。日本では、2007年ごろから急にインドブームが沸き起こりました。確かにインドの経済は急速に膨らんでいます。特に人口では、中国に次ぐ11億人以上を抱える国です。古くからインドは、ひと握りのエリートと圧倒的な数の貧困層が同居する国といわれていましたが、その貧困層の中から中間層という人々が出てきました。「ニューリッチ」と呼ばれる消費者です。この層は、ドルベースではけっして高収入とはいえませんが、PPP（購買力平価）で見れば、それなりの購買力を持った層として分類されます。

　この中間層の人たちがインド経済の活力を担っています。所得が増えると、まず二輪車を買い、軽自動車を買い、次にテレビや携帯電話を買って、そして自動車を買うわけです。この中間層向けのマーケットが急速に大きくなってきています。この層を狙って、たとえばトヨタ自動車などはインド向けの自動車の開発・販売にたいへん力を入れてきました。

　中間層の購買力を支えにインドの成長が続けば、アジア経済も好調を持続することが可能です。インドの大手自動車メーカー、タタ・モーターズは09年3月に小型車「ナノ」を発売しました。発売当初の最も安いモデルは1台約20万円という超低価格です。戦略的な商品開発に、世界中がアッと驚きました。タタは台頭する中間層の購買力を念頭に、こうした戦略を練っているのです。

　ただ、インドの最大の問題は、交通、輸送、電力、水といったインフラ

にあるといわれています。産業の基盤となるインフラがまだ十分に整備されていないのです。したがってこのインフラ整備に、外国企業の資本を積極的に引き入れたいという政策を打ち出しています。今焦点になっているのは、金融資本などの産業の拠点であるムンバイと、行政官庁の集まる首都ニューデリーとを結ぶ幹線道路をつくろうという動きです。こうしたインフラ整備の必要性が高まっていて、外国政府や外国企業がどのくらい協力できるか、また、どれほど自国に有利になる形でインドのインフレ整備に協力できるか、将来の利権や有利な競争条件の獲得を目指して、日米欧の間で一種の競争が始まっています。

経済成長率が高いので資本が株式市場に次々に流れ込んで、インドの株価は非常に高い成長を遂げている反面、その根本であるインフラ部分はまだまだ未熟です。それが不安要素になっています。サブプライム・ローン問題やリーマン・ショックなど、何か世界で「事件」が起きれば、インドの株価は簡単に乱高下します。課題も多いがチャンスも多いインド経済からは、当分目が離せません。

インフレも心配です。中央銀行のインド準備銀行としては金利を上げて物価を安定したいのですが、金利を上げれば通貨ルピーは上昇します。通貨高はインドの輸出企業にとって不利な状態ですから、金融政策のカジとりは悩ましいところです。また、外国からの投資を呼び込むためには、規制緩和が必要です。インドはまださまざまな規制が厳しく、外国企業は自由に活動できません。たとえば金融業には出資が規制されていますし、その他の一般のビジネスでも事業に多くの許認可が必要な場合が多いのです。

そうなると日本の製造業などにとっては、進出をためらう要素ともなります。外国企業が国内にやってこなければ、部品や製品の貿易で世界とつながることができず、インドは本当の意味でグローバル経済の一員になることはできません。

規制緩和と市場開放で投資を呼び込むための構造改革や、米国や日本、欧州連合（EU）などと貿易・投資を自由化する経済連携交渉などが、これからの重要な焦点となります。

3. 世界が直面する課題

1 東アジアに世界が注目

　最近「貿易摩擦」という言葉を聞かなくなりました。これはグローバル化の進展によるものと思われます。かつては、日本と米国は貿易のうえで喧嘩をしていました。日本から次々に安くて性能のよい自動車や電気製品が押し寄せて米国企業のシェアを奪ってしまい、米国政府がたいへん怒りました。日本からの輸出を企業に制限させたり、または政府が為替市場に介入して意図的に円高に誘導していった時代もありました。

　そういう時代は過ぎ去り、かつてのような激しい戦いの状態はなくなりました。その背景として、貿易と為替が完全に自由になったこと、関税も下がったこと、そして企業がグローバル化したことなどが挙げられます。

　日本企業は、摩擦による米国の圧力を避けて、輸出ではなく、米国に工場を建て米国人を雇って日本の車をつくり、現地で販売することにしました。米国の雇用に貢献するのであれば、日本企業を締め出す理由もなくなりました。こうした日本企業のグローバル化、多国籍化が、1990年代に急速に進みました。その結果、貿易摩擦は影をひそめたのです。

　今は、日本の代わりに米国と中国の摩擦が起きています。その米中間の摩擦は、モノの貿易摩擦だけではありません。中国の市場の保護主義や制限が多い為替政策に対して、米国の批判が高まっています。為替政策をめぐる対立に関しては、中国が徐々にでも為替を自由化していかざるを得ないでしょう。ただしこれを急速に進めると、中国経済そのものが失速しかねません。そうなることは米国も望んでいません。米中で対話を重ねながら軟着陸の方法を探っていくことが、これからの世界経済の大きな関心事といえます。

米国が中国とどうつきあっていくかを考えたうえで打ち出したのが、環太平洋経済連携協定（TPP）構想です。自国中心の中国の経済政策、特に恣意的にレアアースやレアメタルの輸出を制限したり、外国企業の中国での投資に注文をつけたりする通商・産業政策が横行しないように、もっと厳しい国際ルールをつくり、中国にそのルールに従ってもらおうという試みです。

　何といっても、中国は今では世界第2位の経済大国ですし、生産拠点としても市場としても、無視するわけにはいきません。その中国を中核とする東アジア地域が、世界の中で今最も元気な地域であるのも、事実です。米欧も日本も、世界の成長センターとなった東アジア、とりわけ中国に着目し、深刻な摩擦を回避しながら、中国と共存共栄を目指す道を必死で探しているのです。

2　先進国対途上国、そして新興経済大国

　先進国と新興経済大国および途上国という立場の違いも、潜在的なグローバルな経済摩擦の種になっています。それが、WTOの貿易自由化交渉がうまくいかなかった一番大きな理由です。今まで先進国は、その技術力を駆使してモノをつくり輸出して富を蓄積してきました。途上国にしてみれば、グローバリゼーションが進んで関税も下がり貿易が自由化されたからといって、「いったい今まで自分たちは何を得たのだろうか」という思いがあります。

　たとえばアフリカ諸国を見てみましょう。貿易を自由化して関税を下げろといわれても、自分たちの輸出するものは農産物です。途上国は、経済発展の段階、つまり工業化する前の段階では、まず食品など農林水産物を輸出することしか経済成長の手段がないのです。それなのに日本や米国や欧州の先進国は農産物市場を保護している、その状況に対して途上国は怒っているのです。先進国はずるい。モノをつくって次々に輸出してくるわ

りには、途上国の輸出したい麦やコメや砂糖や綿花などは自国を保護して受け入れないと。

こうした構造的な対立があるために、WTOのドーハ・ラウンドでも先進国と途上国のにらみ合いの構図がなかなか解けず、交渉を難しくしていました。

GATT（関税貿易一般協定）の時代には、ウルグアイ・ラウンドの交渉に9年かかりました。ただしこの9年間は、日米欧の先進国の戦いという側面が非常に大きいものでした。当時は、グローバリゼーションが途上段階にあり、途上国の発言力が弱かったのです。しかし、ドーハ・ラウンドでは、途上国が非常に大きな声を出しています。その代表がブラジルやインドです。

今はブラジルとインドが、日本に代わってWTOの中で大きな影響力を持ち、「途上国」対「米欧」という構図になっています。WTOの中で、今後のグローバリゼーションの流れを決める大きな議論が続いていくとみられます。世界各国の国内では、国民の所得格差の問題が大きな焦点となっていますが、世界の国々の間では、自由貿易で富める国と、貧しいままの国の格差が問題になっています。

3 環境問題は成長のための重大な要素

似たような構図にあるのが、地球環境問題です。国際経済と環境とは密接な関係があります。経済成長とは、簡単にいうと、「人（労働力）」と「土地」と「お金（資本）」と「技術（生産性）」が集まって経済活動が起き、その活動によって創造される経済価値が成長していくということです。実はそこに、もう1つ私たちが重視してこなかった重要な要素があったのです。それは「炭素」です。

石油や天然ガスや石炭といった炭素エネルギー源を燃やして二酸化炭素（CO_2）、つまり温暖化ガスを排出し、環境を破壊した上に経済成長は成り

立ってきました。

　途上国のいい分はこうです。先進国は産業革命以来ずっと地球の環境を破壊し続け、経済を成長させ、今の繁栄を謳歌している。途上国も同じような道を目指して何が悪い。だから石炭や石油を燃やして多少温暖化ガスを排出するのはしかたがないだろう。先進国が繁栄した後で、もう炭酸ガスを出してはだめだというのは身勝手すぎる、といういい方をしています。

　途上国のいい分はもっともですので、温暖化ガス削減には、先進国と途上国の間に差異を設け、途上国には甘く先進国には厳しくという形でそれぞれ自分の責任を果たそうという約束になっています。地球温暖化は現実に起きている問題です。このまま化石エネルギーを燃やし続け、省エネが進まなければ、地球はさらに温暖化し、全人類にとって非常に困った事態になってしまいます。何としても、そのような事態は避けなければなりません。

　そのためには、先進国も途上国も何かをしなければならないのですが、その責任には重みの違いがあるだろう、ということで決められたのが京都議定書です。2008年から発効されていますが、温暖化ガスを削減する責任をまず先進国が果たし、その後に途上国もそれなりの責任を果たしてほしいという議論になっています。

　注目しなければならないのは、12年に京都議定書が切れた後の枠組みをどうつくっていくかです。そのとき、先進国も途上国もどういう形で責任を果たしていけるのか。また、責任を果たすのであれば、先進国と途上国、新興経済大国も含まれますが、それぞれが果たすべき責任はどの程度であるべきなのか。こういう議論をようやく始めたところです。

　これは、WTOと同じくらい交渉が難しく、合意形成が難しい議論です。ですが、その難関を乗り越えていかなければ、地球規模で環境破壊が進んでしまうことは明らかです。環境破壊が進んでしまえば、世界経済の成長など望むべくもなくなります。

　今まではあまり重視されませんでしたが、地球環境問題は国際経済を見るうえで非常に重要な要素になってくると断言できます。

ところが、11年に日本で起きた東日本大震災と東京電力・福島第1原子力発電所の事故により、地球温暖化をめぐる議論が一変しました。原子力発電はCO_2を排出しないので、膨張するエネルギー需要に対応するためだけでなく、温暖化防止に欠かせないと考えられていたのですが、その信頼性が揺らいだのです。

　悲惨な事故を起こしてしまったために、原発の増設を前提としていた日本の温暖化ガス削減のシナリオは崩壊してしまいました。世界の温暖化防止の交渉も停滞が続いています。

VIII
変わる働き方と教育改革

1. ワーク・ライフ・バランスはなぜ必要か

1 バランスのとれた生き方への提言

　ワーク・ライフ・バランスは、日本語でいえば「仕事と生活の調和」です。以前は、ファミリー・フレンドリー、または子育てとの両立などの言葉が使われていました。ワーク・ライフ・バランスは、それより少し概念が広いものです。子育てだけではなく、しかも子育て中の女性といった限られた人たちだけではなく、老若男女、仕事とそれ以外のプライベートな生活との調和をとりながら生きていこうという考え方です。子育てや介護ももちろんその中の1つですが、趣味や自己啓発のための教育、地域の活動などいろいろあります。

　もともとは1990年前後に、アメリカのIT企業などが、人事戦略の一環として始めました。IT系企業で、若い男性などから仕事一辺倒の生き方はいやだ、もう少しプライベートな人生も楽しめるような働き方をしたいという強い要望があって、企業側もワーク・ライフ・バランスを考えないとよい人材が採用できなくなりました。

　時を同じくして、ヨーロッパでも家族政策の視点から同様の考え方が起こりました。ヨーロッパ各国もやはり出生率の低下に悩んでいたので、子どもを産み、家庭や地域の生活も楽しめる充実した社会を作るためには、ワーク・ライフ・バランスが必要だということになりました。

　日本でいわれ始めたのは、十数年前からです。急速に広がったのは、ここ5、6年のことです。「経済財政諮問会議」や「子どもと家族を応援する日本重点戦略会議」「男女共同参画会議専門調査会」などが、2007年に、そろってワーク・ライフ・バランスを推進すべしという提言をしたのです。それが政府の「骨太の方針」にも入り、07年12月に「ワーク・ライフ・バランス憲章」と「行動指針」が策定されました。また、最近では女

性や外国人など多様な人材が持てる力を発揮してこそ企業として成長できるというダイバーシティー（多様性）の考え方が広がっており、それを実現するための手段としても注目されています。

2 ワーク・ライフ・バランス憲章と行動指針

　ワーク・ライフ・バランス憲章は、目指すべき社会の目標を掲げたものです。具体的には「就労による経済的自立が可能な社会」「健康で豊かな生活のための時間が確保できる社会」「多様な働き方・生き方が選択できる社会」の3つを掲げています。行動指針は企業に努力目標を課したもので、ペナルティーを与えるような強いものではありません。しかし、5年後10年後の目指すべき姿を数値目標で示したのは画期的です。

　たとえば女性の就業率は、25～44歳で2007年の64.9％から、10年後の17年には69～72％になるよう目標設定がされています。また、フリーターの数については、187万人を144.7万人以下に減らすことをうたっています。その他、週60時間以上働く人の割合を、10.8％から半減させることや、年次有給休暇取得率を46.6％という低いレベルから10年後には完全取得にすること、男性の育休取得率を0.5％から10％にすること、男性の家事育児時間を1日2.5時間にすること、などを盛り込んだ行動指針を掲げ、国が音頭をとって推進しています。厚生労働省は10年に男性の育児参加を促そうと「イクメンプロジェクト」を始めました。ただし2011年の年次有給休暇取得率は49.3％と12年連続で50％を下回っており、十分な効果は挙がっていません。

3 少子化問題が活動の背景

　この動きの背景にある1つの要因が、少子化問題です。少子化は、近年、

図表 ① ——出生数、合計特殊出生率の推移

少子化の現状

○ 2010年は出生数107万人、合計特殊出生率1.39（出生率はよこばい、微増を続けている。決して楽観できる状況ではない）。世界的に見ても、わが国は最も少子・高齢化が進行。

○ 少子化の原因は、未婚化や晩婚化の進行、夫婦が持つ子ども数の減少。
※未婚率（2005年）は25～29歳の男性71.4％、女性59.0％、平均初婚年齢（2007年）は夫30.5歳、妻28.8歳、夫婦が持つ子どもの数は従来2.2人前後で推移してきたが、1980年代後半に結婚した夫婦では2.09人に減少。

○ 都道府県別に見ると、少子化は地域差を持ちながらも全国的に同じように進行（2010年、最高は沖縄1.83人、最低は東京1.12人）。

○「新人口推計」（2006年12月中位推計）によると、2055年には総人口は8,993万人、合計特殊出生率1.26、出生数は50万人を下回り、高齢化率40.5％。

○ 少子化による人口減少は、労働力人口の減少（経済成長にマイナスの影響）、年金や高齢者医療費、介護費の拡大など、わが国の経済社会にさまざまな影響や問題を及ぼす。

⬇

■ 少子化の背景には、国民の結婚や出生行動に対する希望と実態との乖離がある。
■ 希望と実態との乖離を解消することにより、少子化の流れを変えることが可能であると考えられる。

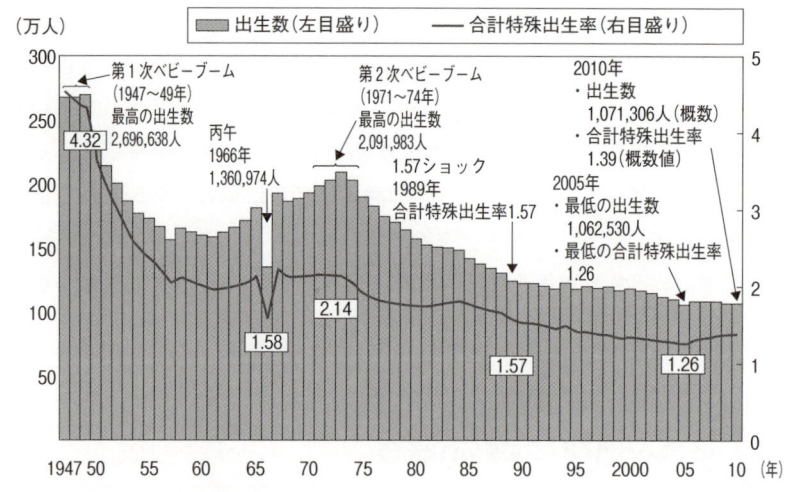

（万人）
■ 出生数（左目盛り）　― 合計特殊出生率（右目盛り）

第1次ベビーブーム（1947～49年）
最高の出生数
4.32　2,696,638人

丙午
1966年
1,360,974人

第2次ベビーブーム（1971～74年）
最高の出生数
2,091,983人

1.57ショック
1989年
合計特殊出生率1.57

2010年
・出生数
　1,071,306人（概数）
・合計特殊出生率
　1.39（概数値）

2005年
・最低の出生数
　1,062,530人
・最低の合計特殊出生率
　1.26

1.58　2.14　1.57　1.26

出所：厚生労働省「人口動態統計」
注：1947～72年は沖縄県を含まない。
　　2010年の出生数及び合計特殊出生率は概数である。

大きな問題としてクローズアップされています。第1次ベビーブームといわれる1947年から49年は、1人の女性が生涯に産む子どもの数（合計特殊出生率）が4.3人を超え、毎年約270万人の子どもが生まれていましたが、それがどんどん下がって、57年ごろになると、2.0人にまで下がってしまいました。第2次ベビーブームの71年～74年には少し盛り返しましたが、89年にはとうとう1.57ショックといわれるまでに下がったのです。

　なぜ「ショック」かというと、1.58人まで落ちた丙午の66年を下回ってしまったからなのです。危機感が日本中を覆い、政府も、保育園の増設や出産・育児手当の増額などを盛り込んだエンゼルプラン、新エンゼルプラン、新・新エンゼルプランと、次々に少子化対策を打つようになりました。しかし、ついに2005年には出生率が1.26になり、06年1.32、07年1.34と少し上がり、10年には1.39まで回復したとはいえ、安心できる数値には戻っていません。生まれてくる子どもの実数も、現在は100万人を少し超える程度となっています。民主党政権は15歳以下の子どもすべてに月2万6千円の子ども手当支給を打ち出しましたが、財源の裏付けを欠いて迷走を重ね、児童手当に戻っています。

4　子どもを産み育てることを阻む要因

　それでは、出生率が下がってきた理由は何なのでしょうか。現在の女性の多くは、子どもを持ちたいと思うと同時に、できれば仕事もしたいと考えています。しかし、職場を見ると、ほとんどの企業は、いわゆる専業主婦に支えられて、すべての時間を会社にささげる男性を中心に組み立てられた高度経済成長のころとほとんど変わっていません。

　働く女性の6割強が第1子出産後に職場を離れているのは、こうした過酷な現状があります。子どもを産むか仕事を選ぶかで悩んだ末に、出産をあきらめる選択をする女性も少なくありません。専業主婦になった女性も、帰りが遅く家事いっさいを妻に任せて子育てに協力もしない夫のもとで

は、1人で子育てを担わなければなりません。2人、3人と子供を産む意欲がわかないことは、十分に理解できることです。

　そうしたことから、夫婦だけの問題ではなく、社会全体の問題として環境改善に取り組もうとしているのが、現在の状況です。子供を安心して産み育てられる世の中に変えていこうという動きです。夫に代表される男性も、仕事だけではなく子育てをはじめとする家事や地域の活動などに時間を割けるような、ワーク・ライフ・バランスのとれた社会にしていかなければなりません。

5　成功指標となるヨーロッパの先進事例

　ヨーロッパでは、日本より先に少子化が進み、さまざまな対策が打たれています。たとえばフランスやスウェーデンは、1990年代半ばには1.6台の低い合計特殊出生率だったのが、2009年には1.99（フランス）、1.94（スウェーデン）に戻しています。

　1人の女性が何人子供を産めば人口を維持できるのかというと、2.07人あるいは2.08人といわれています。現在、日本は1.39ですから、このままいくと人口は減り続けます。イタリアもかつては1.1と低かったのが、対策を打ち始めて09年には1.41にまで戻しています。

　現在、合計特殊出生率が下がっている地域は、東アジアです。韓国は09年で1.15と日本を下回っています。シンガポールは1.22、台湾、香港も、1台そこそこで推移しています。

　ヨーロッパでは、女性の社会進出とともに当初、出生率は下がりましたが、仕事と家庭生活を両立しやすいようにさまざまな対策を打つことで反転し、多くの国では1.9レベルまで回復しました。日本や東アジアも、今後、これらの国を手本に回復を目指すという状況にあります。

6　女性と高齢者が救う労働力不足

　以上、少子化について述べましたが、少子化問題だけでここまでワーク・ライフ・バランスがクローズアップされたわけではありません。少子化問題の前に、社会全体が生きづらくなってきているということも、見過ごせない問題です。年間に3万人も自ら命を断つような世の中や、仕事に追われ子どもとじっくり向き合うこともできない父親など、これでいいのかと人々が疑問を持ち始めました。そうしたときに、ワーク・ライフ・バランスという目指すべき方向が提示されたことも、急速に浸透した要因の1つではないかと思います。2008年のリーマン・ショックを経て厳しい経済状況が続いていますが、こうした流れに変わりはないでしょう。

　もう1つの注目点は、人口減少社会は労働力の減少も意味するということです。団塊世代のころは1年に270万人の子どもが生まれていました。この人たちが60歳を超え、すでに労働市場から引退しつつあります。代わりに市場に参加するのは、年約120万人生まれた1990年代の人たちです。

　労働力を確保するためには、女性や高齢者も労働市場に残ってもらわなければなりません。この人たちに働いてもらうには、ワーク・ライフ・バランスのとれた多様な働き方を用意していかなければなりません。

　日本は、女性活用という点ではまだ遅れています。第1子出産後に6割強の女性が退職する現実もありますし、管理的職業従事者に占める女性の割合は11.9％にすぎません。この比率は、米国の43.0％、ドイツの29.9％、英国の35.7％と比べて、はるかに低い数字となっています。

7　「仕事と生活を両立させたい」男性にも意識の変化

　ワーク・ライフ・バランスは、女性が働き続けるために必要なだけでなく、価値観の多様化した現代の男性たちにも歓迎される考え方なのです。

図表 ② ワーク・ライフ・バランスの希望と現実（男女）

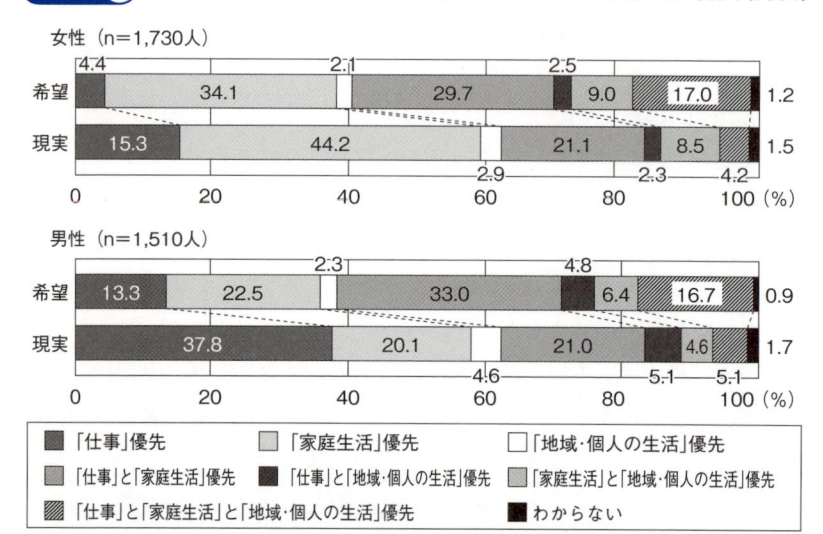

女性（n=1,730人）

	「仕事」優先	「家庭生活」優先	「地域・個人の生活」優先	「仕事」と「家庭生活」優先	「仕事」と「地域・個人の生活」優先	「家庭生活」と「地域・個人の生活」優先	「仕事」と「家庭生活」と「地域・個人の生活」優先	わからない
希望	4.4	34.1	2.1	29.7	2.5	9.0	17.0	1.2
現実	15.3	44.2	2.9	21.1	2.3	8.5	4.2	1.5

男性（n=1,510人）

希望	13.3	22.5	2.3	33.0	4.8	6.4	16.7	0.9
現実	37.8	20.1	4.6	21.0	5.1	4.6	5.1	1.7

凡例：
- ■「仕事」優先
- □「家庭生活」優先
- □「地域・個人の生活」優先
- ▤「仕事」と「家庭生活」優先
- ■「仕事」と「地域・個人の生活」優先
- ▥「家庭生活」と「地域・個人の生活」優先
- ▨「仕事」と「家庭生活」と「地域・個人の生活」優先
- ■ わからない

出所：内閣府「男女共同参画社会に関する世論調査」（2009年）より作成
注：「生活の中での、『仕事』、『家庭生活』、『地域・個人の生活』（地域活動・学習・趣味・付き合い等）の優先度についてお伺いします。まず、あなたの希望に最も近いものをこの中から1つだけお答えください。それでは、あなたの現実（現状）に最も近いものをこの中から1つだけお答えください。」への回答。

男性の育児休業も少しずつ増えています。

　内閣府の「男女共同参画社会に関する世論調査」によれば、自分の生き方について仕事を優先させたいと考える男性は13.3％だけで、最も多いのは仕事と家庭と両方とも大事にしたいというワーク・ライフ・バランス派で3人に1人に上ります。家庭生活を優先したいとの答えも22.5％に上りました。しかし、現実には37.8％の男性が仕事優先のライフスタイルを続けています。育児休業を取得したいと望む男性も3割に達していますが、民間企業で現実に取得したのは2011年で2.63％にとどまっています。

8 子どもと夕食をともにできない父親たち

　さらに、長時間労働というもう1つの問題があります。長時間労働にもかかわらず残業代も出ない「名ばかり管理職」が話題になったことがありますが、彼らは寝るとき以外はほとんど働いていると思えるほどのすさまじい働き方でした。10年前に比べれば少し減ってきてはいますが、週60時間以上働く人は、2011年でも全体で約15％います。30代・40代では5人に1人弱です。この年代はいわば子育て世代で、多くの父親が長時間労働を余儀なくされているのが日本の現状です。法定労働時間は40時間ですから、20時間以上オーバーしています。都市部では、もっと過酷に80時間、100時間働いている人もいるのが現実です。

　長時間労働による過労死も問題になっています。「KAROSHI」はいまや英語の辞書にも掲載され、国際的に知られる問題です。先進国の中でも異常な長時間労働といえます。

　少し古い調査ですが、未就学児を持つ父親の14％が、帰宅時間は午後11時以降になるという結果もあります。UFJ総研による父親の帰宅時間の全国調査（2003年）では、午後7時より早く帰る人が12％、午後7～9時に帰る人は36％、9～11時に帰る人が33％、11時以降になる人も14％いると出ています。つまり多くの父親たちは、子どもたちと夕食をともにしていないのです。また別の調査で、親の帰宅時間の国際比較があります。それによると、東京では、午後8時以降に帰る男性は61.5％、午後7時ごろが15.8％、6時ごろが6.8％となっています。これに対してストックホルムは、午後5時ごろに帰るという男性が一番多くて37.3％です。不況によって製造業の労働時間は減っていますが、社会全体がワーク・ライフ・バランスを実現する方向に進んでいるかは疑問です。

　ワーク・ライフ・バランスを進めるにあたっては、さまざまな取り組みがいわれていますが、何よりも先に解決しなければならない問題は、男性の働き方を変えることです。ワーク・ライフ・バランスはコストアップの

図表 ③ ──────── 週60時間以上働く人の割合（男性）

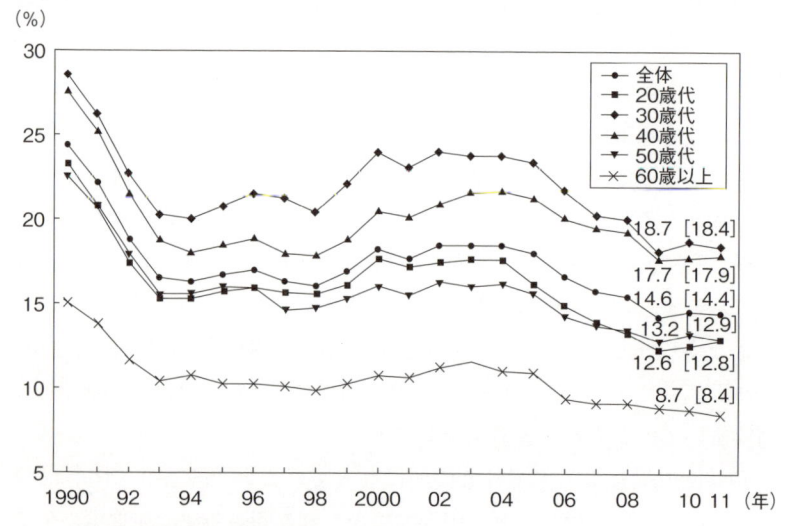

凡例：
- 全体
- 20歳代
- 30歳代
- 40歳代
- 50歳代
- 60歳以上

2011年値：
- 全体 18.7 [18.4]
- 30歳代 17.7 [17.9]
- 40歳代 14.6 [14.4]
- 20歳代 13.2 [12.9]
- 50歳代 12.6 [12.8]
- 60歳以上 8.7 [8.4]

出所：総務省「労働力調査（基本集計）」より作成
注　数値は、非農林業就業者（休業者を除く）総数に占める割合。
　　2011年の [ ] 内の割合は、岩手県、宮城県および福島県を除く全国の結果。

図表 ④ ──────── 父親の帰宅時間

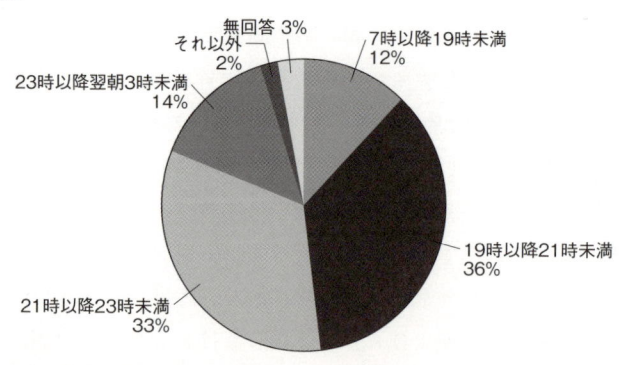

- 7時以降19時未満　12%
- 19時以降21時未満　36%
- 21時以降23時未満　33%
- 23時以降翌朝3時未満　14%
- それ以外　2%
- 無回答　3%

出所：UFJ総研調査「父親の帰宅時間」（2003年）

要因となると懸念する声がまだ多いのは事実ですが、長時間労働是正のためにノー残業デーを設けたり、月に1日は有給休暇を強制的にとらせるようにしている企業も増えてきました。

　長時間労働は時間当たりの労働生産性を高めればもっと減らせると、主張する人も多いのです。そうして浮いた時間を、家庭生活に振り向ける。ホワイトカラーやサービス業などの生産性は、世界的に見ても高くはありません。労働時間の削減に取り組む企業では、会議のあり方から書類のつくり方まで、時間の使い方を見直しています。企業がこうしたことに関心を持つことは、一歩前進といえるのではないでしょうか。

9　男性の家事参加

　長時間労働をなくすことによって得られるものに、男性の家事参加を含めた家庭生活の充実があります。日本の男性の育児休業取得率は、2017年に10％を目指すという目標がありますが、現状はまだ2.63％とごくわずかです。企業によっては有給制の育児休業をつくり、男性に取得させる試みをしているところもあります。育児は、体験してみないと、その大変さも楽しさもわかりません。経験した人は、家族とのかかわりが深まったり、子育てに興味を持つようになったと評価しています。

　また、日本の男性が欧米に比べて圧倒的に少ないのが、家事への参加です。社会生活基本調査によると、共働き家庭でも、妻の育児、介護を含めた家事参加の時間が4時間15分に対して、夫の参加時間は30分しかありません。このように女性にだけ家事の負担がかかっていては、いくらワーク・ライフ・バランスと声高に叫んでも、子どもを産んで育てようという気持ちにはなれません。国際的に見ても6歳未満の子のいる夫の家事時間は米国が3時間13分、ドイツが3時間などに対し、日本は1時間だけです。

図表 ⑤ ── 6歳未満児のいる夫の家事・育児関連時間（1日当たり）

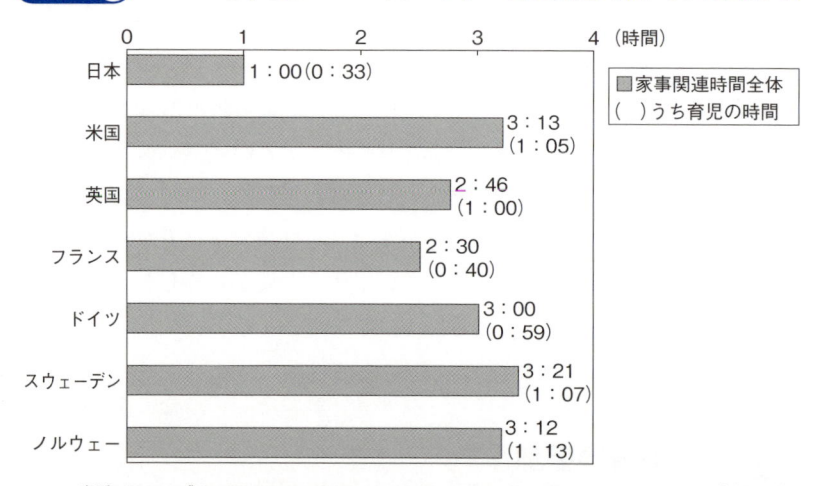

国	家事関連時間全体（うち育児の時間）
日本	1:00（0:33）
米国	3:13（1:05）
英国	2:46（1:00）
フランス	2:30（0:40）
ドイツ	3:00（0:59）
スウェーデン	3:21（1:07）
ノルウェー	3:12（1:13）

出所：Eurostat "How Europeans Spend Their Time Everyday Life of Women and Men"（2004）、Bureau of Labor Statistics of the U.S. "America Time-Use Survey Summary"（2006）および総務省「社会生活基本調査」（2006）より作成
注：日本の数値は、「夫婦と子どもの世帯」に限定した夫の時間。

10 豊かな発想力を生むワーク・ライフ・バランス

2003年に施行された次世代育成支援対策推進法によって、子育て支援のための計画作成が義務付けられました。当初は従業員301人以上の企業が対象でしたが、11年から、101人以上の会社が対象になりました。日本は中小企業が圧倒的に多いですから、より多くの企業にワーク・ライフ・バランスの土壌づくりに取り組んでもらおうという趣旨です。

また、女性の活用とワーク・ライフ・バランスは、企業にとって成長のための両輪となるものなのです。ニッセイ基礎研究所などの調査によりますと、ワーク・ライフ・バランスと女性の人材活用の両方に同時に取り組んでいる企業は、いずれにも取り組んでいない企業はもちろん、どちらか一方だけにしか取り組んでいない企業に比べて、従業員1人当たりの経常利益が多いという結果も出ています。

従業員がワーク・ライフ・バランスのとれた働き方をしているほうが、企画力も発想力も豊かになって数段よい仕事をするとなれば、どの企業も真剣に取り入れることを考えるはずです。長時間労働で会社に縛られているため経験や人間関係が限られ、本の1冊も読む余裕のない人よりは、本も読み、休暇を楽しみ、いろいろな世界に触れる機会に恵まれている人のほうが、斬新で質の高いクリエイティブなアウトプットを出せるのは当然です。ワーク・ライフ・バランスがとれた働き方で多様な人材が活躍できるようになれば、組織の活性化にもつながります。

　これまでの日本の企業は、1人当たりの労働生産性を上げることに傾注し、サービス残業をして仕事をこなし、外見的には少ない人員で高い生産性を挙げたように見えました。しかし、1人の人間が欧米の2倍の時間働いていたとすれば、それは本当に生産性が高いといえるのでしょうか。これからは時間当たり労働生産性を上げて、バランスよく生きられる社会にしなければならないということです。持続可能な社会を実現するためにも重要な課題になっています。

11　女性の活用とセクハラ・パワハラ

　会社に通わず自宅などで仕事をするテレワークという働き方も、ワーク・ライフ・バランスを推進する1つの大きな手法になりつつあります。IT環境が急速に整備され、時間や場所を選ばない働き方が増えています。自宅にいてもメールが見られ、IP電話によって会社にいるのと同じような対応ができ、自分の都合に合わせて働けるし、通勤に時間を使わなくてすみます。今はまだ大手企業など一部の会社が取り組んでいる段階ですが、もっと広がればワーク・ライフ・バランスをとるための有力な働き方になると思います。

　女性の活用でいえば、セクシュアルハラスメント（セクハラ）の相談が、各地の労働基準局や雇用均等室などに多く寄せられています。女性がこれ

だけ職場に進出し、能力をもっと発揮してもらわなければならない中で、女性が生き生きと働ける職場環境をつくっていくのは企業にとっても必要なことです。1997年の男女雇用機会均等法の改正時に、企業は、性的いやがらせなどが起きないように職場環境を配慮する義務を負いました。

セクハラには、対価型と環境型の2つがあるといわれています。対価型は、地位、身分、出世などをちらつかせて性的な要求を強要することです。環境型は、これ見よがしにヌードポスターを貼ったり、変なうわさ話を流したり、就業環境を著しく害するような性的な言動をとったりすることです。セクハラ対策は2007年施行の改正男女雇用機会均等法で強化され、女性ばかりでなく男性も対象になりました。企業に対しても、セクハラ行為が起きないように配慮するだけではなく、きちんとした措置をとるよう一歩踏み込んだ対策を求めました。

セクハラは、人格に対する大きな侵害です。女性を育てようとする企業であるならば、こうした行為が起きないように配慮することは当然であり、男性も職場の女性を、1人の働く人として見ていかなければならないということなのです。

さらに、最近深刻になっているのがパワーハラスメント（パワハラ）です。男女に関係なく、職務上の地位や人間関係などの優位性を利用し、適正な指導範囲を超えて精神的・身体的な苦痛を与えたり、職場環境を悪化させたりする行為です。上司が怒りにまかせて部下に暴力をふるう、「無能なやつは辞めてしまえ」などと繰り返し罵倒する、あいさつしても無視する、とても遂行できない過大な仕事を強要する、逆に仕事を与えない――など、不況や成果主義の導入を背景に訴えが相次いでいます。

全国の労働局などに寄せられた職場のいじめや嫌がらせに関する相談は、02年度の約6600件から11年度には約4万5000件に増え、各地で訴訟も起きています。厚生労働省の有識者会議は12年11月にパワハラの概念や予防策をまとめました。パワハラも、人格に対する大きな侵害です。こうした事態を防ぐためにも、仕事と個人の生活がともに達成できる健康的な職場を目指す必要があります。

2. 教育改革は何を目指しているのか

1 日本の近代教育の歴史

　日本の教育問題は論点があまりに多岐にわたるので、はじめに整理しておきましょう。

　まず、日本の近代化以降の教育の流れを振り返ってみて、日本の近代教育がどこからスタートしたかを見ます。1872（明治5）年に太政官布告というものが出され、学制を公布します。ということは、明治の初年には学校制度がなかったということです。そもそも江戸時代は、幕府が統一した学校制度を持っていませんでした。それでいて約270年間、高い教育水準や文化力が維持できた、世界的にも非常に珍しい時代なのです。

　しかし明治になって、富国強兵という国家目標を達成するためには、とにかく人材を統一的に養成しなければならないと、フランスなどの学校制度を参考にして、基本的な学制をつくりました。有名な文句に「必ず邑に不学の戸なく家に不学の人なからしめん」というものがありますが、要するに国民全員が一律の教育制度のもとで勉強せよという理念なのです。

　ここから日本の近代教育は始まります。当然のことながら、基本的には中央集権です。このときの路線が、今につながるものとなっています。戦前はもとより、戦後も、強兵こそないものの、新しい形の「富国」を求めて人材養成をするという考え方に大きな変化はありません。この考え方が、高度経済成長の大きなエネルギーになったことは間違いのない事実といえるでしょう。これは教育の「護送船団」方式です。多様性を認めるよりも、一定のカリキュラムにしたがって子どもたちをいっせいに同じ方向に持っていこうとするものです。この方法が、日本の教育全体の底上げにつながり、ある程度の学力水準の維持には非常に大きく貢献しただろうというこ

とは間違いないでしょう。

2 管理色を強める現在の教育

　戦前の教育制度の特徴の1つは、意外に今よりも多様だったことです。一例を挙げれば、現在の日本の学校制度は、6・3・3・4制と決められていますが、戦前はそうではありませんでした。小学校は6年で、その上に尋常小学校高等科が2年間あるのですが、エリートコースは別で、旧制中学の5年間とその上の旧制高校3年間、さらに大学の3年間という積み重ねがありました。さらにいえば、小学校5年生で旧制中学に入ることや、旧制中学4年で旧制高校に入学するなどの飛び級も認められていました。ある意味では柔軟な要素を持っていたといえ、むしろ戦後のほうが、画一性、統制色、管理色という色合いが制度に強く出ているといえます。

　戦後、教育の中央集権を進めるうえで、統制の道具となってきたものがあります。その1つは学習指導要領です。小学校、中学校、高校のカリキュラムを、国が決めるというものです。この学習指導要領については、2011年から順次新しい内容が導入され話題になっています。そして、全国にある教員養成大学という教員養成システムも、文部省がつくったものです。このシステムを中心に、一元的に教師を育て、さらに、教科書も検定制度をとって、事実上国が関与するというシステムが確立しています。このように、中央集権的な教育の方法は、太政官布告以来、根本的には変わっていないのです。

3 時代の要請に応える教育改革の流れ

　教育改革は永遠の課題です。近年の政府の教育改革を見てみると、1971年に、文部省の中央教育審議会が「46答申」といわれる教育の仕組みにつ

いての非常に大きな見直し提言をしました。そして、84年から3年間にわたって審議した臨時教育審議会でもさまざまな提言をし、また小渕恵三内閣から森喜朗内閣にかけての教育改革国民会議でも教育改革が話し合われました。最近は2008年2月まで「教育再生会議」が設けられ、その後は「教育再生懇談会」に引き継がれたように、常に改革論議を続けているのです。

このように、常に論議が続く理由は何かというと、すでに述べたような日本の中央集権的な教育のあり方を中心とする諸々のシステムが、時代の流れに合わなくなってきているという認識があるからだと思います。たとえば国際化や情報化の問題もそうですし、教育機関から産業界に輩出される人材が劣化しているという懸念が出てきているのもそうです。特に高度経済成長が終わった後は、均質で一定レベルの人間をたくさんつくることよりも、むしろ一芸に秀でた個性的な人間を育成することに力を注ぐべきではないか、という要請も増えてきたということです。

4　公教育の信頼をなくした「ゆとり教育」

次に、今何が課題になっているかを見ていきます。小学校、中学校・高等学校という初等中等教育における最大の世間の関心事は、いわゆる「ゆとり教育」の功罪についてどう考えるかです。「ゆとり教育」の象徴とされるのが「総合的な学習の時間」です。これは従来の各教科の枠にとらわれずに、いろいろなことを児童生徒が自分で調べて考える学習というものです。たとえば子供たちが、スーパーマーケットに出かけていって何がどのくらい売られているか、その売られている物はどうやって店まで届くのかを調べるといった具合に、教科横断的な研究をするものです。極端にいえば、何をやってもいいという時間をつくったわけです。

そしてそれに伴って、国語・算数・理科・社会のような従来の主要教科を少し削ったということがもう1つの問題としてあります。学校5日制を導入して土曜日が休みとなったのも授業が削られた大きな要因でした。

ところが導入直後から、これに対する否定的な意見や不満が次々に湧き出てきたのです。最も多かったのは、学力低下を指摘する声です。この指摘が、まったくの杞憂ではなかったということが、経済協力開発機構（OECD）の「学習到達度調査」（PISA〈ピサ〉）ではっきり表れたのです。この調査は、OECDが2000年から3年ごとに、世界の50ヵ国以上の15歳の子どもを対象に実施しているものです。その結果を見ると、かつては世界のトップレベルだと思っていた日本の学力が、意外に低いということが判明したのです。07年に公表された06年調査の最新のデータでは、さらに落ち込んでいることもわかりました。11年発表の10年調査ではやや持ち直していますが、教育界の「PISAショック」は収まっていません。「ゆとり教育」を学力低下の原因だとする声は、なお公教育への不信感を増幅する形になっています。

こうした中で、新しい学習指導要領では、「ゆとり教育」をかなり見直して授業時間数を増やしています。これについては後で詳しく述べます。

5　教師の質と教育委員会と学習指導要領

学校現場の問題として、教員の質の低下も著しいのではないかという指摘も多くあります。昔に比べて教員の質が下がったというような、確たるデータがあるわけではありませんが、社会には、漠然とした教員の資質に対する不安があります。

それから、学校教育というとすぐに教育委員会という言葉が出てくるように、その存在は大きいものがあるようですが、そもそも教育委員会とは、戦後にアメリカから導入された制度で、教育の中立性を保つために、自治体の首長部局から独立した委員会が教育行政に取り組むという組織であったはずなのです。しかし現実には、教育委員会は文部科学省の下請け、出先機関のような形になり、非常に硬直的で、機能性に乏しい組織になっています。

もう１つ公教育で根本的な問題は、文部科学省を頂点とする中央集権的なシステムそのものです。先にも少し述べましたが学習指導要領というものがあります。しかしその内容は、非常に画一的で硬直性が強いものです。一言でいうと、「箸の上げ下ろし」まで細かく指示しています。実際に指導要領をひもといてみますと、先生に対して、このように教えなさいということばかりでなく、これ以上は教えてはいけませんという規定まであるほどに、本当に細かいことまで規定してきました。今回の改訂で、ようやくそうした規定は撤廃されましたが、いずれにしても微に入り細を穿って教え方の基準を決めています。

6　大学経営をめぐる諸問題

　次に高等教育を見てみましょう。大学および大学院の改革についてですが、近年の一番の眼目は、2004年に国立大学を独立行政法人にして、基本的にはそれぞれの大学の裁量権を拡大したことです。しかし、法人化後、12年で９年目を迎えたわけですが、国立大学法人といえども、独り立ちはなかなか難しいようです。

　というのも、独立行政法人とはなっても、現実に大学が自力で稼いで、稼いだ分を使うというシステムにはなっていないことが第一の原因としてあるからです。国立大学には、運営費交付金というシステムがあって、それが全国の大学分として１兆円を超えるのですが、この額が平均すると大学の収入のおよそ半分を占めます。残りが授業料や入試の検定料、そして大学発のいろいろなベンチャー事業などから上がる収入です。

　こういう実態ですから、経営感覚を研ぎ澄まして大学独自に新しい事業を展開する、あるいは企業と提携して新しい研究に取り組むという流れには、なかなかなりにくい状況にあります。

　また一方では、運営費交付金を、がんばった大学にはたくさん配分し、そうでない大学は減らす、などのメリハリをつけようという考え方も出て

はきていますが、これも評価尺度をどこに置くのか、またどうやって客観的評価を下すのかということになると、なかなかうまくいきません。

　交付金を削りたい財務省が、成果を挙げている大学には手厚く、それ以外には薄く配分した場合の試算があります。この試算では、たとえば教員養成を目的とするある地方大学ではなんと90％も運営費交付金を削られるという結果が出ました。地方大学の教員たちはパニックに陥り、とても成果配分方式は認められないと反対運動を起こし、この話はいったん沙汰止みになっています。

　教授会の問題もあります。大学の自治と密接に結びつく問題なのですが、学長が何か新しいことを始めようと思っても、教授会の反対にあって改革ができない事態に陥るようなことは、決してレアケースではないようです。学長選挙をなくせばいいのではないかという話が、かつて教育再生会議でも出ましたが、当然のことながら大学の抵抗が強く、これもなかなか妙手は浮かばないようです。

7　進むか大学の整理再編

　経済のグローバル化が企業に整理再編を迫ったように、少子化が進み、「全入時代」を迎える日本の大学も整理再編が必要なのではないかという議論があります。日本に国立大学は86あります。その中には独り立ちが難しい大学も少なくありません。当然、再編統合が求められ、文部科学省もこの問題に取り組んできましたが、現実には、地方にもともとある単科医大とその系統の大学の統合といったレベルにとどまり、抜本的な統合話はなかなかまとまらない状況にあります。

　さらに、数だけではなく、質の面でも問題が起きています。近年、日本は、国立も含めた大学全体の国際競争力が非常に弱くなったといわれています。たとえば、毎年行われるイギリスの雑誌の調査です。世界の大学ランキング200校中に、日本の大学は常に5～10校ほど入っていますが、近

年では東大の17位が最高でした。京大は25位あたりにランキングされ、早稲田、慶應も一応入っていますが、順位は大きく下がります。アジアのトップは東大ですが、北京大などがその座を脅かしています。大学関係者は、日本の高等教育の水準が世界から遅れてきているという現実にもっと危機感を強めるべきでしょう。

　私立大学はどうかというと、こちらは明らかに飽和状態にあります。現在、およそ600もあります。1990年代には約400校でしたから、この20年ほどで激増したわけです。中には、ビルのワンフロアを借りて大学と称しているところもあって、一概に悪いとはいえませんが、教育内容などに疑問は少なくありません。

　基本的に経営が成り立つかどうかも問われます。学生を抱えて運営していく以上、行き詰まった場合、「解散します」ではすまされません。受け皿はあるのかということも深刻な問題になってきます。経営に不安の残る大学は、淘汰も避けられないでしょう。効果的な再編が進むのが望ましいのですが、2008年4月に実施された慶應義塾大学と共立薬科大学の統合のような動きは、なかなか広がらないのが現状です。

　こうした状況に業を煮やしたのか、12年秋には当時の田中真紀子文部科学大臣が、審議会の認めた3つの大学の新設をいったん不認可にするという騒ぎが起きました。手法があまりにも乱暴だとして撤回を余儀なくされましたが、大学の数が多すぎるという問題意識自体は注目すべきでしょう。この騒動を受けて、文科省は大学新設認可の見直しを本格的に検討し始めています。

8　教育再生会議と改正教育3法

　そうした中で、2006年10月に教育改革への取り組みをスタートさせ、08年2月に解散した教育再生会議があります。会議の成果からいいますと、まず「ゆとり教育」の問題については、学習指導要領を改訂し、授業時間

を増やして総合学習を削ることになりました。ただしこれは、再生会議が提言したからというより、もともと文部科学省で検討していたもので、タイミングがたまたま合致したという話です。新しい学習指導要領は11年度から本格実施に入っています。

　ただ、この学習指導要領の改訂内容は、「ゆとり教育」を全否定せず、「生きる力」として継承するという、非常にあいまいでわかりにくい文言として残されています。一方で、小学校の高学年では英語に親しむ時間を取り入れました。

　教員の問題については、再生会議の提言前からそういう流れにはあったのですが、教育職員免許法を改正して、10年期限の教育免許更新制を導入しました。それから学力の向上については、先ほど述べたPISAショックを受けて、07年から文部科学省が全国で学力テストを始め、PISAに出される応用力を問う問題を中心に学力を点検しています。さらには、公教育不信に応えるためには学校の責任体制を明確化しなければならないということで、学校教育法を改正して、副校長、主幹などの管理職を学校の中につくっています。

　教育委員会に対しても不信感がありますから、こちらも地方教育行政法を改正して教育委員会の質を向上させようとしています。ところが、この改正の際に問題になったのが、「文部科学大臣は、教育委員会へ是正・改善の指示をし、是正の要求をすることができる」という条文を盛り込んだことです。これは国による教育委員会に対する監督強化であり、地方分権に逆行すると強い反対論が出ました。

　以上の、教育職員免許法、学校教育法、そして地方教育行政法の、3つの改正がセットで07年に成立しました。これは、改正教育3法といわれ、今後も教育界に非常に重要な影響を及ぼしていくと思います。ただし、これらはいずれも抜本的な教育改革につながるものではなく、むしろ国の権限を強める方向に作用する改革であるということがいえます。この改正の1年前の06年に、実は教育行政の根本である教育基本法が改正され、ここで国の役割の重視をうたい、国が教育振興基本計画をつくることを義務付

けたりしているという事情もありました。

9 教育再生会議の成果と限界

　そのほかに再生会議の行ったことをいくつか挙げます。まず、「徳育」の充実があります。つまり、道徳教育のことです。これを教科にしようと提言したのですが、いろいろな批判を浴びたために指導要領の改訂には盛り込まれていません。そして、教育バウチャー制度も、一時は浮上しました。これは、公立学校がそれぞれの教育の中身を競い合って、生徒をたくさん集めた学校に予算配分を多くするというもので、イギリスなどで導入されているものです。これも賛否両論があって、結局はモデル事業を行うということだけで終わりました。また、教員の問題に対しては、社会人の先生を大量に採用しようという提案がありました。採用者の2割以上を社会人先生にという目標も出ました。

　大学に関する改革案では、のちに東京大学が構想を打ち上げることになる「秋入学」を普及させようということも提言されました。これはつまり、世界の主要国の多くが秋入学であるため、留学生を呼び込む際にも入学時期を9月か10月にしたほうが都合がいいといったことからきています。提言を受けて、形の上では9月入学も可能になりましたが、官公庁や産業界などの事業年度を変えないかぎり弊害が出てくるという声もあります。

　教育再生会議で取り上げられたテーマの中でも大きなものの1つに、6・3・3・4制の弾力化があります。これは、第3次答申で言及されたものですが、具体的に6・3・3・4制に代えてどのような仕切りとするのかについては、小中学校一貫教育を推進するということに触れた程度で、それ以上の広がりは見せていません。これは相当に大きなテーマですので、本気で変えるつもりならば、このテーマだけに絞って、時間をかけて集中的に議論しなければならないでしょう。

　以上のように、1年以上かけていろいろな提案を出した教育再生会議で

したが、社会総がかりの改革という意気込みのわりには、掛け声倒れに終わってしまったという声もあります。いろいろと社会に渦巻いている問題点や不満、不信などを全部すくい上げたかというと、とてもそうはいえない状況のようです。

10 教育再生会議以降の改革の動き

　教育再生会議の店じまい以降、自民党政権では教育に対してあまり大きな改革策が浮かばないまま、2009年に民主党が政権につきました。民主党の教育政策は、理念としては地方分権や学校自治など注目すべきものがあったのですが、政権の迷走の中でこれといった独自性を打ち出せず、全国学力テストの縮小など多少の手直しをしたにとどまりました。

　それから3年経って、12年秋に衆院選で自民党が圧勝、再び安倍晋三氏が首相につきました。安倍氏はかつて教育再生会議をつくるなど教育に非常なこだわりを持っていましたから、また「安倍流」の教育改革の方向がよみがえるのではないかと指摘されています。

　ただし、政治がどう展開しようと、教育改革には根本のところで何が必要かを考える必要があります。

　まず、再三いわれていることですが、教育はやはり国家百年の計であり、100年先も耐えうるもので、かつ100年先まで見通した改革の方向性を打ち出すことが、何より求められると考えます。かつての教育再生会議は、徳育や社会規範といったある種イデオロギーの部分に傾斜していたので、それよりも根本的な問題である制度論や教育観、学力観といったところにはなかなか踏み込んでいかなかったという面があります。したがって、そういった基本的な問題に優先的に取り組む必要があるような気がします。

　また、地方教育行政法の改正でも触れたように、何もかも中央集権的な方向に持っていこうという傾向が強かったということもいえます。結局のところ、教育再生会議の議論は、文部科学省にとっては非常に都合のよい

ものとなっていました。改正教育3法にしても教育基本法にしても、文部科学省の権限を強める方向での改正になったわけです。

逆に教育再生会議が果たしえなかったものは何かを考えると、それは明治以降ずっと続いてきた中央集権的なシステムをどう変えていくか、という問題が根本にあるだろうと思います。これは、地方分権という大きな流れと当然密接に関係している話となります。たとえば、道州制になった場合の教育はどうなるのかという問題です。

世界の大勢を見ると、先進国では教育について大枠は国が決めるが、具体的な教え方や制度などのかなりのところまでを地方や学校に任せるようになっています。つまり、統治する部分とサービスとして提供する部分を、ある程度分けるという考え方が主流になってきているということです。日本も将来道州制に本当に踏みきったときを考えれば、当然現在のような全国一律の教育行政が成立するのかどうか疑問の残るところです。

そう考えると、いずれにしても中央集権を少し緩めて、地方への権限委譲とそれに伴う多様化を進めるべきだという結論に達します。そのうえで規制の緩和があります。経済合理性だけでは測れないでしょうが、学習指導要領や学校選択など、教育制度の規制をできるだけ緩めていくことも考えていく必要があるのではないかと思います。安倍首相による新たな改革がどんな道をたどるか、大いに注目すべきでしょう。

11 学力の向上と国際競争力

次の重要事項は、やはり学力の問題です。本当の学力とは、知識だけをいうのではないと繰り返しいわれてきました。経済協力開発機構（OECD）のPISA調査で出される問題も、単純な知識を問うものではまったくなく、むしろ、考えたり調べたりする能力、応用力を問うものなのです。このPISA調査で、日本の子どもはその点が弱いということが立証されてしまったのです。そこで、学力低下の真犯人のようにいわれている「ゆとり教

育」が、再注目されるようになりました。

　確かに学校現場での取り上げ方が悪くて「ゆとり」ではなく「ゆるみ」になってしまったという面もあったのですが、最近になって、むしろPISAとの関連で「ゆとり」の理念自体は生かすことができると考えられるようになってきました。創造性や洞察力なども含めた真の学力を、どのように育てていくかが、今後の大きな議論になるだろうと思われます。

　そして大学は、特に研究分野などの国際競争力という面で、小中学校や高校に比べてはるかに国家戦略的な要素を強く持っています。アカデミズムに凝り固まらずに、産学協同も含めレベルアップを図るべきだと考えます。そのためにも、私立大学を含めて相当大胆な再編と統合を行わないと、大学の地盤沈下は加速する一方になります。極端にいえば、今はとてもそんなことはありえないと思うような国立と私立の統合といったことも、視野に入れて考えていかなければいけない非常に大きな問題だと思います。

12　教育再生のカギは現場の裁量に任せること

　そのうえで各論に入りますと、まず学習指導要領の問題があります。改訂された指導要領が2011年から実行に移されましたが、依然として非常に細かなことまで規定しています。先ほど述べた規制緩和の必要性からも、これをもう少し簡素化・大綱化して、学校現場が自由に裁量する余地を増やす必要があると思います。

　また、教員養成のシステムも、もっと柔軟性を持たせるようにしなければ、時代の要請に応えるような新しいタイプの先生は育っていきません。現在の教員養成大学が生み出す教員は、どうしても均質、画一的になりがちです。社会人教員ももっと増員して、学校以外の、社会経験のない教員とは違った思考を活用すべきだと思います。

　それから教科書検定制度も、沖縄戦などの記述でしばしば大きな問題になりますが、極めて瑣末なところまで国が関与して指示を出す現行のシス

テムは、学習指導要領と相まって、結局は教育現場の自由を奪っているのではないでしょうか。

　いずれにしても、もっと現場や地域で自由に展開できる制度が担保されてもいいのではないかと思います。たとえば、PISA調査で世界のトップを走るフィンランドには、統一した細かなカリキュラムはありません。現場で自発的にカリキュラムをつくるのです。それをそのまま日本に持ってきてもうまく根づくかどうかはわかりませんが、そういうシステムでも学力、少なくとも応用力は身につけさせることができるということです。

13　入試が変われば大学が変わる

　最後に大学入試の話をして終わります。センター試験の導入以降、入試に資格試験的な要素が強まった面はありますが、相変わらず国公立大の2次試験も含め、入試で問うのは知識を中心にした「受験学力」であり、大学はその偏差値によって序列化されています。一方で、少子化のもとで学生を確保したい大学の思惑もあって、最近は面接などを重視したAO（アドミッション・オフィス）入試も盛んです。

　いずれも弊害が少なくないのですが、それではいったいどんな入試制度がいいのか、解くのはそれこそ難問です。大学への入り口よりも出口を厳しくする、というのが常に唱えられる理想ですが、入試改革というのはいうは易く実際のプランづくりは難しいものの典型で、具体的な議論になると立ち往生してしまいます。入試は難しいが実際の教育の中身や研究はおざなり、という大学の姿を変えていかなければならないのは確かなのですが、その処方箋を見いだしかねているのが実情です。

　最近になってようやく、文部科学省はセンター試験の見直しも含めた大学入試の抜本改革を探り始めています。ここでは、大学の「質」を維持するために、大学入学を志願する高校生全員を対象にした入学資格試験を導入しようという声も出ています。いわゆる「高校・大学接続テスト」（高

大接続テスト）と呼ばれる案です。もし、こうした改革が実現すれば、1979年に共通1次試験を導入して以来の、極めて大がかりな入試制度の見直しとなります。

　入試を変えれば大学改革全体への波及効果は大きく、教育構造の改革にもつながるでしょう。中央集権から地方分権への転換と同時に、入試や学制までをも含めて教育体系全体の見直しを考えてみるべき時期ではないかという気がします。

巻末ガイド

日経TESTとは

　日経TESTは正式名称を「日経経済知力テスト」といいます。TESTは、Test of Economic Sense and Thinkingの略称です。

　経済知力を最も簡単に定義すると、「ビジネス上の思考活動に必要な知識と、その活用力（知力）の総体」ということができます。たとえば「新商品を開発する」という思考活動について考えてみましょう。進め方は多様でしょうが、以下のような流れが一般的と考えられます。

①新聞などを通じて、社会の動きや同業他社の動向に関する情報を収集し、十分な「知識のストック」をつくる

⬇

②知識ストックの中から、「消費トレンド」や「ヒットの法則」を抽出する

⬇

③見出した「消費トレンド」「ヒットの法則」から、自社に最適な商品アイデアを発想する

　このように、「知識」のストックとそれを活用する「知力」が存在することで初めて、新商品開発という思考活動を円滑に進めることが可能になります。もちろん新商品の開発に限りません。日常業務で問題解決を進める場合でも、新規事業のプランを構想する場合でも、ビジネス上の思考活動においては必ずや、然るべき知識と知力が動員されているはずです。

　日経TESTは、ビジネスの世界に入ろうとしている人々から、ビジネスの世界ですでに活躍中の方々まで、ビジネスに携わるすべての人々を対象に、経済知力がどの程度備わっているかを測ります。

出題領域と経済知力の構成要素について

　日経TESTの特色は、出題に際して生きた経済・ビジネスを扱っていることと、単なる知識量を測るのではなく「知力」を測定するという側面を

持っていることです。

　日経TESTは新聞の取材・報道・解説に携わる編集委員らが、それまでに蓄積した豊富な事例をもとに試験問題を作成します。対象とする領域は経済・ビジネスの基礎から、金融・証券、企業経営・産業動向、消費・流通、法務・社会、国際経済など多岐にわたります。ビジネス現場での出来事を反映した現実感覚に富んだテストということができます。

　出題に際しては経済知力を構成する5つの要素（3つの知識分野と2つの知力分野）に即して問題を作成します。すなわち、①経済・ビジネスの理解に必要となる基礎知識（B＝Basic）の保有量、②問題解決に必要となる実践知識（K＝Knowledge）の保有量、③視野の広さ（S＝Sensitive）④個別の知識を知恵にする力（I＝Induction）⑤知恵を現実に活用する力（D＝Deduction）──というカテゴリーです。

【経済知力の構造】

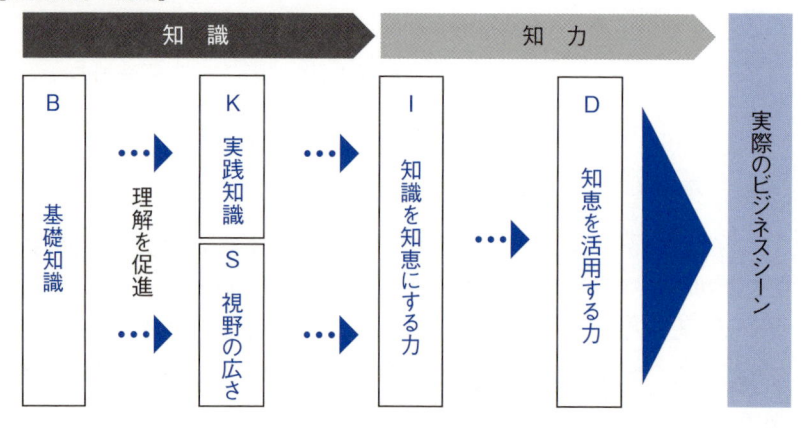

知識			知力		
B 基礎知識	理解を促進	K 実践知識 / S 視野の広さ		I 知識を知恵にする力	D 知恵を活用する力	実際のビジネスシーン

　「知力」に該当する④と⑤について、もう少し詳しく説明しましょう。「知恵にする力」とは、膨大な情報の中から一般的な法則性や共通性を見つけ出し、応用可能な知恵へと変える力を意味します。「知恵を現実に活用する力」とは、獲得された知恵を現実に適用し、適切な判断をする力のことです。原因と結果の関係を見通したり、状況に応じた解決策を導き出したりする際に必要となるものです。課題発見能力、問題解決能力はこれ

ら2つの知力と深く結びついています。

知力を含め5つのカテゴリーで高い到達度を示せることが「高い経済知力の保有者」ということになります。

スコアの目安について

日経TESTの問題数は100問。すべて4択式で、制限時間は80分です。成績は1000点を上限の目安とするスコアで表示。スコアはIRT（項目反応理論）と呼ばれる統計モデルで算出します。項目反応理論を用いることで、受験者全体の能力分布や問題の難易度に影響されず、常に同じモノサシで受験者の能力を評価できます。たとえば、第1回全国一斉試験と第2回全国一斉試験で同じスコアの人は、経済知力が同水準と見ることができます。

スコアと能力評価との対応関係については下記のような目安を設けています。400点未満であればビジネスパーソンとして足腰の鍛え方が不十分といわざるを得ず、基礎的な学習が必要です。700点以上なら高度なナレッジワーカーとしての力量があると見なされます。ただし、これはあくまで目安です。悲観したり慢心したりすることなく継続して経済知力の向上に取り組むことが大事です。経済・ビジネスの分野は変化が激しく、過去の経験が役に立たない場合もあります。常にアンテナを立て、情報感度を磨くことが欠かせないからです。

スコアの目安（上限1000点）	能力評価のポイント
700点〜	幅広い視野と高い知的能力を持った、高度なナレッジワーカー。卓越したビジネスリーダーに成長できる可能性を持つ。
600点〜700点	企業人として必要な知識と知的能力をバランスよく備えた、状況対応力の高い人材。ビジネスリーダーとしての資質を有する。
400点〜600点	日常のビジネス活動を着実にこなすことのできる、実務遂行力を備えた人材。複雑・高度な問題への対応力の強化がカギ。
〜400点	発展途上人材。知識を十分に蓄積するなど、今後の研鑽が求められる。

日経TESTの詳細は、ホームページ（http://ntest.nikkei.jp/）をご参照ください。

日経TEST例題

問1

金融政策を決める組織はどれか。(基礎知識＝Basic)

① 財務省
② 経済産業省
③ 日銀
④ 首相官邸

問2

軽自動車についての記述で、正しいのはどれか。(実践知識＝Knowledge)

① 日本や欧州各国にある規格だ。
② トヨタ自動車とホンダが2強である。
③ 販売台数は低迷している。
④ 四輪車では排気量660cc以下だ。

問3

地図にある新幹線の駅で、2016年度以降の開業を予定しているのはどれか。(視野の広さ＝Sensitive)

① A
② B

③ C
④ D

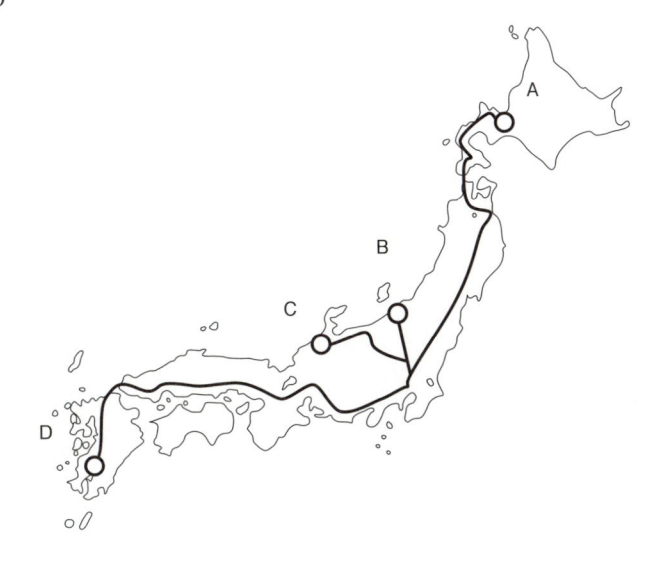

問4

　スーパー各社の以下の戦略に共通する背景はどれか。(知識を知恵にする力＝Induction)

・宅配サービスの強化
・同業他社との提携や経営統合
・アジア諸国への出店

① ガソリン価格の高騰
② 少子高齢化
③ 消費者のグルメ志向
④ 携帯端末の普及

問5

　日本が環太平洋経済連携協定（TPP）に参加した場合、通常はありえないのはどれか。（知恵を活用する力＝Deduction）

① 対米輸出が韓国企業より有利になる。
② 安全保障面で対中抑止力が高まる。
③ 国産農作物の販売量や価格が落ち込む。
④ エネルギーの安定確保につながる。

解答と解説

問1　正解：③　日銀

　経済政策には、財政政策、産業政策、金融政策などがある。金融政策は、世の中に出回るお金の量や金利をコントロールして経済の発展と物価の安定を目指すもので、中央銀行である日銀が担当する。日銀は現在、物価が下がるデフレからの脱却を目指し、市中への資金供給を増やす金融緩和やゼロ金利政策を実施している。

問2　正解：④　四輪車では排気量660cc以下だ。

　軽自動車は日本独自の規格で、車体の大きさのほか、四輪車では排気量660cc以下などの基準がある。景気低迷に加え、地方では車が「1家に1台」から「1人1台」へ普及したことから販売台数は伸びている。ダイハツ工業とスズキの2強に対し、ホンダが「N」シリーズを投入して追い上げている。

問3　正解：①　A

　新幹線は観光客や企業の誘致効果が大きく、地方の要望に応えて延伸が続いている。上越新幹線の新潟駅（B）と九州新幹線の鹿児島中央駅（D）は開業済み。2014年度末に北陸新幹線が金沢駅（C）まで乗り入れ、15年度には北海道新幹線の新函館駅（仮称）が開業する計画だ。北海道新幹線の札幌駅（A）の完成予定は35年度とされる。

問4　正解：②　少子高齢化

　スーパーの間では同業他社と経営統合を進めたり、宅配サービスや海外出店を強化したりする動きが目立つ。背景にあるのは国内の少子高齢化だ。外出が減る高齢者が買い物しやすいように宅配サービスを拡充しているほか、人口減で国内消費が先細りになるのを見越し、アジア地域への出店に力を入れるスーパーも多い。

問5　正解：①　対米輸出が韓国企業より有利になる。

　日本がTPPに参加した場合、米国産シェールガスの輸入には有利だ。中国に対し、TPP参加国が結束を強めて牽制する効果も期待できる。半面、安い農作物の輸入が増え、国産品の販売量や価格が落ち込む可能性がある。韓国は米国と自由貿易協定（FTA）を締結済みで、日本がTPPに参加しても対米輸出が韓国より有利になるわけではない。

日経TEST 全国一斉試験実施要項

主催	日本経済新聞社・日本経済研究センター
実施日	第15回 2015年11月8日(日曜日)
試験会場	札幌、盛岡、仙台、東京、横浜、新潟、名古屋、金沢、京都、大阪、広島、高松、福岡、熊本
申し込み締め切り	第15回 2015年10月7日(水曜日)
申し込み方法	ホームページ(http://ntest.nikkei.jp/)からお申し込みいただけます 主要書店の店頭に配布の申込書もご利用いただけます
受験料	5,400円(税込み)〈本体価格5,000円〉
出題形式	問題は四肢択一の選択式、解答はマークシートに記入
出題数	100問
試験時間	80分
出題分野	経済・ビジネスの基礎、金融・証券、企業経営・産業動向、消費・流通、法務・社会、国際経済など幅広い分野から出題
成績発表	テストの結果は上限1000点のスコアで表示 テスト実施の約1カ月後に受験者全員に成績表をお送りします
受験資格	経済・ビジネスに関心のある方ならどなたでも受験できます
ホームページ	http://ntest.nikkei.jp/

＊詳しくはホームページ(http://ntest.nikkei.jp/)をご覧ください。

日経TEST テストセンター試験

　日経TESTで経済知力を測定する機会を増やすため、全国の主要都市約50カ所に会場を設け、パソコンを使ってウェブ上で受験できるようになりました。今まで、毎年2回開催される全国一斉試験しか受験の機会がありませんでしたが、自分の都合のいい日時・会場を選んで受験予約することができます。また終了後、すぐ成績表をお持ち帰りいただけます。全国一斉試験同様、スコアを日経TESTが認定しています。

テストセンター試験実施要項

出題形式	四肢択一の選択式
出題数・試験時間	100問・80分
試験方法	テストセンター試験（全国主要都市）PC試験
出題分野	経済・ビジネスの基礎、金融・証券、企業経営・産業動向、消費・流通、法務・社会、国際経済など
成績	スコアで表示（上限の目安1000点）
申し込み方法	ホームページ（http://ntest.nikkei.jp/）からお申し込みいただけます
受験期間	電子受験票（バウチャーチケット）発行日から60日以内
受験会場	全国主要都市（詳細はホームページをごらん下さい）
受験料	6,000円（本体）＋消費税

【執筆者一覧（五十音順）】

石鍋 仁美　　小竹 洋之
市川 嘉一　　西條 都夫
井上 明彦　　関口 和一
岩田 三代　　永田 好生
大島 三緒　　中村 直文
太田 康夫　　山岸 寿之
太田 泰彦　　山口 聡
小平 龍四郎

日経TEST公式テキスト

2013年2月22日　1版1刷
2015年5月15日　5刷

編　者　日本経済新聞社
　　　　ⒸNikkei Inc., 2013
発行者　斎藤　修一
装　丁　佐藤　可士和

発行所　日本経済新聞出版社　〒100-8066　東京都千代田区大手町1-3-7
　　　　　　　　　　　　　　電話 (03) 3270-0251 (代)
　　　　　　　　　　　　　　http://www.nikkeibook.com/

印刷・製本　三松堂
ISBN978-4-532-35553-1

本書の無断複写複製（コピー）は、特定の場合を除き、
著作者・出版社の権利侵害になります。

Printed in Japan